Omega

비즈니스
영어 이메일
완전정복

# 비즈니스 영어 이메일 완전정복

저 자  FL4U컨텐츠
발행인  고본화
발 행  반석출판사
2018년 10월 5일 초판 1쇄 인쇄
2018년 10월 10일 초판 1쇄 발행
반석출판사 | www.bansok.co.kr
이메일 | bansok@bansok.co.kr
블로그 | blog.naver.com/bansokbooks

07547 서울시 강서구 양천로 583. B동 1007호
(서울시 강서구 염창동 240-21번지 우림블루나인 비즈니스센터 B동 1007호)
대표전화  02) 2093-3399  팩 스  02) 2093-3393
출 판 부  02) 2093-3395  영업부  02) 2093-3396
등록번호  제 315-2008-000033호

ISBN 978-89-7172-877-2 (13740)

■ 교재 관련 문의: bansok@bansok.co.kr을 이용해 주시기 바랍니다.
■ 이 책에 게재된 내용의 일부 또는 전체를 무단으로 복제 및 발췌하는 것을 금합니다.
■ 파본 및 잘못된 제품은 구입처에서 교환해 드립니다.

# @ 머리말

**지금** 우리는 급변하는 세계 정세 속에서 국제화·정보화 시대에 발맞춰가기 위해 혼신의 노력을 다해야 할 때이다. 국제화 시대에 발맞춘다는 것은 어떤 것을 의미할까? 또 그러기 위해서는 무엇을 어떻게 해야 할까?

**우선** 세계 정세의 흐름을 알고 그 흐름에 대처하기 위해서 국민 개개인의 실력을 쌓아나가야 한다. 또한 각국이 처한 입장을 서로 간에 설명하고 이해하기 위해, 더 나아가서는 국가 간의 커뮤니케이션과 교류를 원활히 하기 위해, 우리는 현재 만국 공통어가 된 영어를 능숙하게 구사할 수 있어야 한다.

특히 무역업 등 수출입업무에 종사하는 사람들에게 영어는 필수이다. 더욱이 외국인의 왕래와 국제적인 거래가 빈번해지고 있는 요즘 영어의 중요성은 굳이 설명을 하지 않아도 몸소 체험할 수 있을 정도로 더욱 커져만 가고 있다.

이러한 영어의 필요성을 절감하고 그에 부응하기 위해, 이 책은 실제 무역 사례를 해당 어구, 풀이, 해석 등을 첨가하여 실전에 응용할 수 있도록 짜임새 있게 구성하였다.

**그러므로** 이 책을 처음부터 끝까지 모두 소화하고 익힌다면, 앞으로 여러분은 영어로 이메일을 쓰는 데 어려움을 느끼지 않게 될 것이며, 훌륭한 성과를 거두게 될 것임이 분명하다.

아무쪼록 독자 여러분에게 큰 도움이 되기를 바란다.

# @ 목차

## Part 4_비즈니스 Ⅱ

## Part 6_기타

# Part 1_일상생활 Ⅰ

# Chapter 1 소개에 관한 이메일

## 001. 해외진출을 돕는 소개장

>> 친구의 해외 진출을 위해 다른 친구에게 소개하는 이메일인데 사업에서의 소개는 이해가 얽히므로 신중해야 한다. 소개자로서의 입장을 지켜서 구체적인 이야기는 본인들에게 맡기는 것이 좋다. 사무적인 소개이긴 하지만 친구끼리이므로 사적인 이야기를 넣으면 부드러운 느낌이 된다.

| Subject | Samjin : A potential new business partner |
|---------|-------------------------------------------|

Dear Albert:

This is to introduce Mr. Kim Chang-ho, a close friend and business associate for many years.

Mr. Kim was recently appointed Director of International Sales at Samjin Novelties, a leading toy maker here in Korea. It seems Samjin is now trying to expand its overseas operations. Mr. Kim is looking for ways of moving into the European market. I have told him about you and your successful operation. He would very much appreciate a chance to meet you.

He is scheduled to be in your area in early June and will be writing to you shortly to arrange an appointment.

Anything you could do for him would be very much appreciated.

Yours sincerely,
Mun Pil-su
General Manager
European Sales

가까운 친구이며 다년간 사업동료인 김창호 씨를 소개합니다.

김 씨는 최근 한국의 일류 완구 메이커인 삼진완구의 국제판매부장에 임명되었습니다. 삼진완구는 해외 운영의 확장을 시도하고 있는 것 같습니다. 김 씨는 유럽 시장으로의 진출로를 찾고 있습니다. 당신과 당신의 사업성공에 대해서 이야기했던 바, 꼭 만나 뵙고 싶다고 합니다.

그는 6월 초에 그쪽으로 갈 예정이므로 곧 약속을 잡기 위해 이메일을 드릴 것입니다.

그를 위해서 뭔가 해주실 수 있으면 감사하겠습니다.

## Outline
1. 글의 목적을 분명히 한다.
2. 구체적인 소개를 한다.
3. 연락방법을 알린다.
4. 잘 부탁한다는 결어로 끝맺는다.

## ✉ Expressions

**This is to introduce** 이 이메일은 ~을 소개하기 위한 것이다 **for many years** 다년간 **expand overseas operations** 해외 운영을 확장하다 **move into** 진출하다 **I have told him about you** 양자를 잇는 자기의 역할을 언급한다 **you and your successful operation** 상대방의 사업을 언급한다 **appreciate a chance to** 꼭 ~하고 싶어한다 (피소개자의 희망을 알린다.) **be scheduled to be** ~에 갈 예정이다 **in your area** 그 지역으로 **early June** 6월 초순 (날짜를 명시하지 않고 대략적으로 알린다. 중순은 mid, 하순은 late를 쓴다.) **write to you shortly** 구체적인 연락방법을 제시한다 **Anything you could do** 당신이 할 수 있는 어떤 것(상투어이다.)

## Hot Tip

「일류의」라는 형용사는 기업·회사에 대해서는 leading, 레스토랑, 호텔에 대해서는 first-class를 사용한다.

# 002. 거래처 소개 1

>> 국내 거래처를 해외 거래처에 소개하는 이메일이다. 귀사와 우리와의 관계가 잘 이루어지고 있기 때문에 다른 회사를 더 소개하고 싶다는 논조로 전개한다. 회사로서 소개하는 것이기 때문에 지나치게 비공식적인 어구를 쓰지 않도록 한다.

**Subject**   A company seeking sales channels

We at INTERCOM are very satisfied with the smooth and steady progress in our business relationship. The results to date say a lot for the quality of work being done by both our firms.

I am writing today about another company, Samho Gigong, Ltd. Samho Gigong is a peripheral equipment maker and has been our main supplier for various lines of equipment for more than 20 years. They are now in the process of going international and are seeking dependable sales channels. We have suggested they approach you for assistance.

Their representatives will be in your area in mid-May and would very much like to be able to consult with you. They will be contacting you directly.

Anything you could do in support of their effort would be very much appreciated.

저희 인터콤에서는 우리의 거래 관계가 원활하고 착실하게 발전하는 데에 매우 만족하고 있습니다. 현재까지의 성과는 우리 양사가 충실한 거래를 하고 있음을 말하고 있습니다.

오늘 이메일을 드리는 것은 삼호기공이라는 회사를 소개하기 위해서입니다. 삼호기공은 주변 기기 제조업체로 당사의 여러 가지 다양한 기기의 주요 공급원으로서 20년 이상 거래가 있는 회사입니다. 이 회사는 해외 진출을 추진 중이며 믿을 만한 판매 루트를 찾고 있습니다. 그래서 귀사와 연락을 취해 도움을 받도록 권했습니다.

삼호기공의 대표자들이 5월 중순에 귀 지역으로 갈 예정인데 가능하면 귀사와 의논할 수 있기를 무척 바라고 있습니다. 삼호기공이 직접 귀사에 연락할 것입니다.

부디 협력해주시길 바라마지 않습니다.

## Outline
1. 양사의 실적을 되돌아보고 잘 되어 가고 있음을 강조한다.
2. 구체적인 소개를 한다.
3. 연락방법을 알린다.
4. 잘 부탁한다는 결어로 끝맺는다.

 Expressions

<We at + (회사명)>은 회사명으로 시작하는 것보다는 덜 경직된 느낌이며, I로 시작하는 것보다는 격식을 차린 느낌이다. smooth and steady progress 순조롭고 착실한 발전 I am writing today 이 이메일의 목적을 밝힌다. have been our main supplier for more than years 거래의 깊이와 기간을 나타낸다 dependable sales channels 믿을 수 있는 판매 루트 We have suggested they approach you 귀사와 연락을 취하도록 권했다 (중개자로서의 역할을 넘지 않음을 나타낸다.)

Hot Tip

일방적이라는 인상을 주지 않으려면 구체적인 표현을 쓰지 말 것. in your area나 mid-May와 같은 어구를 사용해서 분위기를 부드럽게 한다.

# 003. 거래처 소개 2

>> 직접 아는 사이가 아닌 상대방에게 자사 및 자사의 거래처를 소개하며 신용을 뒷받침하는 이메일이다. 중개인이 없는 소개이긴 하지만 상대방 회사에게도 이득이 되는 이야기이기 때문에 거래처를 잘 보이게 하려는 말보다는 자기 회사의 이름만으로 소개장에 무게를 더한다.

| Subject | An agency in Sudan |
|---|---|

Dear Mr. Calloway:

Afrocredit International is an export finance company specializing in Africa. One of our valued clients, Samil Corporation, has expressed an interest in representing your organization in Sudan.

We would appreciate your contacting Mr. Kim regarding this matter. His address is:

Mr. Kim Dong-su, President
Samil Corporation
4 ga Namdaemun-ro
Jung-gu, Seoul
Korea

Mr. Kim frequently travels to Canada and could meet with your representatives there to discuss items of mutual interest.

아프로크레딧 인터내셔널사[당사]는 아프리카를 전문으로 하는 수출 융자 회사입니다. 저희의 중요한 거래처의 하나인 삼일상사가 귀사의 수단 대리점이 되고 싶다는 뜻을 표명했습니다.

이 건에 관해서 김 씨에게 연락을 취해주시면 고맙겠습니다. 주소는 다음과 같습니다.

대한민국
서울특별시 중구
남대문로 4가
삼일상사
대표 김동수

김 씨는 캐나다에 자주 여행하기 때문에 귀지(地)에서 귀사 대표와 만나 상호 이익이 되는 항목을 의논할 수 있을 것입니다.

**Outline**
1. 자사 및 거래선을 소개한다.
2. 연락선을 알린다.
3. 보충 정보를 알려서 절충이 잘 이루어지도록 배려한다.

## ✉ Expressions

**Afrocredit International is** 회사명으로 시작하면 공식적인 인상이 더해진다 **specialize in** ~을 전문으로 하다 **valued client** 귀중한 거래처 **express an interest in** ~에 흥미를 나타내다 (격식 있는 표현) **represent** ~의 대리점이 되다 **We would appreciate**는 **this matter** 우리는 이건에 대해 ~해 주시면 고맙겠습니다.(상투어) **frequently travel to** ~에 자주 여행하다 **could meet with you** 만날 수 있다 (하나의 가능성을 나타낸다. with가 있기 때문에 단순히 만나는 것이 아니라 충분히 대화를 나눌 수 있다는 뜻이 포함되어 있다.)

# 004. 연구소에 친구 소개

>> 해외에서 열리는 학회에 참석하는 길에 공장이나 연구소 등의 시설을 방문하고 싶어 하는 친구를 소개하는 이메일이다. 피소개자와 어떠한 관계에 있으며, 어느 정도의 교제가 있느냐 가 소개장으로서의 효력을 발휘하는 포인트가 된다.

**Subject** A researcher visits your lab.

Dear Mr. Hunter:

This is to introduce my close friend and colleague Dr. Gang Sam-gil. I have had the good fortune of working with him since he joined our laboratory some nine years ago.

Dr. Gang is a member of our Semi-Conductor Division where he is known for his pioneering work in the LSI field. He is currently working on LSI application in Logic Memory, a field in which your laboratory has done a great deal of work. Consequently, he would very much like a chance to discuss pertinent matters with you and your staff.

Anything you could do to make his visit more fruitful would be very much appreciated.

Sincerely,
Song Hak-su
President

저의 친구이자 동료인 강삼길 박사를 소개합니다. 저는 약 9년 전에 그가 이 연구소에 입소한 이래 함께 연구할 행운을 가졌습니다.

강 박사는 당 연구소 반도체부서의 일원으로 LSI 분야에서의 선구적 작업으로 알려져 있습니다. 그는 현재 귀 연구소가 많은 연구를 하고 있는 분야인 〈논리적 기억장치〉에 LSI를 적용하는 일을 연구하고 있습니다. 따라서 그는 귀하와 귀 연구진과 함께 관련 사항에 관해서 의논할 기회를 매우 원하고 있습니다.

그의 방문이 많은 결실을 볼 수 있도록 배려해주시면 대단히 고맙겠습니다.

**Outline**
1. 글의 목적을 분명히 한다.
2. 구체적인 소개를 한다.
3. 잘 부탁한다는 결어로 끝맺는다.

## Expressions

**This it to introduce** ~을 소개한다 (소개장의 서두. 바로 본론으로 들어간다.) **my close friend and colleague** 나의 친구이며 동료인 (관계를 구체적으로 밝힌다.) **have the good fortune of** ~하는 행운을 갖다 (의리상 어쩔 수 없이 쓰고 있는 것이 아니라는 기분이 전해진다.) **be known for his pioneering work** 선구적 작업으로 알려져 있다 (약력 소개에 따른 찬사) **LSI(=large scale integration)** 대규모 집적 회로 **would very much like** ~을 매우 바라고 있다 **pertinent matters** 관련 사항들 **would be very much appreciated** ~해주면 대단히 고맙겠다

**Hot Tip**

「결실이 많은」으로 fruitful이 자주 쓰이지만 rewarding, meaningful 등도 괜찮다.

>> 자기가 직접 모르는 사람을 소개할 때 효과적이려면 누구를 통해서 의뢰를 받았는지 그 중 개자를 강조한다. 이 이메일에서는 자기가 근무하는 연구소 소장을 통한 의뢰이며, 소장과는 공사간 오랜 교제가 있다는 것을 강조하여 효과를 얻으려 하고 있다.

---

**Subject**   A Garnet Lasers specialist visits you.

Dear Mr. Walker:

This is to introduce Dr. Ferdinand Bishopski of Princeton University. Dr. Bishopski has been associated socially as well as professionally with Dr. Jang Gil-jun, the director of our laboratory, for years.

I understand he is now working on Garnet Lasers, a field in which you and your staff are internationally known, and he would very much value the opportunity of exchanging views on pertinent matters with you and your staff.

Anything you could do to make his visit more rewarding would be very much appreciated.

Sincerely yours,
An Jae-hyun
Director

프린스턴 대학의 퍼디낸드 비숍스키 박사를 소개합니다. 비숍스키 박사는 당 연구소 소장 장길준 박사와 여러 해 동안 공사 간에 교제가 있는 분입니다.

박사는 현재 귀 연구소가 국제적인 명성을 얻고 있는 분야인 가넷 레이저에 관해서 연구 중인 것으로 알고 있습니다. 따라서 그는 관련이 있는 사항에 관해서 귀하와 귀 연구진과 의견을 교환할 수 있는 기회를 매우 소중히 여기고 있습니다.

그의 방문이 결실을 맺을 수 있도록 배려해주시면 대단히 고맙겠습니다.

**Outline**
1. 글의 목적을 분명히 한다.
2. 구체적인 소개를 한다.
3. 잘 부탁한다는 결어로 끝맺는다.

## ✉ Expressions

**socially as well as professionally** 공사 간에 (일뿐 아니라 개인적으로도 교제가 있음을 강조한다.) **for years** 여러 해 동안 **I understand** ~라고 알고 있다, ~라고 한다 (직접적으로 알지 못하는 사람에 대한 표현법) **internationally known** 국제적으로 알려져 있는 (상대방에 대한 찬사) **would very much value** ~을 매우 소중히 여기다 **would be very much appreciated** 매우 고맙게 여기겠다

## Hot Tip

이메일의 양식(style)에는 대표적으로 블록 양식(block style; 각 단락별로 묶어주는 형태로, 들여쓰기를 하는 경우도 있고 하지 않는 경우도 있다.)과 인덴티드 양식(indented style; 각 단락의 첫 글자를 들여쓰기해서 문단을 시작한다.) 두 가지가 있다. 최근에는 블록 양식이 더 많이 사용되는 추세이다.

## 006. 취업을 위한 일반적인 추천서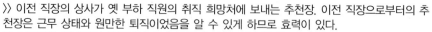

>> 이전 직장의 상사가 옛 부하 직원의 취직 희망처에 보내는 추천장. 이전 직장으로부터의 추천장은 근무 상태와 원만한 퇴직이었음을 알 수 있게 하므로 효력이 있다.
이 이메일은 일반적인 추천장이며, 우선 무슨 일을 담당했었는지를 알리고 나서 소견을 말하고 있다.

---

| Subject | Staff Recommendation |

Mr. Barry O·Connell was affiliated with Communications Associates Company, Ltd., for over two years. During that time he held the position of full-time lecturer and was engaged in industrial education.

He was directly involved with our programs at the following Korean corporations:

Gwangbodang Advertising Company

Seoul Jeil Electric Company

Goryeo Motor Company

Goryeo Diesel Motor Company

While in our employ, Mr. O·Connell's performance was more than satisfactory. He was serious about his work and demonstrated a high degree of competence in education.

If further information is necessary, I will be glad to comply.

배리 오코넬 씨는 통신 연합회사에 2년 이상 소속하였고 그 기간 중 전임강사로서 기업 내 교육에 종사하였습니다.

그는 당사의 교육 프로그램을 다음의 한국 기업에서 직접 담당했습니다.
광보당 광고 회사

서울 제일 전기 회사

고려 자동차 회사

고려 디젤 자동차 회사

당사에서의 오코넬 씨의 근무 태도는 충분히 만족할 만했습니다. 그는 일에 성실하였고 교육 분야에서 상당한 능력을 발휘했습니다.

좀 더 자세한 정보가 필요하시면 기쁘게 대답해 드리겠습니다.

## Outline

1. 피추천자에 대한 개관적인 정보를 알린다.
2. 구체적인 업무 내용을 알린다.
3. 근무 태도에 대한 소견을 말한다.
4. 질문이 있으면 응한다는 결어로 끝맺는다.

 Expressions

be affiliated with ~에 속하다 hold the position of ~의 지위에 있다 be engaged in ~에 종사하다 be directly involved with ~에 직접 관계하다, 담당하다

>> 이전 직장의 상사가 옛 부하 직원의 취직 희망처에 보낸 강력한 추천장으로 호의적인 내용을 담고 있다. 직속 상사였던 사람의 이메일이기 때문에 구체적인 예가 풍부하여 설득력이 있는 것이 이 이메일의 커다란 강점이 되고 있다.

---

**Subject** | Recommendation for Robert Burger

This email concerns Robert Burger who I had the pleasure of working with while he was here in Korea. Since he actually did some work for me, I am in a position to offer some concrete information on his particular capabilities.

During his stay in Korea, Mr. Burger adapted well to the pace of life here and got on extremely well with the people he came in contact with. I know for a fact that he was able to establish close relations with many members of our staff in the short time he was here.

The caliber of work he did for me was outstanding. He was responsible for improving and completing two rather substantial pieces of work related to plant export and servicing policies which will have lasting value. During the course of this work, he continually went the extra mile and dutifully met time limits. Working with him was in many ways a refreshing experience.

I can therefore recommend him without reservation.

이 이메일은 로버트 버거 씨에 관한 것입니다. 그가 한국에 체류하는 동안 저는 그와 함께 기쁘게 일했습니다. 사실 그는 제 밑에서 상당한 일을 했기 때문에 저는 그의 특별한 능력에 관해서 구체적인 정보를 제공할 수가 있습니다.

한국에 머무는 동안 버거 씨는 이곳의 생활 페이스에 잘 적응했으며, 그가 접촉한 사람과의 인간관계도 매우 좋았습니다. 저는 그가 짧은 체류 기간에 많은 우리 직원과 긴밀한 관계를 확립할 수 있었다는 사실을 알고 있습니다.

버거 씨의 업무 능력은 탁월했습니다. 그는 플랜트 수출과 서비스 정책에 관한 중요한 두 가지 일을 개선 및 완성시킬 책임을 졌었는데, 그것은 지속적인 가치를 가질 것입니다. 이 일에 종사하고 있을 때 그는 계속 책임량 이상으로 일했으며 기한 내에 일을 마쳤습니다. 그와의 협동 작업은 여러 가지 면에서 참신한 경험이었습니다.

따라서 그를 조건 없이 추천하겠습니다.

**Outline**
1. 글의 목적을 분명히 한다.
2. 인품에 대한 소견을 말한다.
3. 업무에 대한 소견을 말한다.
4. 추천사로 마무리 짓는다.

 **Expressions**

**this email concerns** 이 이메일은 ~에 관한 것입니다 (목적을 제시한다.) **had the pleasure of working with** 함께 기쁘게 일했다 (자기와의 관계를 나타내는 호의적인 표현) **offer concrete information** 구체적인 정보를 알리다 **adapted well** 잘 적응하였다 (적응성 관련) **got on extremely well with** 인간관계가 좋았다 (협조성 관련) **I know for a fact** 구체적인 예를 든다. **lasting value** 지속적인 가치가 있는

>> 직장의 상사 · 모교의 은사가 유학을 희망하는 학교에 보내는 이메일. 기초가 탄탄해서 일상 회화에는 지장이 없으나 고도의 독해나 듣기에는 약간 문제가 있는 사람의 영어 능력 증명이다. 인물 평가를 덧붙여서 현지에서의 생활에 적응할 수 있으며 어학의 핸디캡은 쉽게 극복할 수 있음을 강조한다.

| Subject | An applicant, Mr. Yun's English Proficiency |

Dear sir:

This is in regard to the linguistic aptitude of Mr. Yun Tae-ho of Samil Motor Company who has applied for enrollment in your university.

Mr. Yun has a very good structural foundation in the English language and has little difficulty communicating in day-to-day situations. While he retains some difficulty in aural and reading comprehension of heavy subject matter, he should be able to quickly overcome this without additional assistance.

He is mature, perceptive and outgoing. As such, he should have no trouble in adapting to and benefiting from the programs you offer.

Anything you could do to facilitate his smooth enrollment will be very much appreciated.

Yours sincerely,
Byeon Jungdeok
Education Manager

이 이메일은 귀교에 입학을 신청한 삼일 자동차 회사의 윤태호 씨의 어학력에 관한 것입니다.

윤 씨는 영어의 기초가 매우 탄탄해서 일상 회화에는 거의 문제가 없습니다. 어려운 주제의 청취나 독해에 약간의 어려움이 있습니다만, 그는 특별한 도움 없이 이것을 곧 극복할 수 있을 것입니다.

그는 분별력, 이해력이 있으며 사교적인 사람입니다. 그러므로 귀교의 과정에 적응하고 습득하는 데 문제가 없을 것입니다.

그의 입학을 원활하게 추진해주시면 매우 고맙겠습니다.

**Outline**
1. 글의 목적을 알린다.
2. 객관적인 영어능력에 대한 소견을 말한다.
3. 인물 평가를 한다.
4. 잘 부탁한다는 결어로 끝맺는다.

## Expressions

**This is in regard to** 이것은 ~에 관해서이다 **the linguistic aptitude of** ~의 어학력 **apply for enrollment** 입학을 신청하다 **have little difficulty** 거의 문제가 없다 **retain some difficulty** 약간 문제가 있다 (have의 되풀이를 피한다.) **should** ~할 것이다 (단정적인 표현을 피하고 있다.) **be able to quickly overcome** 바로 극복할 수 있다 **mature** 성숙한, 분별심이 있는 **perceptive** 통찰력이 있는, 이해력이 있는 **outgoing** 사교적(개방적)인 **have no trouble in** 문제없이 ~하다 **adapt to** ~에 적응하다 **benefit from** 성과를 얻다, 습득하다 **facilitate his smooth enrollment** 입학을 원활히 추진하다

# 009. 유학생을 위한 적극적인 추천서

>> 합격 결정이 보류된 지원자에 대한 결정을 강력히 촉구하는 추천장. 지원자에 대해서만 언급하는 게 아니라 대학에 대한 징찬, 주전자와 대학과의 관계 등을 언급함으로써 자기가 어떤 인물인가를 설명하고 추천서에 위력을 부여하고 있다.

| Subject | Admission Recommendation |

This email concerns Mr. Jung Su-dong, a young man who recently applied for admission to your MBA program, whose application I understand to be undergoing further review by your admissions committee. I am writing because I had originally urged Mr. Jung to apply due to the excellent feedback received from two previous graduates of your program associated with me. As such, I feel somewhat responsible for however you choose to deal with him.

By way of confirming what you have already learned from the documentation he has submitted, I would like to say that I know Mr. Jung to be an able, conscientious, highly motivated man with keen insights as well as a deep interest in intercultural communication and international communication and international business. I ve known this from direct dealings with him in my advisory capacity with his organization, as well as from observing the results of his participation in the education programs we offer at his company. I feel he would be both a credit and asset to your fine program. I say this from the perspective of having lectured at university level and being involved in education here in Korea for more than 22 years.

I would very much appreciate any further consideration you could give to his application.

최근 귀 대학원 경영학 석사 과정에 입학을 신청한 청년 정수동 군의 건으로 이메일을 드립니다. 그의 입학 신청은 귀교의 입학심사위원회에서 '심층심사' 중이라고 알고 있습니다. 제가 이메일을 드리는 것은 원래 정 군에게 응모를 권한 것이 본인이기 때문입니다. 그 까닭은 저와 관련이 있는 귀 과정의 졸업생 2명으로부터 매우 좋은 평판을 들었기 때문입니다. 이와 같은 사정이기 때문에 귀교에서 그에 대해서 어떠한 조치를 취하셔도 저로서는 약간의 책임을 느끼게 되는 것입니다.

그가 제출한 서류에서 이미 아시는 것을 다시 확인할 목적으로 제 의견을 말씀드린다면 정 군은 유능하고 성실하며 매우 의욕적이고 이문화(異文化) 간의 커뮤니케이션과 국제 커뮤니케이션, 국제 비즈니스에 대해 깊은 관심을 가지고 있을 뿐만 아니라, 날카로운 통찰력 또한 가지고 있다고 말할 수 있습니다. 이것은 그가 소속하는 기관의 고문으로서 제가 그와 직접 접촉한 결과로, 또 저희들이 그의 회사에서 실시하고 있는 교육 프로그램에 그가 참가한 결과를 관찰해보고 안 사실입니다. 정 군은 귀교의 훌륭한 프로그램에 있어서도 귀중한 학생이 되리라고 생각합니다. 대학 수준에서 강의를 맡고 22년 이상 한국 교육에 종사한 자로서 이와 같이 생각하고 있습니다.

정 군의 입학 신청에 대해 재고해 주시기를 바라마지 않습니다.

> **Outline**
> 1. 글의 목적을 분명히 한다.
> 2. 글을 쓰고 있는 이유를 설명한다.
> 3. 추천의 말을 쓴다.
> 4. 입학신청에 대한 재고를 바라며 끝맺는다.

 **Expressions**

This email concerns ~의 건으로 이메일을 보내다

 **Tip**

「~라고 생각합니다」는 'I think~' 다용을 피하고 'I feel~' 이나 'I know~' 로 변화를 주는 것이 좋다.
'I feel~' 보다 'I know~' 쪽이 확신의 정도가 강해진다.

>> 은행 신용 증명서(bank reference)란 새로 거래를 시작하거나 융자를 받으려는 사람을 위해서 거래 은행의 시점상이 재정 상황의 신뢰성을 보증하는 것. 한국에서는 그다지 친숙하지 않지만 구미의 회사를 상대로 거래를 부드럽게 시작하고 싶을 때는 이 양식을 첨부하면 좋다.

---

**Subject** | Certificate of Bank Credit

To Whom It May Concern:

 Mr. Francis J. Wilson has been a client in good standing at our bank since the establishment of the firm, which he heads, in November, 1969. Our financial relationship, which includes his JCB and American Express credit card transactions, had been entirely satisfactory.

We have every reason to believe that Mr. Wilson is financially stable. It is our opinion that Mr. Wilson is a man of financial responsibility.

Very truly yours,
MAEIL BANK, LTD.,
Gang Dong-su
Branch Manager

프랜시스 J. 월슨 씨는 1969년 11월에 그를 최고 책임자로 하는 회사를 설립한 이래 당 은행과 오랫동안 순조로운 거래를 계속하고 있는 고객입니다. 월슨 씨의 JCB 및 아메리칸 익스프레스 신용카드를 포함한 당행과의 거래 관계에는 전혀 문제가 없습니다.

월슨 씨가 재정적으로 안정적이라고 믿을 만한 모든 이유를 저희는 가지고 있습니다. 월슨 씨는 재정면에서 신용할 수 있는 인물이란 것이 저희들의 견해입니다.

**Outline**
1. 피보증인에 대한 객관적인 정보를 제공한다.
2. 신용할 수 있는 인물이라는 설명을 덧붙인다.

## Expressions

**have been a client our bank since** ~이래 당 은행의 고객이다 (현재완료형을 사용해서 기간을 나타낸다.) **in good standing** 순조로운 거래를 계속하고 있는 **the establishment of the firm** 회사 설립 (설립 당초부터의 거래임을 강조) **which includes ~ credit card transactions** 신용카드나 대부 등의 반제(返製)가 제대로 이루어져 있는 것도 신용의 하나 **entirely satisfactory** 전혀 문제가 없는 **have every reason to believe** ~라고 확신한다 **financially stable** 재정적으로 안정된 **It is our opinion that** ~라는 견해이다 **a man of financial responsibility** 경제적으로 신용할 수 있는 인물

 Tip

이메일에서 동일 인물의 이름이 되풀이될 때는 첫 회는 성과 이름을 모두 쓰고 그 다음은 성만으로 한다. 즉, Mr. Francis J. Wilson → Mr. Wilson이 된다.

# Chapter 3 인사에 관한 이메일

## 011. 사장직 사임 알림

>> 사장직에서 퇴임한 것을 본인이 직접 거래처에게 알리는 이메일. 금후의 거래나 교제를 원활하게 진행시키기 위하여 재직 중에 베풀어준 온정에 감사하고 후임자에 대해서 선처를 부탁한다. 후임자를 우선적으로 소개하고 강력하게 추천하는 것은 본인이 원만하고 후회 없이 사장직을 물러난다는 표시이기도 하다.

| Subject | Notifications of President's Resignation |

At the annual shareholders meeting of Maeil Iron and Steel Co., Ltd., held today, my retirement as president and from the board of directors was formally announced. My successor will be Mr. Park Seong-hyun, who is now president of Specialty Steel Co., and one of the founding members of Maechol.

As you may know, I have been with Maechol since it was founded 17 years ago. As such, it has been a privilege and honor to have seen the company grow and acquire a reputation as one of the world's most modern and efficient steel producers.

Thank you very much for the support and courtesies you have extended to me over the years. We could never have achieved as much as we did without your valued help. I trust that your strong link with Maechol will be maintained in the future.

My successor, Mr. Park, is one of the finest and most capable men I know. I would hope that you will extend to him the same support you have given to me.

Please accept my thanks and best wishes for the future.

금일 개최된 매일 철강의 연차 주주 총회에서 저의 사장직 및 중역회로부터의 은퇴가 정식으로 발표되었습니다. 후임은 현 특수 제강 회사 사장이며 매일 철강의 창설 멤버의 한 사람인 박성현 씨가 될 것입니다.

아시리라고 생각합니다만, 저는 매일 철강과는 창립 이래 17년간을 함께 지냈습니다. 따라서 회사가 성장하고 세계에서 가장 현대적이며 가장 효율이 좋은 철강 생산업체의 하나로 명성을 얻는 것을 목격하는 특권과 영광을 누렸습니다.

여러 해에 걸쳐서 격려해주신 데 대해서 감사를 드립니다. 여러분의 지원 없이는 당사도 여기까지의 발전은 없었다고 생각합니다. 금후에도 매일 철강을 잘 부탁드리는 바입니다.

후임 박 씨는 제가 아는 가장 유능한 인물의 한 사람입니다. 제가 여러분에게서 받은 지원을 부디 박 씨에게 베풀어주시기 바랍니다.

깊이 감사를 드리며 여러분의 행복을 빕니다.

**Outline**
1. 퇴임을 알리고 후임자를 소개한다.
2. 재직 중의 추억을 되돌아본다.
3. 그간의 호의에 대해 감사한다.
4. 후임자를 선처해주도록 부탁한다.
5. 감사의 말로 끝맺는다.

 Expressions

**At ~ held today** 금일 개최된 ~에서 (당일 이메일을 쓰고 있는 신속한 느낌) **my successor will be** 후임은 ~이다

 Tip

최상급을 사용한 찬사는 남에게 사용하면 강력한 추천이지만, 자기에게 사용하면 건방진 자기선전이 될 수 있으므로 주의한다.

# 012. 전임 인사

>> 홍보부의 부장이 회사를 옮기면서 거래처에 보내는 이메일. 그간의 후의에 대한 사례를 하고 후임자에 대한 선처를 부탁함과 아울러 자신이 회사를 옮긴 후에도 교제를 계속할 것을 희망한다. 재직 중에 맡았던 일은 좋은 경험이 되었으며 즐겁게 일할 수 있었다는 매우 느낌이 좋은 이메일이다.

| Subject | Upon my transfer |

I would like to inform you that effective today I was transferred from Maeil Electronics, Ltd., to GMP Marketing, Inc., and assume new duties as director of that firm. My successor, Mr. Song Gi-mun, will assume the position of Manager, Public Relations.

Working in PR the past 6 years has given me a great deal of experience as well as pleasure. I have thoroughly enjoyed being able to work with you, and would like to take this opportunity to thank you for everything you have done for me during these years.

Mr. Song was formerly a Manager of the Advertising Department and has amassed a wealth of experience in PR affairs. I am sure that you will find him open and responsive in his new responsibilities. I would be most happy if you would continue to accord him the same support and cooperation you most graciously favored me with in the course of our relationship.

I look forward to seeing you again sometime in the future. In the meantime, please accept my wishes for continued success in your endeavors.

금일부터 매일 전자회사로부터 GMP 마케팅사로 옮기게 되었고, 이사로서 새로운 임무에 취임케 된 것을 알려드립니다. 후임으로서 송기문 씨가 홍보부장에 취임할 것입니다.

지난 6년간 홍보부에서 일할 수 있었던 것은 커다란 기쁨이었던 동시에 좋은 경험이었습니다. 여러분과 함께 매우 즐겁게 일할 수 있었으며 그동안 저에게 베풀어주신 후의에 대해서 이 기회에 감사의 말씀을 드리고 싶습니다.

후임의 송 씨는 이전에 광고부장을 지냈으며 홍보 관계에는 풍부한 경험을 갖고 있습니다. 새 임무에 취임함에 있어서 유연하게 대응해갈 것입니다. 재직 중 저에 대해서 여러분이 지원 협력을 아끼지 않으시고 친절하게 해주신 것과 마찬가지로 송 씨에게도 베풀어주시면 매우 기쁘겠습니다.

다시 뵙게 되길 고대하면서 그때까지 여러분의 더 많은 활약을 빌어마지 않습니다.

## Outline

1. 전임하게 된 것과 후임자를 말한다.
2. 재직 중의 호의에 감사한다.
3. 후임자에 대한 선처를 부탁한다.
4. 금후의 교제가 이루어지길 바라면서 끝맺는다.

 Expressions

inform you 공식적인 느낌이 드는 어구 effective today 오늘자로 assume new duties 새 임무에 취임하다 my successor, ~ will 후임의 ~이 (소개한다.) working in ~분야에서 일하는 것

 Tip

지금까지의 일을 되돌아보고 말할 때는 제 2단락의 has given, have enjoyed와 같이 현재완료형이 자주 쓰인다.

# 013. 귀국 인사

>> 신병 때문에 해외 부임지에서 귀국하게 된 사람이 현지에 있는 사람에게 낸 인사장. 후임도 정식으로 결정되지 않을 정도의 갑작스러운 귀국이라 하더라도 자기의 임무를 매듭짓고 후임을 위한 중개 역할을 하지 않으면 안 된다.

---

**Subject** | Farewell

Gentlemen:

I am writing to let you know that due to illness it has been decided that I should return to Korea and that a new liaison office manager will be sent in my place. Pending the arrival of the new manager, Mr. Kim Sang-su will be acting in that position.

I am very grateful for the cooperation I have received from you and your colleagues in the short time that I have been in Canada. I would hope that you will extend the same cooperation to Mr. Kim and to my successor when he/she arrives.

I regret that because of my illness I have not been able to call on you personally to make my farewells.

Yours sincerely,
Hong Han-pyo
Manager

신병으로 인하여 한국으로 귀국하게 되었습니다. 후임으로 새로운 출장소 소장이 부임하게 되어 있습니다만, 그때까지는 김상수 씨가 대리 근무를 할 것입니다.

짧은 기간이었습니다만, 캐나다 주재 중에 귀하를 비롯하여 여러분으로부터 받은 후의에 대해서 심심한 사의를 표합니다. 변함없는 지원을 김 씨에게 그리고 후임자가 부임했을 때는 그 후임자에게 베풀어주시기 바랍니다.

신병으로 인하여 직접 찾아뵙고 작별 인사를 드리지 못했음을 유감스럽게 생각합니다.

## Outline

1. 귀국이 결정되었음을 알리고 후임자에게 대해서 언급한다.
2. 재임 중의 후의에 대해서 선처를 부탁한다.
3. 직접 찾아가서 인사하지 못함을 사과하고 끝맺는다.

## ✉ Expressions

**I am writing to** 글을 쓰고 있는 이유를 밝힌다 **due to** 이유를 나타내는 어구로서 간결함과 of의 다용을 피한다는 점에서 as a result of나 because of 대신 사용할 수 있다. **it has been decided that** ～하기로 결정되었다 (자기의 의지가 아니라 회사의 결정임을 나타낸다.) **in my place** 후임에 **pending** ～까지의 사이, (～할) 때까지는 **be acting in that position** 대리 근무하다 **I am very grateful for** ～에 대해서 매우 감사하다 **colleague** (같은 관직·전문 직업의) 동료, 동업자 **I would hope** ～을 바랄 수 있으면 기쁘겠다 (품위가 있는 정중한 부탁) **extend the same cooperation to** ～에게도 변함없는 협력을 베풀다 (extend를 사용하는 것은 공식적이다. '변함없는'이라는 것은 자기도 감사하고 있었다는 일종의 사례) **I regret that** ～을 유감으로 생각한다 **call on you personally** 직접 방문하다 **make my farewells** 작별 인사를 하다

 **Tip**

inform이 「(일방적으로) 통지하다」라는 뉘앙스인데 비해, let ~ know는 조금은 더 개인적인 느낌의 표현이다.

# 014. 업무 담당자 변경 알림

>> 사장이나 중역의 이동과는 달리 담당자 수준의 변경은 상사가 알린다. 변경에 의해서 상대방에게 폐가 되는 일이 없으며 개선을 위한 변경이라는 것을 강조한다. 이 이메일에서는 상대방의 편의를 도모해서 담당자의 일람표를 첨부하여 금후의 업무가 원활하게 진행되도록 배려하고 있다.

| Subject | Announcing Change of Staff |
|---------|---------------------------|

Dear Mr. Garfield:

This is to formally announce the following changes in personnel to improve our services to your firm.

1. Mr. Hong Seong-sik has been designated assistant account executive.

2. Ms. Kim Suk-ja has replaced Ms. Lee Myeong-ok as billing and accounting supervisor.

All other assignments remain the same. For your reference we have attached a complete list of people assigned to your organization that incorporates the above changes. We trust this new team will result in even smoother handling of your orders.

Your kind understanding and cooperation with these changes will be very much appreciated.

Yours sincerely,
Song Tae-gyeong
General Manager

Enclosure

귀사에 대한 업무의 개선을 도모하기 위해 다음과 같이 담당자의 변경이 있었기에 통지해 드립니다.

1. 홍성식 씨는 고객 회계 부주임으로 임명되었습니다.
2. 김숙자 씨는 이명옥 씨의 후임으로서 경리 주임이 되었습니다.

이 이외의 담당 변경은 없습니다. 상기 변경을 포함한 귀사 담당자 일람표를 첨부하였으니 참조하시기 바랍니다. 이 신체제로 귀사로부터의 주문에 대해서도 한층 매끄러운 대응이 가능해지리라고 생각합니다.

이 변경을 이해하시고 협력해주시면 매우 고맙겠습니다.

> **Outline**
> 1. 업무 담당자의 변경을 알린다.
> 2. 업무의 안정을 강조한다.
> 3. 이해와 협력을 구하면서 끝을 맺는다.

## ✉ Expressions

This is to formally announce 통지한다 changes to improve our services 업무의 개선을 목표로 한 변경으로 개선된다는 것을 강조한다 be designated ~에 임명되다 account executive 고객 회계 주임 replace ~의 후임이 되다 All other assignments remain the same 그 이외의 담당 변경은 없다 a complete list of people (담당자를) 전부 기재한 리스트 incorporate the above changes 상기한 변경을 포함한다 We trust ~ result in smoother handling 한층 매끄러운 대응이 가능하리라고 확신한다 Your kind understanding and cooperation 상투어

 Tip

역할, 임무를 나타내는 as를 취하는 동사에는 designate, act 등이 있으며 replace나 appoint는 보통 as를 붙이지 않는다.

# O15. 회사 기념파티 초대

》 전화로 미리 의사를 타진한 다음의 정식 초대장. 사전 타진은 출석률을 높이는 데 꽤 효과가 있다.

| Subject | Invitation to 15th Anniversary Party |

This is to formally invite you to the reception which I have already mentioned to you informally. The reception will be held in the Hongsil of the New Crown Hotel from 2:00 to 4:00 P.M. on Friday, May 1st. The day was chosen to match the theme of the gathering, i.e., labor. It was also chosen so as to permit busy people to attend without interfering with business schedules.

The purpose of this party is ostensibly to celebrate our fifteenth year in business. However, our real aim is just to gather some of the more important people who have supported us over the years so that we can express our appreciation and enjoy meeting in a warm, friendly atmosphere. The occasion will also permit our people to meet many of our benefactors who they seldom have a chance to meet in the course of their day-to-day activities.

I have asked Mr. Kim Seon-gi, President, Seoul Motor Co., to make a short speech on behalf of our guests. Mr. Kim has been a valued friend and advisor to me for over 20 years. I think his words will echo the sentiments of all our supporters. The idea is to structure the reception so that we will have more time for social interaction.

I do hope that you will be able to spare the time to share this occasion with us.

이미 비공식적으로 말씀드렸던 리셉션에 정식으로 초대합니다. 일시는 5월 1일 금요일 2시에서 4시까지, 장소는 뉴 크라운 호텔의 홍실입니다. 날짜는 이 모임의 주제인 「근로」에 어울리게 (근로자의 날에) 맞추었습니다. 다망하신 분들이 일에 지장 없이 출석하실 수 있도록 배려했습니다.

이 모임의 목적은 명목상으로는 당사의 창업 15주년을 축하하는 데 있습니다. 그러나 실제의 목적은 지금까지 여러 해 동안 신세를 진 중요한 분들을 모시고 저희들의 감사의 마음을 전달함과 아울러 여러분과 부드러운 분위기에서 즐겁게 환담하려는 데 있습니다. 당사 사원에게도 평소 좀처럼 만나 뵐 기회가 없는 후원자들과 만날 수 있는 좋은 기회가 되리라고 생각합니다.

서울 자동차사의 김순기 사장님께 손님 대표로서 간단한 연설을 해주시도록 이미 부탁해 놓았습니다. 저에게 있어서 김 씨는 20여 년 동안 좋은 친구이며 좋은 고문이었습니다. 그의 말씀은 당사가 신세를 지고 있는 여러분의 기분을 잘 대변해주리라고 생각합니다. 이 파티는 여러분과의 환담 시간을 충분히 갖도록 짰습니다.

바쁘신 중에 죄송합니다만 저희 파티에 참석해주시면 고맙겠습니다.

## Outline
1. 파티의 일시. 장소와 정식 초대를 알린다.
2. 파티의 목적을 설명한다.
3. 파티의 내용과 주빈을 소개한다.
4. 출석을 바라면서 끝맺는다.

 Expressions

**This is to formally invite you to** 정식으로 초대한다 (미리 전화로 타진했기 때문에 formally 가 된다.)

 Tip

사원을 지칭하는 어구로 our employees, our staff, our people 등을 들 수 있는데, 이 이메일에서는 사교적인 분위기로 이끌어 가고 있으므로 전체적인 분위기에 맞춰 people을 사용하고 있다.

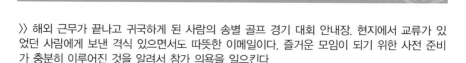
>> 해외 근무가 끝나고 귀국하게 된 사람의 송별 골프 경기 대회 안내장. 현지에서 교류가 있었던 사람에게 보낸 격식 있으면서도 따뜻한 이메일이다. 즐거운 모임이 되기 위한 사전 준비가 충분히 이루어진 것을 알려서 참가 의욕을 일으킨다.

| Subject | GOODBYE GOLF TOURNAMENT |
|---|---|

After a long and happy tour of duty in England, Mr. Kim, our London branch manager, will be returning home to Korea at the end of May. We know how much he has enjoyed all the golf he has played here and the company of all his golfing friends. We can think of no better excuse for a farewell golf tournament.

Sir Gilbert Fandangle has been kind enough to allow us to reserve the excellent Queen's Course at Lakeside Country Club, with tee times starting from 09:00, on Tuesday, April 20. We very much hope you will be able to spare the time to play.

The tournament will be held over 18 holes; stroke play and the Calloway System will be applied to any scores under 70 net. The order of play and pairings will be sent later along with a map to the club and other relevant information. The green fee, including tax and caddie, will be 12 pounds. This should be paid directly to the Club on the day along with any personal expenditure. Mr. Park will host a reception after the game at which he will present prizes.

Please return the attached form by April 6 if you are able to play.

건명 : 송별 골프 대회

김 런던 지점장은 즐거웠던 장기 영국 근무를 마치고 5월 말에 한국에 귀국하십니다. 김 씨가 특별히 당지에서의 골프와 골프 친구들과의 교류를 즐기셨던 것은 우리들이 익히 아는 바입니다. 이렇게 생각하니 그와의 송별회를 겸한 골프 대회를 열지 않을 구실이 없습니다.

길버트 팬덩글 경의 협력에 의하여 레이크사이드 컨트리클럽의 훌륭한 퀸즈 코스가 예약되었으며, 4월 20일 화요일 9시에 경기 개시를 예정하고 있습니다. 바쁘신 줄 압니다만 여러분의 참가를 고대합니다.

골프는 18홀은 스트로크 플레이로 돌고 70 이하의 점수에는 캘러웨이 시스템을 적용시킵니다. 플레이의 순서와 페어링은 클럽에 오시는 지도 등 기타 필요한 정보와 함께 나중에 보내드리겠습니다. 그린의 비용은 세금·캐디료 포함 12파운드입니다. 이것은 당일 기타 개인적인 경비와 함께 클럽에 직접 지불하시기 바랍니다. 경기 후에는 박 씨가 주체가 되어 만찬을 주재하고 상품 수여가 있겠습니다.

참가하실 분은 첨부한 신청 용지를 4월 6일까지 반송해주시기 바랍니다.

## Outline

1. 대화 개최를 통지한다.
2. 대회의 일시, 장소를 알려서 참가를 권유한다.
3. 경기의 상세 정보를 알린다.
4. 비용과 경기 후의 예정을 알린다.
5. 신청 방법과 마감일을 알리고 끝맺는다.

 Hot Tip

이메일의 끝맺음은 보통 사교적인 문구를 많이 쓰지만, 이 이메일의 경우는 상대방에 대한 요청사항으로 끝맺고 있다.

>> 회사에서 보내는 정식 안내장. 즐기기 위한 사교상의 모임과는 달리 사업상 필요한 정보를 얻기 위한 모임이기 때문에 안내장도 그 목적에 맞춘다. 내용에 상대방의 관심을 끄는 행사를 넣는 것도 한 가지 작전이다.

**Subject**    Invitation to North Pacific Conference

Dear Mr. Sword:

It is a great pleasure to extend this invitation to the North Pacific Shippers Conference to be held in Honolulu beginning April 14.

The conference will run through April 16 and will consist of a series of discussions which we believe will help us understand the recent market trends which affect our day-to-day operations. In addition, a guided tour of the container center in Hawaii is scheduled on April 16 as one of the activities of this conference. For your additional reference, a brief outline of conference activities is attached. If you would like to participate, please confirm your flight and schedule in Hawaii with us by the end of this month.

We look forward to seeing you in Honolulu.

Sincerely yours,
Shin Bong-su, Manager
Attachment

호놀룰루에서 4월 14일부터 개최되는 「북태평양 수출업자 회의」에 초대합니다.

회의는 4월 16일까지이며 우리들의 매일의 작업에 영향을 주는 최근의 시장 동향을 이해하는 데 도움이 될 일련의 토의로 짜여 있습니다. 이에 더해 이번 회의 활동의 일환으로 4월 16일에는 하와이의 콘테이너 센터의 견학을 안내인과 함께 실시합니다. 회의의 간단한 프로그램을 첨부하겠으니 참고하시기 바랍니다.

호놀룰루에서 뵙기를 고대하겠습니다.

## Outline

1. 언제, 어디서, 무슨 회의가 열리고 있는지 알리고 초대한다.
2. 회의의 세부 내용과 그 목적을 말한다.
3. 참가 방법을 설명한다.
4. 적극인 표현으로 끝맺는다.

 Expressions

It is a great pleasure to extend 격식을 차린 서두 to be held in (장소) beginning (날짜) 언제 어디서인지를 알린다 will run through ~까지 계속되다 (개시일에서부터 이날 오후까지 계속된 의미에서 through이다.) will consist of (예정이) 짜여 있다 will help us understand 회의의 의의를 알린다 In addition 회의 참가를 권유하기 위해서 또 하나의 특별 행사를 내놓는다 a guide tour 안내인이 붙은 견학 For your additional reference 추가 참고자료로 (상대방을 위한 친절한 정보임을 강조) If you would like to participate 참가 희망자는 (강압적인 느낌이 없고 상대에게 판단을 맡기고 있다.) We look forward to 참가해주기를 바랄 때 쓰는 상투어

Hot Tip

구체적인 요소를 넣으면 호소력이 강해진다는 것이 영문 이메일의 철칙이다. 마지막 단락의 See you in Honolulu는 호놀룰루라는 지명이 들어감으로써 훨씬 효과적으로 된다.

# 018. 회의 참석 안내 2

>> 출석할 것을 전제로 한 안내장. 고압적인 인상을 주지 않으려는 배려에서 명령형을 가급적 피하고 있다. 강제에 의한 참가라고 생각하지 않도록 뜻있는 회의임을 강조해서 참가를 요구한다.

---

**Subject** The 7th S. Pacific Distributor Conference

We are pleased to inform you that the Seventh South Pacific Distributor Conference will be held in Seoul from July 24 to 27. The conference will offer an excellent opportunity for an exchange of views among all distributors in the South Pacific area.

The objectives of the conference are:

1. To explain our marketing and sales policy in the South Pacific area.

2. To discuss practical sales strategies through a 'case study' approach.

3. To deepen your knowledge of our products through visits to our plants in Korea.

4. To develop friendship and strengthen the feeling that we are all members of the same group.

We consider your participation in this conference vital and indispensable and strongly hope you will attend. Please confirm your attendance by returning the attached form.

We are looking forward to seeing you at the conference in Seoul.

「제7회 남태평양 판매 대리점 회의」가 7월 24일부터 27일까지 서울에서 개최됩니다. 이 회의는 남태평양 지역의 판매 대리점 여러분에게 있어서 절호의 의견 교환 기회가 되리라고 생각됩니다.

이 회의의 목적은 다음과 같습니다.
1. 당사의 남태평양 지역에 있어서의 마케팅 및 판매 방침을 분명히 하는 것.
2. 「사례 연구」식 방법에 의해서 실제적인 판매 전략을 토의하는 것.
3. 한국의 당사 공장 견학을 통해서 제품 지식을 깊게 하는 것.
4. 우호 친선을 도모하여 같은 그룹 소속원으로서의 일체감을 깊게 하는 것.

당사에서는 여러분이 이 회의에 참석하시는 것이 지극히 중요하고 불가결하다고 생각합니다. 반드시 참석하시도록 부탁합니다. 첨부한 용지를 반송해서 참가를 확인해주시기 바랍니다.
서울의 회의장에서 만나뵙기를 고대하겠습니다.

**Outline**
1. 언제, 어디서, 무슨 회의가 열리고 있는지 알리고 초대한다.
2. 회의의 목적을 말한다.
3. 참가 요청과 신청 방법을 설명한다.
4. 적극적인 표현으로 끝맺는다.

 Expressions

We are pleased to inform you 격식을 차린 서두 offer an excellent opportunity 좋은 기회가 되다 the conference 이 문장은 참가를 호소하는 강조점이다 an exchange of views among all 모두의 의견 교환. 전원 출석을 전제로 하는 all에 위력이 있다 discuss는 strategies 전략을 의논하다 develop friendship and strengthen the feeling 우정을 키우고 ~의 감정을 깊게 하다 (동사를 문두에 놓음으로써 내용이 알기 쉬워지는 동시에 의미가 강조된다.)

 Tip

조항별로 쓸 때에는 각 항목의 쓰기법을 통일시킨다. 이 이메일에서는 모두 to부정사로 하고 있다.

## O19. 서비스센터 개소식 참석 알림

>> 초대에 대한 답장은 간단한 것이라도 자필 서명의 이메일로 하면 성의가 엿보이고 인간관계를 깊게 하는 데 도움이 된다.

| Subject | I will attend the opening. |

Dear Mr. Sankrit:

I am very pleased to accept your kind invitation to the opening ceremony of your service center to be held on December 21, 20-.

It will indeed be an honor to be part of this historical moment.

I am sincerely looking forward to seeing you there.

20- 년 12월 21일의 서비스 센터 개소식(開所式)에 대한 초대를 대단히 기쁘게 수락합니다.

이 역사적인 순간에 입회할 수 있는 것을 참으로 영광으로 생각합니다.

그럼 당일 뵙게 되길 고대하겠습니다.

**Outline**
1. 초대를 수락하고 상대방에게 찬사를 보낸다.
2. 적극적인 표현으로 끝맺는다.

## Expressions

**be very pleased to** 기꺼이 ~하다 (이외에 be happy to, be honored to 등도 쓸 수 있으나 뒤에 나오는 be an honor to와의 관계를 고려해서 같은 말이 중복되지 않도록 한다.) **kind invitation** 친절한 초대 (상대방의 초대를 가리키는 상투어) **ceremony of** ~식(式) **be held on** (날짜) 식의 날짜를 구체적으로 넣는다. 시간을 나타내고 싶은 경우 from two to four와 같이 표현하면 2시에서 4시까지가 된다. **It will be an honor to** 영광으로 생각한다 **look forward to seeing you** 고대하는 마음을 알리는 상투어

## Hot Tip

회사의 초대일지라도 초대해 준 사람의 이름을 알고 있을 때에는 회사명보다는 〈Dear + 개인 이름〉으로 하는 것이 좋다.

49

# 020. 친구의 파티 참석 알림

>> 친한 사이의 파티 초대에 응하는 이메일. 파티의 하이라이트를 언급하고 상대방과의 친교가 깊어짐을 즐겁게 생각하고 있음을 알린다.

| Subject | Will be there. |
|---------|----------------|

Dear Mr. Medlin:

Thank you for the thoughtful invitation to dinner and cocktails on Saturday, July 10.

My wife and I will be very happy to attend. We are both looking forward to seeing the slides from your trip to China and to enjoying the evening with you.

Thank you again for including us.

7월 10일 토요일의 만찬과 칵테일 파티에 초대해주셔서 감사합니다.

아내와 함께 기꺼이 참석하겠습니다. 중국 여행의 슬라이드를 보는 것은 물론이고 당신들과 함께 보낼 저녁을 둘 다 즐거움으로 고대하고 있습니다.

초대해주셔서 정말 고맙습니다.

**Outline**
1. 초대에 대한 사례를 한다.
2. 기꺼이 참석할 것을 알린다.
3. 재차 사례하고 끝맺는다.

 **Expressions**

Thank you for the thoughtful invitation to 초대에 대한 사례의 상투어 **will be very happy to attend** 기꺼이 참석할 것이다 **look forward to seeing** 파티의 하이라이트를 언급하여 구체적인 형태로 기쁨을 나타낸다. 여기서는 중국에서 찍은 슬라이드를 보는 것 **enjoy the evening with you** 슬라이드 뿐만 아니라 그외에도 즐겁게 기대하고 있다는 기분을 전한다 **Thank you** 짧지만 효과적인 문장

# 021. 개소식(開所式) 불참 알림

>> 지위가 높은 사람이 내는 불참 통지이다. 초대를 거절할 때, 애매한 이유로 거절하는 것은 일반적으로 성의가 없는 것으로 여겨지기 때문에 구체적으로 참석 못하는 이유를 밝혀서 양해를 구하는 것이 원칙이다. 그러나 지위가 높은 사람의 경우는 무게가 있는 애매한 이유로 거절을 해도 실례가 되지 않는다.

---

**Subject**    Regret that I will be unable to attend

Dear Mr. Sari:

Thank you very much for your kind invitation to the opening ceremony of the Kaison Center.

Unfortunately, my schedule in December will not allow me to attend this congratulatory ceremony. Urgent matters that cannot be rescheduled make it necessary for me to be in Seoul at that time. I certainly hope you will understand.

Thank you again for the invitation. I look forward to continuing close relations between our two firms.

Sincerely yours,
Kang Dong-su
Managing Director

카이슨 센터 개소식(開所式)에 초대해주신 데 대해서 심심한 사의를 표합니다.

유감스럽게도 12월에 있는 스케줄 때문에 이 경사스러운 행사에 참석할 수가 없습니다. 변경할 수 없는 긴급한 용건 때문에 그 무렵에는 서울을 떠날 수가 없습니다. 부디 사정을 양해하시기 바랍니다.

초대해주신 데 대해서 거듭 감사를 드립니다. 금후에도 양사 사이에 긴밀한 거래 관계가 계속되길 바라마지 않습니다.

### Outline
1. 초대에 대한 사례를 한다.
2. 불참의 뜻을 알리고 양해를 구한다.
3. 재차 사례하고 적극적인 결어로 끝맺는다.

## ✉ Expressions

**Thank you very much for** 초대에 대한 사례를 할 때의 서두 **kind invitation** 친절한 초대 (상대방의 초대를 가리키는 상투어) **opening ceremony** 개소식(開所式) **Unfortunately** 유감이지만 (거절의 말을 꺼낼 때의 신호가 되는 말) **my schedule will not allow me to** 스케줄 때문에 ~할 수 없다 (자기를 주어로 하지 않고 다른 표현으로 바꾸어 말하였다.) **urgent matters** 긴급한 용건 **cannot be rescheduled** 변경할 수 없다 **I certainly hope** 양해를 구하다 **Thank you again for** 이메일을 마무리하는 상투어 **look forward to** ~을 고대하다, ~을 즐거운 마음으로 기다리다 **continuing close relations** 긴밀한 (거래) 관계의 계속

 **Tip**

urgent matters는 애매하지만 무게가 있는 어구이다. 이외에 urgent business, pressing need도 사용할 수 있다. 단, 이들 어구는 회사의 기밀에 관한 듯한 중요한 느낌이 있기 때문에 지위가 높은 사람이 쓰는 것이 적절하다.

# 022. 축하 행사 불참 알림

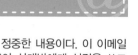

>> 지위가 높은 사람이 내는 불참 통지로서 전회의 이메일보다 더 정중한 내용이다. 이 이메일 도 구체적인 불참 이유에 대한 설명은 없지만 이메일의 길이로 보아 상대방에게 신경을 쓰고 있음을 엿볼 수 있다. 정확하게 이유를 밝힐 필요는 없으나 길이가 있을 경우 보다 성의가 느껴진다.

---

**Subject**   Please understand the situation.

Dear Mr. Khalaki:

Thank you very much for your kind invitation to the party celebrating your 100,000th vehicle. Please accept my hearty congratulations on this remarkable success. We are all very pleased that you have topped the 100,000 mark so quickly-a truly admirable achievement.

Unfortunately, my schedule in December will not allow me to attend this happy affair. Urgent matters that cannot be rescheduled make it necessary for me to be in Seoul at that time. I certainly hope you will understand the reasons preventing my attendance.

Once again, thank you for the invitation. I'm looking forward to a long future of continuing success and close relations between our two firms.

Sincerely yours,
Ko Yong-jun
Senior Managing Director
Expressions

10만 대 달성 기념 축하파티에 초대해주신 데 대해서 심심한 사의를 표합니다. 이 놀랄 만한 성공에 충심으로 축하를 드립니다. 이와 같이 단기간에 10만 대를 달성한 것은 참으로 훌륭한 업적으로 저희들도 매우 기쁩니다.

공교롭게도 12월은 스케줄 때문에 이 기쁜 자리에 참석할 수가 없습니다. 예정을 변경할 수 없는 긴급한 용건이 있어 그 무렵에 서울을 떠날 수가 없습니다. 부디 참석 못하는 사정을 양해해 주시기 바랍니다.

초대해주신 데 대해서 재차 감사를 드립니다. 금후 더 많은 발전을 기원하며 아울러 양사의 긴밀한 관계가 계속되길 바라마지 않습니다.

**Outline**
1. 초대에 대한 사례를 한다.
2. 불참의 뜻을 알리고 양해를 구한다.
3. 재차 사례하고 적극적인 결어로 끝맺는다.

## ✉ Expressions

Thank you very much for 초대에 대한 사례를 할 때의 서두 Please accept my hearty congratulations 충심으로 축하하다 top 달성하다 Unfortunately 불참의 말을 꺼낸다. my schedule will not I를 주어로 하지 않는다 this happy affair 파티를 다르게 표현한 것 urgent matters 애매하지만 무게가 있는 어구 I certainly hope 양해를 구하다 Once again 끝마무리에 들어가는 어구 I am looking forward to 금후에 대한 기대를 인도하는 어구 a long future of 오래 가는, 긴

 Tip

my schedule will not allow me나 urgent matters make it necessary for me와 같이 자기를 주어로 하지 않고 예정이나 용건을 주어로 해서 불가피성을 부각시키는 것이 거절의 요령이다.

>> 지위가 높은 사람 사이에 주고받는 이메일이다. 구체적인 이유 없이 에둘러서 불참을 밝히고 있음에도 충분히 신경 쓰고 있음을 알게 하는 사교적인 불참의 이메일이다.

| Subject | Congratuations on your son's marriage |

Dear Mr. Jitney:

I very much appreciate the honor of being invited to the wedding ceremony and reception of your son on April 26. I know how happy you must be. I also know how busy you must be attending to the arrangements on top of your heavy business schedule.

Though I would much like to be part of this happy event, long-standing commitment will not permit me to attend. However, please convey my best wishes to your son and his bride.

Thank you again for honoring me with an invitation.

Yours sincerely,
Jang Gyeong-bong
President

4월 26일에 거행되는 아드님의 결혼식에 초대받는 영광을 입어 매우 고맙게 생각합니다. 얼마나 기쁘실지요. 또 다망한 일정에 더하여 이것저것 준비를 하시느라 필시 바쁘실 줄로 압니다.

이 경사스러운 자리를 꼭 함께 하고 싶지만 오래 전부터의 약속 때문에 참석할 수가 없겠습니다. 그러나 아드님과 그 신부에게 저의 심심한 축하의 뜻을 부디 전해주시기 바랍니다.

초대해주신 영광에 대해서 재차 감사를 드립니다.

**Outline**

1. 초대해준 데 대한 사례를 하고, 상대방의 근황에 대해 관심을 표시한다.
2. 불참한다는 것과 결혼하는 사람들에 대한 메시지를 전한다.
3. 재차 사례하고 끝맺는다.

## Expressions

**very much appreciate the honor of** ~의 영광을 입어 매우 감사하다 **I know how happy ~ be** 필시 기쁠 것이다 (경사를 축하할 때의 상투어) **attend to** ~에 신경을 쓰다, 정성을 들이다 **on top of** ~에 더하여 **Though I would very much like to** 불참의 말을 꺼내기 전의 사전 포석적인 문장. 유감의 뜻을 표시한다. **be part of this happy event** 이 경사스러운 자리에 참석하다 (세련된 표현이다. happy event는 wedding ceremony의 다른 표현) **long-standing commitment** 오래 전부터의 약속 **Please convey my best wishes** 결혼하는 사람에게 축하의 말을 전해달라고 부탁할 때의 상투어 **Thank you again for honoring** again으로 전체를 마무리짓는다.

 Tip

결혼을 축하할 때는 best wishes to나 wish는 every happiness 등을 사용하면 좋다.

# 024. 만찬 불참 알림

>> 멀리 떨어져 있는 사람으로부터 만찬 초대가 왔다. 상대방도 참석을 크게 기대한다기보다는 이쪽을 잊지 않고 있다는 뜻에서 보낸 초대이기 때문에 배려에 감사하는 내용의 이메일로 한다. 따라서 불참 이유를 상세하게 밝힐 필요는 없다.

---

**Subject** | Thank you for inviting me to the holiday dinner.

Dear Mr. Hillard:

I sincerely appreciate your invitation to the St. George's Day Dinner of the Melbourne Scots. It would indeed be an honor if I could attend.

However, the date, November 26, is an unfortunate one. I already have a long-standing commitment on that day.

On the other hand, I am presently scheduled to be in your country in December and hope to be able to get together with you then.

Thank you again for remembering me.

Sincerely yours,
Bae Du-seok
Manager
Australasia Department

멜버른 스콧 성(聖) 조지(게오르기우스) 축일 만찬에 초대해주셔서 진심으로 감사합니다. 만찬에 참석할 수 있다면 참으로 영광일 것입니다.

그러나 초대를 받은 11월 26일은 형편이 좋지 못합니다. 그날은 이미 오랜 전부터 약속이 있습니다.

그런데 12월에 귀 나라에 갈 예정이니 그때는 꼭 만나뵐 수 있기를 바라고 있습니다.

저를 잊지 않으신 데 대해서 재차 감사를 드립니다.

## Outline

1. 초대해준 데 대해서 사례를 한다.
2. 불참 의사를 알린다.
3. 다음번 출장 시에 만나고 싶다는 소식을 넣는다.
4. 재차 사례하는 것으로 끝맺는다.

## Expressions

Sincerely appreciate 진심으로 감사하다 (Thank you for로 시작하는 것보다 개인적인 느낌이 있다) Would indeed be an honor if I could ~할 수 있으면 참으로 영광이디 (가정법을 사용함으로써 불참의 뜻을 암시하고 있다.) However 초대를 거절하는 방향으로 이끈다 unfortunate 형편이 좋지 못한 already 이미 long-standing commitment 오래 전부터의 약속 (선약을 이유로 애매하게 거절한다.) On the other hand 그런데, 한편으로는 (by the way로 하면 별개의 화제를 덧붙이는 뉘앙스이기 때문에 이 경우에는 적당치 않다.) get together with 만나다 (구어적이며 see보다 따뜻한 '느낌의' 표현)

## Hot Tip

이메일안에 날짜를 넣을 때에는 어떤 경우라도 월명은 생략하지 말것. 사교상의 이메일인 경우 연도는 대부분 분명하기 때문에 불필요하다.

>> 회의의 참석을 거절한 후, 회의 일정을 변경할테니 참석해 달라는 두 번째 초대가 왔다. 그럼에도 불구하고 재차 불참함을 알리는 이메일이다. 사정이 여의치 않음을 밝혀 더이상의 초대를 견제한다.

**Subject** Accept my apology for not being able to attend.

I greatly appreciate your concern for my attendance at the World Semi-conductor Industry Conference and would again like to express my regret for the inconvenience caused.

I had originally planned to proceed to the U.S. after the conference. However, due to the pressing need for my presence there, my schedule was moved up, forcing me to withdraw from the conference. Unfortunately, the urgency of the situation precludes any modification of this schedule at this date.

We would very much like to have sent someone in my place to represent Tecnik. However, this would have called for someone sufficiently qualified to comment on the topic in question. At present, there is no one available with such qualification. Thus, in view of the importance of the subject, we would prefer not to send anyone with insufficient experience.

Once again, I greatly appreciate both your original invitation and the kind offer to adjust the schedule on my behalf. I do hope you will understand the reasons preventing my attendance.

반도체 산업 세계 회의에 제가 참석하도록 배려해주신 데 대해 심심한 감사를 드리며, 불편을 끼치게 된 데 대해 또 다시 유감의 뜻을 표하고 싶습니다.

원래 이 회의 후에 미국에 건너갈 예정이었습니다만 그 예정이 중대한 용건 때문에 앞당겨져서 세계 회의를 불참할 수밖에 없습니다. 참으로 유감스럽게도 예정이 촉박하기 때문에 현 시점에서는 어떻게도 변경이 불가능한 상태입니다.

테크닉(당사)을 대표해서 저의 대리인을 보내려고도 생각했습니다. 그러나 이것에는 해당 주제에 관해서 충분히 정통한 자가 필요하다고 생각합니다. 현재는 그러한 유자격자가 없습니다. 주제의 중대성을 고려한 결과 불충분한 경험밖에 갖지 않은 사람이라면 차라리 보내지 않는 편이 낫다고 생각합니다.

본래의 초대 및 저 때문에 일정을 변경해주신 데 대해 재차 심심한 사의를 표합니다. 부디 불참의 사유를 양해하시기 바랍니다.

**Outline**
1. 지금까지의 경위에 대해 언급하고 상대방의 배려에 대해 감사를 표시한다.
2. 재 초대에 대해서도 불참한다는 것을 알린다.
3. 대리할 적임자가 없다는 것을 알린다.
4. 재차 사례하는 것으로 끝맺는다.

 Expressions

**appreciate your concern** 배려에 감사하다 (일정 변경을 자청해준 데 대한 사례) **express my regret** 유감으로 여기다 (이 regret은 '후회'가 아니라 '유감'을 의미함.)

 Tip

any convenience와 the convenience의 차이는 실제로 폐를 끼치고 있다고 인식하고 있을 때에는 the를 쓰고 폐를 끼칠 것 같다는 기분이 들면 any를 쓴다.

# 026. 송별회 불참

>> 자신의 귀국 송별회에 불참하겠다는 연락을 받았다. 실망스럽지만 불참자에 대해 노엽게 생각하고 있지는 않다는 것을 전한다. 또 대리인이 참석할 경우에는 기쁘게 대리인을 맞이하겠다는 뜻을 전한다. 귀국하는 것이기 때문에 작별 인사도 잊지 않도록 한다.

**Subject**    Hope to meet you next time

Dear Mr. Gilbert:

I was disappointed to learn from your email of June 28 that you will not be able to attend the reception next week. I very much enjoyed having had the chance to associate with you while here in the United States and look forward to seeing you again on some occasion in the future.

We have taken note of the fact that Mr. Hodgekiss will attend in your stead and will certainly be on the look-out for him. If it is not too late to get work to him, I hope you will ask him to call on me personally.

Please do not hesitate to approach me should you have occasion to be in Seoul.

Yours sincerely,
Gang Sin-gyu
General Manager

6월 28일자 이메일로 귀하가 내주의 파티에 참석하실 수 없다는 것을 알고 유감으로 생각했습니다. 미국 체재 중에 귀하와 교제할 수 있는 기회를 가져 매우 즐거웠습니다. 언젠가 다시 만나뵙게 되는 날을 고대하겠습니다.

호지키스 씨가 귀하의 대리로 출석하신다는 것은 저희도 알고 있으므로 유념하도록 하겠습니다. 호지키스 씨에게 아직 말씀을 전하실 시간이 있으시면 부디 저에게 직접 말을 걸도록 전하시기 바랍니다.

서울에 오시게 되면 꼭 저에게 연락주시기 바랍니다.

## Outline

1. 불참에 대한 유감을 전하고 체재 중의 교제에 대해 감사를 표한다.
2. 대리인을 기쁘게 맞이하겠다는 뜻을 말한다.
3. 기회가 있으면 방문해 달라는 인사로 끝맺는다.

## ✉ Expressions

I was disappointed to learn ~라는 것을 알고 실망했다 I very much enjoyed having had the chance to (교제할 수 있는) 기회를 가져 무척 즐거웠다 associate with ~와 교제하다 see you again on some occasion in the future 언젠가 다시 만납시다 We have taken note of the fact that ~라고 알고 있다 in your stead 귀하의 대리로서 be on the look-out for ~의 존재를 유념하다, 대비하고 있다 If it is not too late to get word to ~에게 아직 말을 전할 시간이 있다면 call on me personally 직접 말을 걸다 Please 해외에서 신세진 사람에게 대해서 흔히 사용하는 상투어

 Tip

associate with는 그다지 깊은 교제를 의미하지 않는다. 이보다 친밀한 것은 get to know이다.

# Part 2_일상생활 II

## 027. 연구소 견학에 대한 사례

>> 자신의 사업과 관련한 연구소를 견학한 것과 연구원들과의 대화를 통해서 크게 자극을 얻은 데 대한 감사의 마음을 전하는 내용이다. 단순한 말만의 사례가 아니라 참고자료를 보냄으로써 감사의 기분을 나타내고 있다.

| Subject | Thank you for the hospitality. |
|---|---|

Dear Mr. Ferger:

Thank you very much for all the trouble you and your staff went to during my visit to your research center. The tour and subsequent discussions with you and your staff were extremely informative. My visit has provided me with fresh incentive and encouragement in my work.

It was especially nice of you to take the time to have dinner with me. I only hope you provide me with a chance to reciprocate some time soon.

Attached is some written material pertinent to our discussion. I hope you find it informative.

In closing, I would like to ask you to convey my appreciation to everyone of your fine staff.

Sincerely yours,
Sang-gu Jung
R & D Director

귀 연구소 방문시에 여러가지로 배려를 해주셔서 매우 고마웠습니다. 견학과 거기에 이은 연구원 여러분과의 토론은 매우 유익했습니다. 덕분에 저의 연구에 대해서 새로운 자극과 격려를 얻을 수 있었습니다.

특히 저녁을 함께 할 시간을 내주셔서 고마웠습니다. 머지않아 답례의 기회가 있기를 바랄 뿐입니다.

우리의 토론에 관한 자료를 첨부합니다. 참고가 되길 바랍니다.

끝으로 연구소의 여러분께 안부 전해주시기 바랍니다.

## Outline

1. 대접에 대해 전반적인 사례를 한다.
2. 특별한 호의에 대한 사례와 답례를 원하는 기분을 전한다.
3. 자료를 첨부한다는 것을 알린다.
4. 모두에게 안부를 부탁하는 것으로 끝맺는다.

## Expressions

all the trouble 여러가지로 보살펴 준 것 extremely informative 매우 참고가 되는 fresh incentive and encouragement 새로운 자극과 격려 It was especially nice of you to 특히 ~해주어서 고마웠다 I only hope ~을 바랄 뿐이다 (only를 넣음으로써 의미가 한결 강해진다.) reciprocate 답례하다 some time soon 머지 않아 (soon을 붙이지 않으면 「가까운 시일 안에 언젠가」가 되어 성의가 덜하다.) written material 자료 pertinent to ~에 관한 In closing 끝으로 convey 전하다 (In closing에 호응한 격식 있는 표현이다.)

### Hot Tip

I only hope I can reciprocate로 쓸 수 있으나, I only hope you provide me with a chance to reciprocate로 주어를 you로 변환시킨 예이다.

>> 해외 회의에서 알게 된 사람이 선물 가게에서 사고 싶은 물건과 그 가격에 관해 조언을 해준 데 대해서 귀국 전에 보낸 감사 이메일이다. 개인적인 친절에 대한 사례 이메일이므로 사업 관계로 알게 된 사람이라도 친밀한 표현을 가미한다.

| Subject | Thanks for your kindness. |
|---------|---------------------------|

Before leaving Mexico, I want to thank you most warmly for your kind assistance with my daughter's silver bracelet request. Thanks to your fine arrangement, I managed to buy exactly what she wants on Saturday. I am most grateful!

It was indeed an unforeseen pleasure to be able to meet someone like you at the interesting meeting sponsored by your government. I hope to be able to meet again in the not too distant future.

멕시코를 출발하기 전에 딸에게서 부탁받은 은제 팔찌를 고르는 데 도와주신 친절에 대해서 충심으로 감사를 드리고 싶습니다. 훌륭한 배려의 덕분으로 토요일에 용케도 딸의 요망에 딱 들어맞는 것을 살 수가 있었습니다. 정말로 고마웠습니다!

귀국 정부가 후원하는 흥미있는 회의에서 귀하와 같은 분을 만날 수 있었던 것은 참으로 뜻밖의 기쁨이었습니다. 머지않은 장래에 다시 뵐 수 있길 희망합니다.

**Outline**
1. 사례를 하고 덕분에 바라던 것을 살 수 있었음을 전한다.
2. 친분을 맺게 되어 기쁘다는 것을 알리고, 사교적인 인사말로 끝맺는다.

## ✉ Expressions

Before leaving ~을 출발하기 전에 (일각이라도 빨리 사례를 하고 싶었다는 기분) thank you most warmly 충심으로 감사하다 your kind assistance with 친절하게도 ~을 도와준 것 Thanks to your fine arrangement 훌륭한 배려의 덕분으로 managed to buy 용케 살 수 있었다 (쉽지 않았다는 뉘앙스이다.) exactly what she wants 딸의 요망에 딱 들어맞는 것 on Saturday 구체적으로 날짜를 표시하는 편이 성의가 전해진다 I am most grateful! 정말로 고마웠습니다 (짧고도 효과적인 감사의 표현) an unforeseen pleasure 뜻하지 않은 기쁨 someone like you 당신 같은 (훌륭한) 분 in the not too distant future 머지 않은 장래에

 Tip

감탄부호(!, exclamation mark)는 개인적인 이메일 안에서 기분을 강조할 때 사용한다. 업무용 이메일에서는 사용하지 않는다.

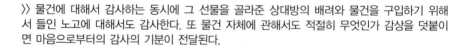
>> 물건에 대해서 감사하는 동시에 그 선물을 골라준 상대방의 배려와 물건을 구입하기 위해서 들인 노고에 대해서도 감사한다. 또 물건 자체에 관해서도 적절히 무엇인가 감상을 덧붙이면 마음으로부터의 감사의 기분이 전달된다.

**Subject**   Thank you for a lovely gift.

Dear Mr. Gerst:

Please accept my sincerest appreciation for the thoughtful gift. A suitcase for a man in my line of work is absolutely essential. I assure you that it will be accompanying me around the world for years to come.

The design is in excellent taste and reflects your personal interest.

I look forward to thanking you personally when you visit Korea with your associates in December.

Yours sincerely,
Mun-ho Choi
Executive Vice President

정성어린 선물에 대해서 충심으로 감사를 드립니다. 저와 같은 사업에 종사하는 사람에게 여행가방은 필수품입니다. 앞으로 여러 해 동안 저와 함께 온세계를 돌아다니게 될 것입니다.

디자인이 훌륭하며 귀하의 개인적인 취향을 엿볼 수 있습니다.

12월에 귀하와 동료분들이 내한하실 때 직접 뵙고 사례할 수 있길 고대합니다.

**Outline**
1. 사례를 한다.
2. 물건에 대한 감상을 덧붙인다.
3. 감사의 마음을 표시하고 끝맺는다.

## ✉ Expressions

**Please accept my sincerest appreciation for** ~에 대해서 충심으로 감사를 드립니다 **thoughtful** 정성어린, 생각이 깊은 (이 경우는 선물의 기능을 생각하면 wonderful이나 fantastic보다 적절한 형용이다.) **for a man in my line of work** 저와 같은 일에 종사하는 사람에게는 **absolutely essential** 필수적인 것 **I assure you that** 틀림없이 ~일 것이다 **for years to oomc** 앞으로 어디 해 동안 The design is in excellent taste 니사빈이 훌륭하다 **reflect your personal interest** 당신의 취미를 엿볼 수 있다 (직접 골라준 것에 감사하고 있다) **thank you personally** 직접 사례를 하다 **when ~ in December** 다음에 만날 예정이 정해져 있으면 구체적으로 말하는 편이 사의가 전달된다 **your associate** 동료

# 030. 자료 발송에 대한 사례

>> 거래에 관한 타진을 받고 가능성의 검토를 위해서 요구했던 자료를 받은 후 보내는 이메일이다. 거래에 대해 적극적이지도 거절도 아닌 중립적인 태도의 이메일로서 결과는 금후의 의논에 달려 있다는 정도의 내용이다.

| Subject | Thank you for sending the documents. |
|---|---|

Dear Mr. Potter:

It was good to have the chance to meet you during your stay here in Seoul.

Thank you for promptly furnishing us with some written information on your products. We would now like to begin to look into the feasibility of our cooperating in your marketing effort here.

We will keep you up to date on any subsequent developments.

Sincerely yours,
Il-su Park

귀하가 서울에 체재하고 계실 동안 귀하를 만나뵐 기회를 가져 기뻤습니다.

귀사 제품에 관한 자료를 조속히 보내주셔서 고맙습니다. 귀사의 한국 시장 마케팅과 관련 당사의 협조 가능성에 대해서 이제 검토를 시작하려고 합니다.

무엇인가 진전이 있는 대로 새로운 정보를 알리겠습니다.

**Outline**

1. 예전의 만남을 언급한다.
2. 자료에 대한 사례와 검토에 대한 의욕을 말한다.
3. 진전이 있으면 알리기로 하고 끝을 맺는다.

## ✉ Expressions

**It was good to** ~할 수 있어 기뻤다 **have the chance to** ~할 기회를 갖다 (겸손한 표현이다.) **promptly** 신속히 (상대방의 신속한 조처에 대한 감사인 동시에 이쪽의 관심의 표시이기도 하다.) **furnish** (사람) **with** (사람)에게 ~을 보내다 (자료를 이용할 수 있도록 상대방에 제공한다는 것으로 send보다 세련된 표현이다.) **written information** 자료 **feasibility** 실현 가능성 **keep you up to date** 새로운 정보를 알리다, 뭔가 변화가 있으면 알리다 **subsequent developments** 금후의 진전

 Tip

자료(written information)에는 catalogue, price list, publicizing brochure(선전용 팜플렛) 등이 있다.

# 031. 중역 취임 축하

>> 중역에 선출된 것에 대해서 축하를 받았다. 이에 시간을 내어 축하해준 데 대해서 사례를 해야 한다. 축하에 대한 사례 이메일은 감사와 겸손을 겸해서 쓰고 내용은 너무 장황한 것 보다는 간결한 것이 바람직하다.

---

**Subject**    Thank you for your kind words and support.

Dear Mr. Adams:

Thank you for taking the time to congratulate me on my recent election to the board of directors. Quite frankly, I know I could not have come this far without the close support and encouragement of friends like you.

I will certainly try my best to provide the 'able leadership' you referred to in your email.

Yours sincerely,
Jae-seob Song
Director

이번에 이사로 선임된 데 대해서 일부러 축하를 해주셔서 고맙습니다. 아주 솔직히 말해서 귀하와 같은 후원자의 정성어린 후원과 격려가 없었으면 여기까지 올 수 없었다고 생각합니다.

이메일에서 언급하신 대로 '훌륭한 지도력'을 발휘할 수 있도록 최선을 다하겠습니다.

**Outline**

1. 축하에 대한 사례와 지금까지의 후원에 감사를 표한다.
2. 취임에 즈음한 결의를 말하고 끝을 맺는다.

✉ **Expressions**

take the time to 일부러 ~하다 congratulate (사람) on (사람)에게 ~에 대해 축하하다 (전화든 이메일이든 또는 방문해서 축하해주는 경우든 모두 좋다.) election to ~로 선출된 깃 the board of directors 중역회 Quite frankly 아주 솔직히 말해서 (겸손한 말투 앞에 흔히 붙이는 표현) could not have come this far without ~이 없었으면 여기까지 올 수 없었다 the close support and encouragement 정성껏 후원하고 격려해준 것 certainly 꼭 try my best 최선을 다하다 provide 주다, 공급하다 able leadership 훌륭한 지도력 (인용부로 묶은 것은 상대방의 이메일에 있던 말을 그대로 인용했기 때문임. able은 「재능이 십분 발휘된」이란 뜻) refer to 언급하다

**Tip**

감사의 마음을 표시할 때 you라고 하는 대신에 someone like you라든지 friends like you와 같이 like를 써서 표현하면 당신과 같은 「훌륭한 사람」이라는 뉘앙스를 낼 수 있다.

# 032. 매상 달성 축하

>> 대리점으로부터 매상 달성의 축하를 받은 데 대한 답례이다. 축하 자체에 대한 사례와 「덕분에」라는 감사의 마음을 담은 이중의 사례가 된다. 축하에 대한 사례는 감사와 겸손의 마음을 담아서 쓰고, 끝으로 새로운 결의와 계속적인 협력을 부탁하면서 끝맺는다.

| Subject | Thank YOU for your kind words and contribution. |
| --- | --- |

Dear Mr. Spillway:

Thank you very much for taking the time to congratulate us on our overtaking IRVING in total sales last year. This achievement would not have been possible without the outstanding performance of distributors like you.

We are determined to make this year an even bigger one for us all and would like to again ask for your continuing support and cooperation.

Yours sincerely,
Jin-do Kim
Director
North America Department

작년의 총 매출액에서 어빙사를 따라잡은 데 대해서 일부러 축하를 해주서서 고맙습니다. 이 업적은 귀사와 같은 여러 판매 대리점의 뛰어난 공적이 없었다면 도저히 달성 못했을 것입니다.

금년도 우리 모두에게 보다 훌륭한 해가 되도록 노력할 결심이므로 계속적인 지원과 협력을 거듭 부탁드리겠습니다.

**Outline**
1. 축하에 대한 사례와 상대방의 공헌에 감사를 한다.
2. 금후의 포부를 말하고, 계속적인 협력을 바라면서 끝을 맺는다.

## Expressions

Thank you very much for 일반적인 사례의 말 take the time to 일부러 ~하다 congratulate (사람) on (사람)에게 ~에 대해서 축하를 하다 overtake ~ in total sales 총 매상고에서 ~을 따라잡다 would not have been possible without ~이 없었으면 불가능했을 것이다 outstanding performance 뛰어난 공적 distributors like you 귀사와 같은 판매 대리점 We are determined to ~할 결심이다 even bigger one 더욱 훌륭한 해 for us all 상호에게 있어서 (우리의 이익은 곧 당신의 이익이라는 뜻) would like to again ask for ~을 거듭 부탁합니다 your continuing support and cooperation 계속적인 지지와 협력

**Hot Tip**

congratulate는 for가 아니라 on을 전치사로 취한다.

# 033. 회사 창립 기념식 참석에 대한 사례

>> 회사 창립 15주년 기념식 참석자에게 내는 사례 이메일. 바쁜 중에 참석해준 데 대해서 감사하는 내용으로 고마웠다는 마음이 전달되는 것이 중요하다. 그렇게 함으로써 한층 더 긴밀한 관계를 유지할 수 있다.

---

**Subject**   Thank you for attending.

Dear Mr. Mendoza:

This is to thank you again for taking the time and trouble to join us in celebrating our 15th anniversary. Being able to share this day with friends like you made the occasion all the more meaningful. I would very much appreciate being afforded the chance to reciprocate the courtesy at some appropriate time.

In the meantime, I wish you every personal success and happiness.

With warmest personal regards.

Tae-gil Jeon
President

당사의 창립 15주년 기념식에 시간을 내서 참석해주신 데 대해서 재차 감사를 드립니다. 이 경사스러운 날을 귀하와 같은 친구들과 함께 축하할 수 있어서 식이 한층 뜻깊은 것이 되었습니다.

언젠가 적절한 시기에 이번 호의에 답례할 기회가 있으면 고맙겠습니다.

그동안 귀하의 성공과 행복을 빕니다.

> **Outline**
> 1. 참석에 대한 사례를 한다.
> 2. 행복을 빈다.

## ✉ Expressions

**This is to thank you again for** ~해준 데 대해서 재차 감사하다 **taking the time and trouble to join us** 일부러 왕림해주어서 (참석에 대한 사례 이메일에는 필수적인 표현이며 여기서 us는 회사를 대표한 입장에서 말하고 있음을 나타낸다.) **share this day with** 이와 같은 (경사스러운) 날에 함께 하다 **friends like you** 당신과 같은 친구들 (사례 이메일에 사용하는 like you는 당신처럼 「훌륭한 사람」이라든지 「멋진 사람」이란 뉘앙스다.) **all the more meaningful** 한층 의의가 깊어지다 **being afforded being** given과 같은 뜻인데 보다 격식있는 표현이다 **the chance to reciprocate** 답례할 기회 **courtesy** 호의 **at some appropriate time** 언젠가 적절한 시기에 **In the meantime** 그 사이 **every personal success and happiness** 귀하의 성공과 행복 (개인적인 친밀감을 나타낸 표현)

## Hot Tip

맺음말인 with warmest personal regards는 마음으로부터의 친밀감을 나타내며, 참석해주어서 정말로 기쁘게 생각하고 있다는 기분이 전해진다.

# 034. 문병 사례

>> 수술을 받고 완쾌하여 직장으로 복귀하였다. 그래서 완쾌를 알릴 겸 문병에 대한 사례를 하고 있는 내용이다. 문병과 격려가 얼마나 회복을 위한 힘이 되었는가를 말하고 이제 정상적인 생활로 돌아온 것을 알리고 안심시킨다. 따뜻한 감사의 기분과 친밀감이 담긴 이메일이다.

---

**Subject**    Thank you for your encouragement.

Dear Mr. Lamont:

I am happy to report that I have fully recovered from my recent surgery and returned to my normal work schedule yesterday.

Thank you for the concern you showed by taking the trouble to wish me well while I was convalescing. It was the encouragement I received from friends like you that helped speed my recovery. Your thoughts really meant a great deal to me.

I look forward to thanking you again personally, and maybe enjoying a few drinks together at an early date.

Yours sincerely,
Il-seop Hong
Manager
Marine Sales

최근의 수술에서 완전히 회복하여 어제부터는 통상의 업무 스케줄로 돌아왔음을 기쁘게 보고합니다.

요양 중에 일부러 문병을 오셔서 걱정해주신 데 대해서 감사를 드립니다. 속히 회복된 것도 당신과 같은 친구들에게서 받은 격려 덕분이었습니다. 당신의 배려는 정말로 커다란 격려가 되었습니다.

곧 만나 뵙고 재차 사례할 날을 고대하겠습니다. 어쩌면 함께 한잔 할 수 있어도 좋겠지요.

## Outline
1. 완쾌를 보고한다.
2. 문병과 격려에 대해 사례한다.
3. 사교적인 인사로 끝을 맺는다.

## Expressions

I am happy to report 기쁜 일을 보고하는 표현 have fully recovered from ~로부터 완전히 회복하다 recent surgery 최근의 수술 my normal work schedule 통상의 업무 스케줄 Thank you for the concern you showed 걱정을 해줘서 고마웠다 (concern은 worry보다 세련된 표현) take the trouble to 일부러 ~하다 wish me well while I was convalescing 요양 중에 문병을 하다 It was the encouragement~ from friends like you that 당신과 같은 친구가 격려해준 덕분에 (강조구문) Your thoughts really meant a great deal to me 당신의 배려는 커다란 격려가 되었다 (짧으면서도 효과적인 문장) thank you again personally 재차 직접 사례하다 at an early date 근간에

 Tip

이 이메일 중의 friends like you는 당신과 같은 「친절하고 동정심이 있는」 친구라는 뉘앙스이다.

# 035. 문상 사례

>> 고인의 친우가 보낸 조문에 대해서 아내가 보낸 감사의 이메일. 장례식의 상황 등을 보고하면서 고인의 인생을 돌아본다. 슬픔의 뒤이긴 하지만 따뜻하고 개인적인 친밀감이 느껴지는 이메일이다.

**Subject** Your friendship greatly appreciated

Your warm thoughts and expression of condolence are deeply appreciated. Nothing could console me more than the sincere sympathy of one of my beloved husband's friends.

A large number of Korean and foreign mourners paid him final tribute at the private funeral service held on April 2 in Seoul. It made me feel very happy and honored to know that my husband was loved, respected and counted on by so many people from different countries, firms and fields of endeavor.

I would like to extend to you my sincere thanks for your long-standing friendship and the invaluable support you afforded my husband. I am proud that he enjoyed and devoted his life to working for the prosperity of the countries, circles and firms with which he was related. Although his death was premature, I am confident that he completed his life with great satisfaction in being surrounded by so many fine friends.

따뜻한 배려와 애도의 말씀에 심심한 사의를 표합니다. 사랑하는 남편의 친구로부터 받은 성실한 위문만큼 위로가 된 것이 없습니다.

서울에서 4월 2일에 거행된 장례식에는 많은 한국인과 외국인이 참석했습니다. 제 남편이 여러 나라, 회사, 활동 분야의 분들로부터 사랑과 존경을 받고 의지가 되었다는 것을 알고 매우 기쁘고 자랑스럽게 느꼈습니다.

제 남편에게 베푸신 오랜 우정과 귀중한 조력에 충심으로 사례를 드립니다. 남편이 생전에 관련이 있던 나라들, 사람들, 회사의 발전에 생애를 바치고 그리고 즐긴 것은 저의 자랑입니다. 너무 이른 죽음이었습니다만, 많은 훌륭한 친구들에 둘러싸여 남편은 충심으로 만족하면서 인생을 마쳤으리라고 확신합니다.

**Outline**
1. 사례를 하고, 상대방의 조문으로 위로가 되었음을 전한다.
2. 장례식의 상황을 보고한다.
3. 고인의 인생을 회고하고, 끝을 맺는다.

 **Expressions**

Your warm thoughts and expression of condolence 문상에 대한 사례의 상투어 nothing could console me more than ~만큼 위로가 된 것이 없다 mourners (장례식의) 참석자 paid him final tribute 장례식에 모였다 funeral service 장례식 loved, respected and counted on 고인을 칭찬하는 말로 흔히 쓰인다 I would like to extend to you my sincere thanks 충심으로 사례하다 (extend를 사용한 정식적인 사례의 말) your longstanding friendship 오랜 우정 the invaluable support 귀중한 조력 I am proud that 고인의 인생을 자랑스럽게 생각하는 기분 enjoyed and devoted his life to (고생한 게 아니라) 적극적으로 헌신했다 premature (죽음이) 너무 이른

# 036. 고객 설문 응대 사례

>> 호텔에서 고객 설문에 응해 준 이용객에게 보내는 사례 이메일이다. 일부러 시간을 내서 응답해 준 것에 감사하고 금후도 도움을 줄 수 있는 기회가 있으면 좋겠다고 부드럽게 판촉을 한다. 이런 종류의 사례 이메일은 사무적이 아닌 따뜻한 느낌을 주는 것이 중요하다.

---

**Subject**    Thank you for your participation in the survey.

Dear Mr. Kelsey:

It is indeed gratifying to know that you enjoyed your stay at our hotel and I wish to express my personal thanks to you for taking the time to fill out our guest questionnaire.

We look forward to many opportunities to serve you again during your future travels. Needless to say, if there is anything I can do for you or your associates coming to Seoul, please do not hesitate to write me.

Yours sincerely,
Dong-ho Moon
Executive Assistant Manager

저희 호텔에 머무시는 동안 즐거우셨다니 참으로 기쁘게 생각합니다. 그리고 시간을 내서 고객 설문을 기입해주신 데 대해서 개인적인 감사를 표현하고 싶습니다.

앞으로 여행하실 때 재차 봉사의 기회가 있기를 고대합니다. 물론 귀하나 귀하의 동료가 서울에 오실 때 해드릴 수 있는 일이 있으면 부디 이메일을 주시기 바랍니다.

**Outline**
1. 사례로 시작한다.
2. 부드러운 권유를 한다.

## Expressions

**It is indeed gratifying to know that** ~을 알고 참으로 기쁘게 생각한다 (정중한 감사 표현이다.) **I wish to express my personal thanks** 개인적으로 사례를 표시하고 싶다 **take the time do** ~하기 위하여 시간을 내다 **fill out our questionnaire** 우리의 설문을 기입하다 **We look forward to** ~을 즐거움으로 기다리다 **Needless to say** 말할 것도 없이 (격식 있는 이메일에서는 잘 쓰이지 않으나 여기서는 적극적인 태도를 드러내기 위해 사용했다.) **your associates** 동료들 **please do not hesitate to** 부디 ~해주기 바란다

**Tip**

「(설문)에 기입하다」에 해당하는 동사에는 fill out, fill in, complete가 있다. 이 중 fill out과 fill in은 보다 구어적인 표현이다. fill in은 fill in your name (address)과 같이 개별적인 항목 기입, fill out과 complete는 설문과 같이 전체적인 것의 기입에 쓰인다.

# O37. 자료 발송과 인물 소개에 대한 사례

>> 공동 사업을 계획하고 있는 상대로부터의 자료 송부와 인물 소개에 대해서 사례를 하고, 상대방의 제안에 대한 이쪽의 대응책을 알리는 내용이다. 몇 개의 용건을 하나의 이메일에 담을 때에는 간단한 내용 또는 상대방이 받아들이기 쉬운 것부터 쓰는 것이 좋다.

| Subject | Many thanks for your help. |

Dear Mr. Herring:

I was pleased to receive the interesting information on price discrimination and antitrust laws. It will be quite helpful to us in setting prices in your country.

I also appreciate your introducing Mr. Mabry and would like to meet him at some mutually convenient time during my next visit to San Francisco. Would you kindly make the necessary arrangements at that time.

I will reply to your proposal on the form of our working relationship on the plant establishment project as soon as the proper routing is determined.

Sincerely yours,
Jeong-tae Kim
Manager
Legal Department

가격차별과 독점 금지법에 관한 흥미 있는 정보를 보내주셔서 고마웠습니다. 귀국에서의 가격 설정에 크게 도움이 될 것입니다.

또 메이브리 씨를 소개해주신 것에도 감사를 드립니다. 다음 샌프란시스코 방문 시 서로 형편이 좋을 때 만나고 싶습니다. 그때 필요한 준비들을 해주시기 바랍니다.

공장 설립 프로젝트의 사업 제휴 형태에 관한 귀하의 제안에 관해서는 타당한 방침이 결정되는 대로 답장하겠습니다.

**Outline**
1. 자료 발송에 대한 사례를 한다.
2. 인물 소개에 대한 사례를 하고, 아울러 면담 준비를 의뢰한다.
3. 결과가 불확정한 제안에 대한 경과보고를 한다.

## Expressions

interesting information ~에 관한 흥미있는 정보 helpful in ~에 도움이 되고 있다 I also 다음 내용으로 옮겨갈 때의 서두 appreciate your introducing 소개를 감사한다 (사례로 시작하는 편이 문맥이 보다 논리적으로 된다.) mutually convenient time 서로 형편이 좋을 때 make the necessary arrangement 그에 합당한 준비를 하다 as soon as ~ is determined ~이 결정되는 대로

**Hot Tip**

사례를 할 때는 우선 무엇에 대한 것인지를 말하고 왜 감사하고 있는지를 구체적으로 전한다. 어떻게 도움이 되고 있으며, 무엇이 인상에 남아 있다는 등 구체적으로 쓰는 것이 좋다. 본문 중에서는 It will be quite helpful in~ ~ 형태로 어떤 면에서 도움이 될 것인지가 나타나 있다.

# O38. 미지불금 사과

>> 상대방으로부터 미지급에 대한 독촉을 받고 확인했던 바 사실로 판명되었다. 즉시 송금한 사실과 사과를 전하는 이메일. 이유나 사과를 정중하게 늘어놓기보다는 조속히 송금하는 것이 가장 효과적이다.

| Subject | Accept our apology for the mistake. |
|---|---|

Dear Mr. Polk:

Your inquiry regarding a $6,200.00 outstanding balance for legal services rendered in June, 20- , was immediately checked against our records.

Our records indicated that the $6,200.00 had, in fact, not been paid due to an oversight on our part. The amount concerned was forwarded to your account in the Chase Manhattan Bank by telegraphic transfer today.

Please accept our apology for any inconvenience this matter has caused you.

We look forward to the pleasure of working with you again in the future.

Yours sincerely,
Hong Jae-gil
Manager
Overseas Accounting

20-년 6월분의 법률 자문비 6,200달러 미지급에 관한 귀하의 문의에 즉시 당사의 기록과 대조하였습니다.

그 결과 당사의 실수로 인하여 6,200달러가 송금되지 않았음이 확인되었습니다. 금일 체이스 맨해튼 은행의 계좌에 전신환으로 불입했습니다.

이 건에 관해 불편을 끼쳐 드린 데 대하여 사과를 드립니다.

금후에도 귀하와 함께 일하는 기쁨을 고대하겠습니다.

**Outline**

1. 독촉을 받고 즉시 조사했음을 알린다.
2. 조사 결과와 대응을 알린다.
3. 간단히 사과한다.
4. 거래를 계속하기를 바라면서 끝을 맺는다.

 **Expressions**

**Your inquiry regarding** ~에 관한 문의  **outstanding balance** 미지급금 **for ~ services** 거래의 내용을 나타낸다 **immediately** 즉시  **check against our records** 이쪽 기록과 대조해서 조사하다 **indicate** 가리키다 **in fact** 실제로  **due to an oversight on our part** 이쪽의 실수로 인하여 **forward** 보내다 **telegraphic transfer** 전신환 (미국에서는 cable transfer가 쓰인다.) **today** '바로'라고 하는 것보다 구체적이며 효과적이다. **Please accept** 사과의 상투어 **aplogy (for)** 사과 **look forward to** 긍정적인 태도를 나타내는 상투어이며, 금후에도 일을 의뢰한다는 기대를 갖게 한다

**Hot Tip**

a $6,200.00 outstanding balance를 같은 이메일에서 되풀이할 경우 두번째 이후는 정관사를 써서 the $6,200.00으로 한다. 동일어의 반복을 피하기 위해서 the amount concerned(문제의 금액)라는 표현을 쓰기도 한다.

>> 상대방으로부터 지적을 받고 보내는 답장이다. 이쪽의 과오를 인정하고 솔직하게 사과를 한다. 이 이메일에서 제일 중요한 것은 이 착오 때문에 금후에 혼란이 일어나지 않도록 지시하는 것이다.

---

**Subject**    We apologize for the double billing.

Gentlemen:

This has reference to the duplicate billing problem you brought to our attention in your email of February 11.

As you pointed out, Invoice #01807-J is indeed a duplication of items already billed under Invoice #10732-J. Please disregard Invoice #01807-J and pay only #10732-J.

We apologize for any inconvenience this clerical error has caused and will do our best to see that such errors do not recur.

Thank you for your patience and cooperation.

Yours sincerely.
Song Dong-ho
Assistant Manager
Accounting Department

이 이메일은 귀하가 2월 11일자 이메일에서 지적하신 이중 청구 문제에 대한 답장
입니다.

지적하신 대로 인보이스 No. 01807-J는 확실히 인보이스 No. 10732-J에 의해
서 이미 청구한 품목과 중복하고 있었습니다. 인보이스 No. 01807-J는 무시하고
No. 10732-J에 대해서만 지불하시기 바랍니다.

금번의 사무상의 과오로 폐를 끼쳐드린 데 대해서 사과하며 재차 이와 같은 착오
가 일어나지 않도록 최선을 다하겠습니다.

귀사의 인내와 협력에 대해서 감사를 드립니다.

**Outline**
1. 상대방으로부터 지적을 받았
   음을 알린다.
2. 과오를 인정하고 해결안을
   말한다.
3. 간단히 사과한다.
4. 협력을 구하면서 끝을 맺는다.

 **Expressions**

This is reference to 일상 업무의 사무적인 서두 duplicate billing 중복 청구 you
brought to our attention 지적해준 (그때까지 알지 못했다는 뉘앙스가 있다.) As you
pointed out 지적한 대로 indeed 확실히 (과오를 솔직하게 인정하고 있는 느낌이 나타나 있다.)
Please disregard X and pay only Y X는 무시하고 Y에 대해서만 지불하기 바란다 (짧으면
서도 효과적인 문장이다.) apologize for any inconvenience 사과의 상투어 clerical
error 사무상의 착오 do our best to see that ~ not ~이 없도록 최선을 다한다 such
errors do not recur 재차 이러한 사고가 일어나지 않는다 patience and cooperation
폐를 끼친 상대방에 대한 상투어

 **Tip**

청구서가 두 종류 이상 나오는 이메일에서는 대명사 등을 사용하지 말고 중복될지라도 청구서 번호를 되풀이
해야 한다. 특히 former, latter(전자, 후자)와 같은 표현은 오해가 생길 가능성이 있기 때문에 피하는 것
이 좋다.

# 040. 불필요한 지불독촉 사과

>> 지불 독촉에 대해 이미 지불했다는 답장이 돌아왔다. 정보를 제공해 준 상대방의 협력적인 태도에 감사하는 가운데 과오에 대한 솔직한 사과를 삽입했다.

---

**Subject**    Sorry for the unnecessary inconvenience.

Dear Mr. Faulk:

Thank you for your prompt action on our inquiry regarding an $8,950 outstanding balance on our records.

Subsequent checks with the Maeil Bank in line with your information have confirmed that the amount was duly received on July 4. This had not been reported to us due to an oversight on the part of the bank.

We know this matter has caused you some inconvenience but hope you will understand the circumstances.

Thank you again for your positive cooperation.

Yours sincerely,
Jeon Hae-sun
Assistant Manager

당사의 기록으로 8,950달러가 미지급으로 되어 있는 건에 대한 문의에 신속히 답장을 보내주신 것에 감사를 드립니다.

귀하의 통지에 의거하여 매일은행에 조회했던 바 7월 4일 제 시간에 금액이 수령되었음이 확인됐습니다. 이것은 은행측의 실수로 인하여 당사에 보고되지 않았습니다.

이 건이 귀하에게 폐를 끼친 것을 충분히 압니다만 부디 사정을 양해하시기 바랍니다.

귀하의 적극적인 협력에 재차 감사드립니다.

**Outline**
1. 답장을 받았음을 알리고 사례한다.
2. 조사결과를 알린다.
3. 폐를 끼친 데 대해서 사과한다.
4. 상대방의 협력에 감사하면서 끝을 맺는다.

## ✉ Expressions

**prompt action** 신속한 대처 **outstanding balance** 미지급액 **on our records** 이쪽의 기록에서의 (이쪽에 의해서 잘못되어 있던 상황을 간결하게 전달할 수 있다.) **subsequent** 그 후의 **in line with your information** 귀하의 정보를 근거로 하여 **confirm** 확인하다 **duly receive** 때에 알맞게 받다 **due to an oversight** 실수로 인하여 **on the part of** ~측의 **We know** 충분히 알고 있다 **inconvenience** 폐, 불편 **We hope** 이해를 구할 때의 상투어 **positive** 긍정적인, 적극적인

##  Tip

An $8,950 outstanding balance의 부정관사가 a가 아니라 an으로 되어 있는 것에 유의하기 바란다. an eight~로 발음되기 때문이다.

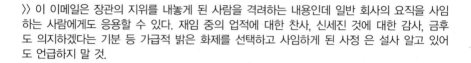

# 041. 사임자 격려

>> 이 이메일은 장관의 지위를 내놓게 된 사람을 격려하는 내용인데 일반 회사의 요직을 사임하는 사람에게도 응용할 수 있다. 재임 중의 업적에 대한 찬사, 신세진 것에 대한 감사, 금후도 의지하겠다는 기분 등 가급적 밝은 화제를 선택하고 사임하게 된 사정 은 설사 알고 있어도 언급하지 말 것.

**Subject** | Let us all remember you.

Dear Mr. Browne:

Thank you for the courtesy of informing me that you would be stepping down as Minister of Resources Development. The news was received with sincere regret here.

Your role in the growth and development of industry in Western Australia has been great indeed. We know your presence will be sorely missed.

Allow me to use this occasion to thank you for all you have done to deepen our relationship with Western Australia. We shall always remember you as one of our greatest benefactors.

I should very much like to visit you when the occasion permits and to continue to benefit from your able guidance.

Your respectfully,
Jo Tae-ho
President

이번에 자원개발장관의 자리에서 물러나신다는 것을 친절하게도 알려주셔서 고맙습니다. 소식을 받고 저희들 일동 정말 유감스럽게 생각했습니다.

귀하가 서(西)오스트레일리아의 산업 육성·개발에 끼치신 역할은 참으로 지대했습니다. 저희는 몹시 애석하게 여길 것입니다.

서(西)오스트레일리아와의 관계를 깊게 하기 위해서 귀하가 전력하신 모든 것에 대해서 이 기회를 빌어 감사를 드립니다. 저희들의 가장 큰 은인으로서 귀하를 언제까지나 잊지 않을 것입니다.

기회가 허락하면 찾아 뵙고 계속 좋은 지도를 받고 싶습니다.

**Outline**
1. 사임 통지에 대한 유감을 담아서 알린다.
2. 재임 중의 업적에 찬사를 보낸다.
3. 신세진 데 대해 감사한다.
4. 차후에도 좋은 지도를 바란다는 의도를 알린다.

 **Expressions**

Thank you for the courtesy of informing me 친절하게 알려주어서 고맙다 **step down as** ~의 지위에서 사임하다 **Your role in** ~에 대한 역할 **great indeed** 끝에 놓인 indeed(정말로, 참으로)로 실감이 난다. **We know ~ missed** 떠나는 사람에 대한 아쉬움을 나타내는 상투어 **Allow me to use this occasion to thank you for** 공식적인 사례의 표현법 **We shall always remember you as** ~로서 언제까지나 기억할 것이다 **benefactors** 은인 **When the occasion permits** 기회가 있으면 **continue to** 계속 ~ 하다 **benefit from your able guidance** 좋은 지도를 받다

# 042. 업무 이선으로 물러난 사람을 격려 @

>> 지위는 높지만 실제 권한은 없는 자리로 옮겨 앉은 사람에게 보내는 격려 이메일. 놀라움과 애석한 마음과 함께 완전히 은퇴하는 것은 아닌데 대한 안도의 기분도 아울러 전하면서 계속 의지로 삼고 있음을 알린다. 전체적으로 밝고 희망적인 내용이 되도록 배려할 것.

---

**Subject**　We wish you the very best.

I was surprised to learn from the press release under your name dated July 30 that you will assume the post of deputy chairman after January 1.

Over the years I have always been impressed by the outstanding leadership you have exercised not only in your organization but also in Australian industrial and business circles.

It therefore came as a surprise to hear of your rather early retirement from day-to-day management. However, it was reassuring to know that you would remain on the board of directors as deputy chairman after January.

Again, my heartiest congratulations on the splendid achievements in your career to date and best wishes for many more years of success at your new post.

귀하 자신의 이름으로 고시된 7월 30일자 신문 발표에 의하여 1월 1일부터 부회장
직을 맡으신다는 것을 알고 놀랐습니다.

귀사에서 뿐만 아니라 오스트레일리아의 산업계, 실업계에서 발휘하신 귀하의 탁
월한 지도력에 오랫동안 항상 감명을 받고 있었습니다.

그런고로 경영의 제1선에서 좀 일찍 물러나신다는 것을 알고 놀랐습니다. 그러나
1월부터는 부회장으로서 이사회에 머무르신다는 것을 알고 안심했습니다.

지금까지의 훌륭하신 업적을 충심으로 축하함과 아울러 금후는 새로운 지위에서
오래도록 활약하시도록 기원하는 바입니다.

**Outline**
1. 이선으로 물러난 소식을 받았음을 알린다.
2. 상대방의 업적을 칭찬한다.
3. 유감스럽게 생각하면서도 안도의 기분을 전한다.
4. 재차 과거의 업적을 칭찬하고 차후의 건투를 빈다.

## ✉ Expressions

I was surprised to learn form 전형적인 서두 under your name 귀하의 이름으로
assume the post of ~의 직(職)을 맡다 Over the years 여러 해에 걸쳐 have always
been impressed by ~에 항상 감명을 받았었다 outstanding leadership 탁월한 지도
력 not only ~ also 폭넓게 활약한 것을 나타낸다 It came as a surprise 놀라움으로 다가
왔다 reassuring 안심시키는, 마음 든든한 my heartiest congratulations 마음으로부터의
축하 the splendid achievements 훌륭한 업적 many more years 지금까지도 그랬고
금후도 그렇게 바라다

 **Tip**

have always been impressed(계속 감명을 받아왔다)와 같이 현재완료형으로 시간적 길이를 강조하는
표현이 효과적이다.

# 043. 곤경에 처한 사람을 격려

>> 어떤 문제로 회사가 사회적으로 비난을 받게 되어 그 책임을 지고 깨끗이 사임한 사람에게 보내는 격려 이메일. 상황이 상황이니만큼 조심스럽게 성의를 가지고 격려한다. 이와 같은 경우, 격려의 요소로서는 신세진 데 대한 감사, 떳떳한 처신에 대한 찬사 등을 들 수 있다.

---

**Subject**    Hope to applaud your courage.

Dear Dr. Sanders:

I hope you will forgive my writing to you in this way since I can readily understand how difficult the past few weeks have been for you. I, nevertheless, feel the urge to voice my appreciation for the kind and considerate way in which you dealt with me over the years.

I would also like to say that I sincerely admire you for the courageous way in which you handled this crisis. I think it was your greatest moment. I know many people share my opinion.

Respectfully,
Hong Dae-sik
Managing Director

이와 같은 형식으로 이메일을 드리게 된 것을 관용하시기 바랍니다. 지난 몇 주간이 귀하에게 있어서 얼마나 곤란했는지는 충분히 이해할 수 있습니다. 그럼에도 불구하고 여러 해에 걸쳐서 친절하고 배려에 찬 교제를 해주신 데 대한 감사의 마음을 반드시 전하고 싶습니다.

또 금번의 위기에 대처하신 용기있는 결단에 대해서 제가 진정으로 감탄하고 있는 것도 말씀드리고 싶습니다. 그것은 귀하의 가장 위대한 순간이었습니다. 물론 저와 똑같이 생각하는 사람이 적지 않습니다.

> **Outline**
> 1. 동정을 표하고 과거의 은혜에 감사를 나타낸다.
> 2. 상대방의 결단을 높이 평가하고 격려한다.

## ✉ Expressions

**I hope you will forgive** 조심스러운 서두이다 **in this way** 이런 식으로 **readily understand** readily로 상대방의 곤란한 상황을 충분히 이해하고 있음을 강조하고 있다. **I, nevertheless, feel the urge to** 그래도 여전히 ~하고 싶은 기분을 억제할 수 없다 (쉼표로 구획을 만들면 그 말이 도드라져서 강조된다.) **Kind and considerate** 친절하고 배려에 찬 **over the years** 여러 해에 걸쳐서 **sincerely admire** 충심으로 감탄하다 **courageous way** 용기 있는 결단, 깨끗하고 떳떳한 결단 **handle this crisis** 이 위기에 대처하다 **your greatest moment** 가장 위대한 순간 (장황하게 찬사를 보내기보다는 짧은 편이 효과적) **many people share my opinion** 모두가 나와 같은 생각이다 (훌륭하다고 생각하고 있는 것은 나뿐이 아니라는 뜻)

 **Tip**

사업 관계의 사람에게 이메일이라도 이와 같은 경우 we가 아니라 I를 사용하면 개인적인 느낌이 생겨서 깊은 배려가 전해진다.

# 044. 신병 차 귀국하는 사람을 격려

>> 귀국을 유감으로 생각한다는 기분을 표시하면서도 어두운 분위기의 내용이 되지 않도록 유의할 것. 그러기 위해서는 장래에 희망을 갖게 하는 문장을 삽입하고 단어도 힘찬 느낌을 주는 것을 고른다. 신병에 대해서는 「조속한 치유를 빈다」 정도로 언급할 것.

| Subject | We pray for your speedy recovery. |
| --- | --- |

Dear Mr. Strong:

I have just read your email informing me of the sad fact that you will have to be returning to Australia due to health reasons.

Though your stay with us was not nearly as long as we had hoped, I nevertheless hope that you have gained as much from the association with us as we feel we have from you. I am confident your experience and achievements here in Korea will be an asset to you in furthering your career.

Thank you for the courtesy of informing us with regard to your situation. I wish you a complete and speedy recovery.

Yours sincerely,
Song Mun-seop
Senior Managing Director

건강상의 이유로 오스트레일리아로 귀국하셔야 한다는 슬픈 사실을 적은 이메일을 방금 읽었습니다.

저희들이 바랐던 만큼 오래 우리와 함께 계시지는 않았을지라도 귀하가 우리와의 교제에서 우리가 덕을 보았다고 느끼는 만큼 많은 덕을 보셨기를 바랍니다. 한국에서의 경험과 업적은 반드시 귀하의 금후의 경력에 있어서 재산이 되리라고 확신합니다.

귀하의 상황에 관해서 정중히 알려주신 데 대해서 감사를 드립니다. 하루 속히 완치되시기를 빌어마지 않습니다.

**Outline**

1. 귀국 소식을 받았음을 유감스러운 기분을 담아 알린다.
2. 주재 중에 신세를 진데 대한 사례와 장례에 대한 희망을 말한다.
3. 신병의 조속한 치유를 빈다.

## Expressions

I have just read ~을 방금 읽었다 (소식을 받고 곧 이메일을 쓰고 있다는 느낌) informing me of the sad fact that ~라는 슬픈 소식을 알리는 have to be returning 신행형의 사용으로 '귀국'의 의미를 부드럽게 하고 있다 not nearly as long as we had hoped 희망했었던 것보다 훨씬 짧은 (좀더 오래 교제하고 싶었음을 나타낸다) have gained from the association with ~와의 교제에서 득을 보았다 I am confident 희망을 갖게 하기 위해서 힘차게 단언하고 있다 be an asset to ~에게 이점이 되다 further your career 경력을 더하다 Thank you for the courtesy of informing us 정중하게 알려주어서 고마웠다 I wish your ~ recovery 문병의 상투어

 Tip

inform me나 inform us는 겸손한 표현이다. 한편 inform you는 지극히 격식을 차린 경우를 제외하고는 상대방을 낮춰보는 느낌을 줄 수도 있기 때문에 let you know 등으로 하도록 한다.

# 045. 환자에게 보내는 위로와 격려

>> 제때에 보내지 못한 문병 이메일이다. 중환자에게는 직접 문병을 가거나 전화를 거는 것보다도 우선 이메일로 병환의 상태를 묻는 것이 바람직하다. 이와 같은 격려의 이메일은 지위가 높은 사람이 내는 경우라도 조직이 아니라 개인으로서 내고 있다는 분위기로 한다.

---

**Subject** | Accept my Belated Get well soon wish.

Dear Mr. Ramirez:

To begin with, allow me to apologize for waiting so long to write. I had thought of calling you several times but did not want to disturb you.

I hope this email finds you well or at least recovering. It was a real shock to hear about the seriousness of your condition. Please take your time and recover fully, though I know how anxious you must be to get back. We would appreciate it if you could let us know about your condition from time to time. We are all praying for your quick and complete recovery.

Sincerely yours,
Jeon Sang-gu

우선 이메일을 쓰는 것이 늦어졌음을 사과드립니다. 전화를 드리려고 몇 번이나 생각했습니다만 폐를 끼쳐서는 안 된다고 생각해서 삼갔습니다.

이 이메일이 귀하에게 도착할 무렵에는 회복하셨거나 적어도 회복되어 가고 있기를 바랍니다. 용태가 중하시다고 들었을 때는 정말 놀랐습니다. 얼마나 빨리 복귀하고 싶어하실지 짐작합니다만 천천히 정양하셔서 완전히 병을 고치시기 바랍니다. 때때로 용태에 관해서 알려주시면 고맙겠습니다. 귀하의 조속하고 완전한 회복을 저희 모두가 기원하고 있습니다.

**Outline**
1. 문안이 늦은 데 대해 사과한다.
2. 조속한 회복을 빈다.

 Expressions

To begin with 우선 먼저 allow me to apologize for ~을 사과한다 I had thought of calling you several times but 몇 번이나 전화를 하려고 생각하였으나 I hope this email finds you well 문병 이메일의 상투어이다 well or recovering 회복했거나 아니면 회복하는 쪽으로 향하고 있는 It was a real shock 놀람을 나타냄 seriousness of your condition 용태의 심각함 take your time and recover fully 천천히 정양해서 완전히 병을 치료하기 바란다 I know how anxious you must be to 얼마나 ~하고 싶어하는지 짐작이 가다 let us know about your condition 용태에 관해서 알려주시오 (걱정하고 있는 기분을 나타낸다.) from time to time 그때그때, 이따금 We are all praying for 모두 기원하고 있다 (pray는 보통의 이메일에 사용하면 과장스럽지만 문병의 이메일에는 흔히 사용된다.) quick and complete recovery 빠르고도 완전한 회복

## 046. 사장 취임 축하 1

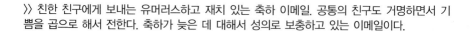

>> 친한 친구에게 보내는 유머러스하고 재치 있는 축하 이메일. 공통의 친구도 거명하면서 기쁨을 곱으로 해서 전한다. 축하가 늦은 데 대해서 성의로 보충하고 있는 이메일이다.

**Subject**  Congratulations on your promotion.

Dear Mr. Singer:

I was very, very pleased to learn that you had been elected president of E.E.C. I always knew you would become a great success someday. Please understand that your promotion made me almost as happy as it made Mr. Kim. I hear he is very proud of your achievement.

I would very much like to meet you again and perhaps take some of your high salary playing mahjong, though I realize you are very busy with your new duties. I will be getting in touch with you in the near future.

I had been wanting to congratulate you personally sooner, but have been too busy to get to your office. Please accept this email as a very late gesture along these lines.

Yours sincerely,
Ryu Jae-seop
Vice President

EEC사장에 취임했다는 것을 알고 매우 기뻤다네. 언젠가는 크게 출세할 사람이라고 언제나 생각했었지만, 김 씨와 마찬가지로 나도 자네의 승진을 기뻐하고 있다네. 김 씨는 자네의 출세를 매우 자랑스럽게 여기고 있지.

다시 자네를 만나 마작의 상대를 부탁해서 고액 봉급의 일부를 나누어 받고 싶지만, 새 임무에 몹시 바쁘리라고 짐작하네. 가까운 시일 내에 연락하겠네.

좀더 빨리 직접 만나서 축하하고 싶었으나 바빠서 사무실로 갈 시간이 없었다네. 늦었지만 축하의 뜻으로서 이 이메일을 받아주게나.

## Outline

1. 승진 소식을 알게 되었다는 것과 축하를 전한다.
2. 가까운 시일 내에 만나고 싶다는 뜻을 표한다.
3. 축하가 늦은 데 대해 사과한다.

## Expressions

**I was very, very pleased** 매우 기뻤다 **I always knew** 항상 생각하고 있었다 (운이나 우연이 아니라 당연히 되었다는 기분) **become a great success** 크게 성공하다, 크게 출세하다 **Please understand that** ~이하의 절을 강조하는 표현. Mr. Kim은 공통의 친구이다 **I would very much like to** 꼭 ~하고 싶다 **I will be getting in touch with you ~ future** 가까운 시일 내에 연락하겠다 (get in touch with를 진행형으로 함으로써 「가까운 시일내」라는 말에 현실감이 담겨진다.) **had been wanting to** 계속 ~하고 싶다고 생각했었다 **personally** 직접, 직접 만나서 **gesture** 기분의 표시 (여기서는 표면상으로 라는 뉘앙스는 없다.)

 Tip

I was very, very pleased와 같이 강조를 위해서 very를 겹치게 하는 것은 격식 없고 친한 사이일 때 가능하다.

# 047. 사장 취임 축하 2

>> 사업상의 정식 축하 이메일. 소식을 들은 기쁨을 우선 알리고 이어 정식으로 축하의 말을 전하는 것이 순서다.

---

**Subject**　Congratulations on the inauguration.

I was delighted to hear of your promotion to CEO of your company.

I would like to extend my warmest congratulations to you. It is reassuring to us that someone of your ability will assume this key post.

We look forward to an even closer association in the future.

대표이사로 취임하신다는 소식을 듣고 기뻤습니다.

충심으로 축하의 말씀을 드립니다. 귀하와 같은 능력 있는 분이 요직에 취임하신다는 것은 마음이 든든합니다.

금후의 한층 더 긴밀한 교제를 기대합니다.

**Outline**
1. 승진 소식을 들은 기쁨을 알린다.
2. 정식으로 축하 인사를 한다.
3. 추후의 협력을 부탁하며 끝을 맺는다.

## ✉ Expressions

I was delighted to hear of your promotion to ~로 승진한다는 소식을 듣고 매우 기뻤다 CEO (Chief Executive Officer) 최고 경영자 I would like to extend my warmest congratulations to you 충심으로 축하한다 (공식적인 축하 인사의 상투어) reassuring 마음 든든한 someone of your ability 당신과 같이 능력이 있는 사람 assume (임무 등을) 맡다 key post 요직 an even closer association 한층 긴밀한 교제

>> 앞의 축하 이메일과 같이 사업상의 정식 축하 이메일인데, 그것보다 좀더 자상하면서 회사로서의 입장을 보다 분명히 내세웠다.

---

**Subject**  Sincere congratulations.

I was delighted to hear of your promotion to chief executive officer.

I would like to extend my warmest congratulations to you on this well-deserved recognition of your ability. We at HITEC look forward to the continuing growth of your company under your enlightened leadership.

It is hoped that your future activities will include an expanded relationship between our firms.

대표이사로 취임하셨다는 소식을 듣고 기뻤습니다.

귀하의 실력이 정당하게 평가된 것을 충심으로 축하드립니다. 저희 HITEC(당사)에서도 귀사가 귀하의 훌륭한 지도력 아래 계속 발전하길 기대합니다.

금후에도 양사 사이의 관계가 확장되기를 빕니다.

**Outline**
1. 승진 소식을 들은 기쁨을 알린다.
2. 축하 인사를 한다.
3. 적극적인 결어로 끝을 맺는다.

## ✉ Expressions

I was delighted to hear of your promotion to ~로 승진했다고 들어 기뻤다 chief executive officer 대표이사 I would like to extend my warmest congratulations to you on ~에 대하여 충심으로 축하한다 well deserved recognition of ~의 당연한 인정 under your enlightened leadership 귀하의 훌륭한 지도력 아래 It is hoped that ~ 이 기대되다 (격식을 차린 표현) firm company와 같은 뜻이지만 보다 사무적인 용어

##  Tip

chief executive officer(대표이사)에는 보통 of the company를 붙일 필요는 없다. 그러나 다른 회사에서도 직위를 가진 사람이면 붙인다. manager나 director에는 ~ of department나 ~ of section을 반드시 붙인다.

# 049. 승진 축하

>> 담당자 수준에서 주고받는 축하 이메일. 평소부터 업무상 관계가 깊기 때문에 친밀감과 기쁨이 넘친 내용으로 되어 있다.

**Subject** Happy for you

Our heartiest congratulations on your promotion!

Mr. Godfrey, your director of sales, gave us the news just today.

Your unusually rapid advancement properly reflects the quality and diligence that have characterized your work in every area.

Best wishes for your continued success.

충심으로 승진을 축하하네.

오늘 귀사의 영업 담당 이사인 갓프리 씨에게서 방금 소식을 들었네.

모든 분야에서 발휘되었던 자네의 재능과 평소의 노력을 생각하면 이 이례적인 빠른 승진도 당연하네.

금후도 계속 활약하길 비네.

**Outline**

1. 축하를 한다.
2. 소식을 알게 해준 사람을 언급한다.
3. 계속적인 활약을 빈다.

## ✉ Expressions

Our heartiest congratulations on your promotion! 충심으로 승진을 축하한다 (heartiest 대신에 warmest도 자주 쓰인다.) gave us the news ~로부터 들었다 (informed us는 딱딱하다.) unusually rapid advancement 이례적인 빠른 승진 properly reflects ~의 당연한 결과다 quality and diligence 재능과 평소의 노력 have characterized 특색을 이루었다 in every area 모든 분야에서 Best wishes for ~을 기원하다 continued success 계속되는 활약

##  Tip

감탄부호를 사용한 축하문은 격식을 차릴 필요가 없는 친한 사이에서 교환된다. 그렇지 않을 때는 Please accept를 앞에 붙이고 감탄부호는 빼야 한다. 더욱 격식을 차린 공식적인 문장에서는 I would like to extend my로 된다.

>> 훈작사(Knight Bachelor)의 칭호를 수여받은 사람에게 보낸 이메일. 정중하게 축하하고 있다.

---

**Subject**　　Sincere congratulations

I have just read of your being honored with the Knight Bachelor on the Queen's Birthday, 20 -.

This conferment is well deserved when your contributions to relations between Australia and Korea, as well as to the development of your nation's economy, are considered.

My congratulations and best wishes to you. I hope these coming years will be full and happy ones for you and Lady Dowling.

20-년 여왕 폐하 탄신일에 영광스러운 훈작사 칭호를 수여받으셨다는 소식을 방금 읽었습니다.

귀하가 오스트레일리아 경제의 발전뿐 아니라 오스트레일리아와 한국과의 관계에도 공헌해 오신 것을 감안하면 이번 영예는 당연한 일입니다.

충심으로 축하를 드립니다. 금후에도 부인과 함께 충실하고 행복한 나날을 보내시기를 바랍니다.

**Outline**
1. 좋은 소식을 전달 받았음을 알린다.
2. 상대방의 공적에 대해 찬사를 보낸다.
3. 축하의 말을 정중하게 한다.

 Expressions

have just read of ~라는 것을 방금 읽었다 be honored with ~의 영광을 받다 conferment (선물이나 칭호 등의) 수여, 서훈 is well deserved 충분히 (수여될) 가치가 있다, (수여되어) 마땅하다 when ~ are considered ~을 고려하면 contributions to ~에 대한 공헌 My congratulations and best wishes to you 축하의 상투어 these coming years 금후 Lady Dowling 부인을 당장 Lady라고 불러 경의를 표시하고 있다

 Tip

직위를 수여 받은 사람에 대한 호칭은 여성의 경우엔 Lady, 남성의 경우엔 Sir를 쓴다.

# 051. 사장 취임 축하 및 격려

>> 어떠한 사정이 있어서 무조건 축하만 할 수 없을 때 – 회사가 경영 위기에 직면해 있거나 사회적 문제를 야기했을 때 또는 그 때문에 전임자가 불행하게 사임했을 때 – 의 축하와 격려의 이메일. 안 좋은 사정에 관해서는 구체적으로 언급하지 말고 간접적인 표현으로 대신하는 배려가 필요하다.

---

**Subject**　Sending you words of cheer

Dear Mr. May:

Even though circumstances do not permit me to congratulate you at this time, I would, nevertheless, like to say it was reassuring to hear that you were chosen to lead the company.

I am sure that you are more than equal to the difficult task that lies before you. With this email go the best wishes of everyone connected with me.

Respectfully,
Park Jong-su
President

축하드릴 상황이 아닐 수도 있겠습니다만 그래도 역시 귀하가 회사를 맡도록 선출 되셨다는 소식을 듣고 마음 든든히 생각하고 있음을 말씀드리고 싶습니다.

귀하는 금후의 난국을 충분히 극복할 수 있는 인물이라고 확신합니다. 저희 모두 가 축하드리고 있음을 첨언합니다.

**Outline**
1. 배려가 담긴 축하를 한다.
2. 힘찬 격려를 한다.

## Expressions

**Even though** ~에도 불구하고, ~이지만 그래도 **circumstances do not permit me to** 사정이 ~할 것을 허용치 않다, ~할 수 있는 상황이 아니다 (구체적으로 말하지 않고 애매하게 표현한 다.) **nevertheless** 그렇지만, 그럼에도 불구하고 (쉼표로 둘러싸서 강조하고 있다.) **reassuring** 안심시키는, 마음 든든한 **lead the company** 회사를 도맡아 관리하다 (전원을 이끌고 가는 힘이 느껴지는 표현) **I am sure that** ~라고 생각하다 **more than equal to** 충분히 ~할 수 있는 힘이 있는 **difficult task** 어려운 일, 큰일 **With this email go the best wishes of** ~의 축하도 함께 보낸다 (응원하고 있는 것은 비단 나뿐이 아니라는 뜻.) **Respectfully** 경구(敬具). '삼 가 아룁니다'라는 뜻으로 끝맺는 말에 쓰인다. 특히 손윗사람에게 쓴다.

### Hot Tip

more than equal to는 「~에 대해서 그것을 실현하는 역량이 있는 것」을 가리킨다. 한편 어게이 to만으 로는 「~와 동등의 역량」이라는 뜻이며 그것을 상회하는 여유를 느낄 수가 없다. enough도 마찬가지다. more than enough에는 충분한 느낌이나 여유가 담겨져 있는데 비해서 enough만으로는 「필요에 족할 만큼」이라는 뉘앙스가 있다. 또한 한국어의 「충분」이 갖는 뉘앙스와는 다르다는 점에 유의.

>> 총선 후의 조각에서 상공장관에 임명된 사람에게 보내는 축하 이메일. 동시에 당의 승리에 대한 축하도 잊지 말고 해야 한다. 이와 같은 사회적 지위가 높은 사람에게는 많은 축하 이메일이 답지할 것이기 때문에 어디서 만났다 등을 구체적으로 써서 자기를 상기시킬 수 있도록 한다.

---

**Subject**   Congratulations on your new appointment.

Dear Sir:

I have just read of your appointment as Minister of Commerce after the general election. I would like to extend my warmest congratulations to you on this auspicious occasion as well as to your Labor Party on your victory in the election.

It was indeed an honor to have had the chance to make your acquaintance during my visit to Wellington. I personally wish you and your party every success in the years to come.

I look forward to seeing you again soon.

Respectfully,
Min Seung-hwa
Vice President

총선 후의 조각에서 귀하가 상공부장관에 임명되신 것을 방금 알았습니다. 이 경사에 대해서 충심으로 축하의 말씀을 올립니다. 또 선거에서의 노동당 승리에 대해서도 축하를 드립니다.

웰링턴 체재 중에 귀하를 만나 뵐 기회를 가졌던 것은 참으로 영광이었습니다. 귀하와 당의 금후의 성공을 개인적으로 기원해마지 않습니다.

곧 다시 뵙게 되길 고대하겠습니다.

**Outline**
1. 축하의 말을 전한다.
2. 자신과의 관계를 상기시키고 앞으로의 활약을 기원한다.
3. 사교적인 결어로 끝을 맺는다.

## ✉ Expressions

I have just read of 방금 ~라는 것을 (읽고) 알았다 your appointment as ~에 임명된 것 I would like to extend my warmest congratulations to you on ~에 대해 충심으로 축하한다 (격식을 차린 공식적인 축하 문구) this auspicious occasion 이 기쁜 기회 (auspicious는 '길조의, 경사스런'이라는 뜻의 격식을 차린 말) an honor 영광 have had the chance to ~할 기회를 가졌다 (honor와 함께 상대방을 치켜세우고 자기를 낮춘 겸손한 표현) personally 개인적으로 (따뜻한 느낌이 우러나온다.) every success 만사가 잘 되는 것 (every를 붙여서 성공을 기원하는 기분을 강하게 하고 있다.) I look forward to seeing 상투어

 **Tip**

호칭의 Dear Sir는 이름을 모를 때뿐 아니라 사회적인 지위가 높은 사람에 대해서도 사용한다. Mr.는 이 경우 실례가 될 염려가 있다. 수신인명(주소 성명)의 Honorable은 각료 등에 붙이는 경칭.

# O53. 매출 목표를 달성한 대리점 축하

>> 대리점이 신속히 매출 목표를 달성한 것을 축하하며 대리점의 책임자에게 보낸 이메일이다.

**Subject**   Great performance!

Please accept our heartiest congratulations on your achieving initial sales of 10,000 units. This impressive achivement gives us a great deal of satisfaction and fills us with confidence with regard to the future. The result more than anything demonstrates your standing in your market.

We are looking forward to your continuing success.

첫 매출 목표 1만 대 달성을 충심으로 축하합니다. 이 훌륭한 업적에 저희도 매우 만족하고 있으며 미래에 대해서 자신이 넘칩니다. 이 결과는 무엇보다도 시장에서의 귀사의 평판을 나타낸다고 하겠습니다.

계속적인 건투를 빌어마지 않습니다.

**Outline**
1. 무엇 때문에 축하하는지 구체적으로 쓴다.
2. 계속적인 건투를 빈다.

## Expressions

Please accept our heartiest congratulations on initial sales of 최초의 매상이 ~에 달하다 unit 제품의 개수, 대수를 나타낸다 impressive 훌륭한 (칭찬의 말로 자주 쓰인다.) gives us a great a deal of satisfaction 크게 만족하다, 매우 기뻐하고 있다 fills us with confidence 자신이 넘치다 with regard to ~에 관해서 more than anything 무엇보다도 (강조) demonstrate 나타내다 standing 명성, 평판 We are looking forward to your continuing success 계속되는 성공을 비는 상투어

 Tip

unit은 자동차나 컴퓨터, 전화기 등의 기기 또는 가구 등 비교적 큰 제품, 복잡한 제품을 세는 단위로 사용한다. TV나 stereo 등은 보통 set를 사용한다. 좀더 작고 간단한 것에는 piece를 사용한다.

>> 축하를 하는 동시에 새로운 시장에 진출하는 상대방을 성원하고 있는 온정이 느껴지는 축하 이메일이다.

**Subject**  Wishing you success

Please accept our warmest congratulations on the establishment of your Seoul office. We at Maeil Securities wish you every success in this increased involvement in our complex market.

Should there be any way in which we can be of assistance, please do not hesitate to contact me personally.

서울 지점의 개업을 충심으로 축하합니다. 저희 매일증권에서는 귀사가 복잡한 한국 시장에로의 진출에서 커다란 성공을 거두시기를 빌어마지 않습니다.

당사가 도움이 되는 일이 있으면 부디 주저하지 마시고 저에게 직접 연락하시기 바랍니다.

**Outline**
1. 지점 개업을 축하한다.
2. 지원할 용의가 있음을 알린다.

✉ **Expressions**

Please accept our warmest congratulations on ~에 대해서 충심으로 축하하다
We at (자기 회사명) 회사 대표로서 말하고 있으며, '모두가 같은 생각이다' 라는 것을 나타낸다 wish
you every success in ~에 있어서의 성공을 빌다 involvement in our complex
market 한국의 복잡한 시장에 진출하는 것 be of assistance 돕다, 도움이 되다 Please do
not hesitate to 주저하지 말고 ~하기 바란다 me personally 직접 나에게

 **Tip**

personally(직접)는 글을 쓰는 사람의 지위가 높을수록 의미를 갖는다.

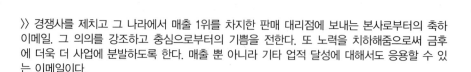

# 055. 매출 1위를 차지한 대리점 축하

>> 경쟁사를 제치고 그 나라에서 매출 1위를 차지한 판매 대리점에 보내는 본사로부터의 축하 이메일. 그 의의를 강조하고 충심으로부터의 기쁨을 전한다. 또 노력을 치하해줌으로써 금후에 더욱 더 사업에 분발하도록 한다. 매출 뿐 아니라 기타 업적 달성에 대해서도 응용할 수 있는 이메일이다.

---

**Subject**　Congratulations on your outstanding performance.

Dear Mr. Garcia:

We are very pleased to learn that you captured the No. I position in sales in the second half of fiscal 20-. It has been our long-cherished dream to overtake BM and to be the market leader in Portugal. We enthusiastically applaud your achievement. Your success is obviously the fruit of your coordinated and tireless sales effort.

It is our sincere hope that you will be able to maintain this hard-won position of market leader.

Sincerely yours,
Hwang Tae-sun
Sales Director

20- 년도 하반기 매출에 있어서 제 1위의 자리를 획득하셨다는 것을 알고 매우 기뻐하고 있습니다. BM사를 따돌리고 포르투갈 시장에서 1인자가 되는 것은 저희들의 오랜 동안의 꿈이었습니다. 귀사의 업적에 대해서 열렬한 박수를 보내는 바입니다. 이 성공은 분명히 귀하들의 능숙하고 끊임없는 노력의 성과입니다.

애써 획득하신 시장 1위의 위치를 금후도 유지하실 수 있기를 충심으로 바라마지 않습니다.

**Outline**

1. 소식을 안 기쁨과 축하를 한다.
2. 무엇에 관한 것인지 구체적으로 쓰고 그 의의와 찬사를 보낸다.
3. 계속적인 건투를 빈다.

 **Expressions**

We are very pleased to learn that ~라고 듣고 매우 기뻐하고 있다 captured the No. 1 position in sales 매출에서 제위를 차지했다 It has been our long-cherished dream to ~은 당사가 여러 해 품어 온 꿈이다 (커다란 의의가 있다는 뜻이다. 현재완료형에 '쭉 계속해서'라는 기분이 담겨져 있다.) the market leader 시장 1위 enthusiastically applaud your achievement 귀사의 업적에 대해 열렬한 박수를 보낸다 the fruit of ~의 성과, 결과, 보람 coordinated 교묘한, 솜씨가 좋은, 능숙한 tireless effort 끊임없는 노력 It is our sincere hope that ~을 충심으로 기원한다 maintain 지속하다 hard won position 고생해서 쟁취한 위치

 **Tip**

「끊임없는 노력」을 번역할 때 incessant를 사용하는 것은 좋지 않다. incessant는 바람직하지 못한 일을 계속한다는 의미이기 때문이다.

# Chapter 5 문상에 관한 이메일

## 056. 친구에게 보내는 조문

》》 사업상의 교제라기보다는 개인적이라고까지 할 수 있는, 친하게 지내고 있는 사람의 가족의 부음에 접해서 내는 조문. 자기의 비슷한 체험을 말하면서 위로하고 언제라도 도움이 되겠다는 것을 알리는 내용이다.

---

**Subject** You have my deepest sympathy.

Dear Bob,

News of the tragic loss of your beloved wife has just reached me. I know how much she meant to you and your family. There are no words to properly express the sorrow and sympathy I feel for you now. I also know that words, though comforting, cannot replace the memory.

Your tragedy brings back to mind the pain and grief I experienced when I lost my mother a few years ago. Somehow with time, the pain has faded and now only the warm memories remain. I pray peace of mind comes to you soon.

Please convey my feelings to your family since I know this will all leave you closer now. Do not hesitate to call on me if there is some way in which I can help.

With warmest personal regards,

Kim Song-gil

지극히 사랑하는 부인을 잃으셨다는 슬픈 소식을 방금 접했습니다. 귀하와 가족에게 부인이 얼마나 소중한 분이었는지 저는 알고 있습니다. 저의 이 애도의 마음을 적절히 표현할 수 있는 말이 생각나지 않습니다. 위로의 말이라 할지라도 추억을 대신할 수 없다는 것을 압니다.

이 슬픈 일에 접하고 보니 제가 몇 년 전에 어머니를 잃었을 때에 경험했던 고통과 슬픔이 상기됩니다. 그러나 시간이 지남에 따라 그 고통도 엷어졌으며 이제는 따뜻한 기억만이 남아 있습니다. 귀하에게도 곧 마음의 평온이 찾아오길 기원합니다.

이번 일로 귀하의 가족 모두의 결속이 더욱 더 강해질 것이기 때문에 가족에게 저의 기분을 전해주시기 바랍니다. 제가 도움이 될 수 있는 일이 있으면 주저하지 마시고 말씀하시기 바랍니다.

## Outline

1. 부고를 접한 슬픔을 전한다.
2. 자신의 경험을 전하면서 위로하며 격려한다.
3. 가족에 대한 배려와 조력을 자창하면서 끝을 맺는다.

## ✉ Expressions

**tragic** 비통한, 슬픈 **loss** 서거 (death라는 직접적 표현을 피한 완곡한 표현. passing으로 해도 괜찮다.) **your beloved wife** 사랑하는 아내 **how much she meant to you** 당신에게 얼마나 소중한 분이었는지 **These are no words to properly express** ~을 적절히 표현할 수 있는 말이 생각나지 않는다 **sorrow and sympathy** 슬픔과 동정의 마음 **tragedy** 슬픈 일 **bring back to mind** 상기시키다 (remember보다 섬세한 느낌을 주는 표현) **pain and grief** 고통과 슬픔 **the warm memories remain** 따뜻한 주억이 남나 **I pray** 기원아고 있나 (노동의 경우는 과장된 느낌이 있지만 문상의 이메일에는 어울리는 표현) **peace of mind** 마음의 평온 · 차분함 **leave you closer** (결속이) 더욱 더 강해지다 **Do not hesitate to** 주저하지 말고 ~하기 바란다 **call on** 요구하다, 부탁하다

# 057. 회사에서 회사로 보내는 조문

>> 한창 나이에 돌아가심을 애도하고 남은 가족에 대한 배려도 잊지 않도록 한다.

| Subject | May him rest in peace. |

It is with great sorrow that we have received the sad news of the sudden and untimely passing of your director, Mr. Omar Sharifit. We know how much he meant to you and your organization both as a fine leader and as a friend.

Please accept our heartfelt condolences and convey our deepest sympathy to his family and associates.

오마 샤리핏 부장이 때아니게 갑자기 사망하셨다는 비보를 접하고 커다란 슬픔을 느끼지 않을 수 없습니다. 훌륭한 지도자로서 또 개인적으로는 친구로서 여러분이나 조직에 있어서 얼마나 소중한 분이었는지 저희도 알고 있습니다.

충심으로 애도의 뜻을 표하는 바이며 가족 및 동료 여러분에게도 저희들의 깊은 애도의 뜻을 전해주시기 바랍니다.

**Outline**
1. 부고를 받은 슬픔을 알리고 고인을 애도한다.
2. 위로의 말을 전하고 남은 사람들에 대한 조의를 전한다.

## Expressions

**It is with great sorrow that we have received the sad news** 커다란 슬픔으로서 이 슬픈 소식을 들었다 **sudden and untimely passing** 아직 그 나이가 아닌데 갑자기 사망한 것 **how much he meant to** ~에게 얼마나 소중한 분이었는지 **both as a fine leader and as a friend** 개인으로서도 조직의 지도자로서도 소중한 사람이었음을 나타냄. **heartfelt condolences** 마음으로부터의 애도 **convey our deepest sympathy to** ~에게 우리의 깊은 애도의 뜻을 전해 주십시오 **associates** 동료들

 **Tip**

조문은 이메일형식으로 내는 것이 바람직하나 고별식의 경우에는 전보나 팩스로 보낼 수도 있다. 그러나 그럴 경우 생략형을 써서는 안 된다.

# 058. 거래처 사람에게 보내는 조문

>> 가족을 잃은 것은 가장 쓰라린 일이기 때문에 충심으로 애도의 뜻을 전한다.

**Subject** You have my sincere condolences.

There are no words to adequately describe the sadness we felt upon hearing of the loss of your beloved mother. We know how much she meant to you. Please extend our profoundest sympathy to everyone in your family. We pray you can somehow find the strength to endure this tragic burden.

가장 사랑하는 자당님의 부고에 접한 저희들로서는 이 슬픔을 어떻게 말로 표현해야 좋을지 모르겠습니다. 그 분이 귀하에게 있어서 얼마나 소중한 분이었는지 잘 알고 있습니다. 부디 저희들의 심심한 애도의 뜻을 가족 여러분에게도 전해주시기 바랍니다. 귀하가 이 비통한 슬픔을 어떻게든 이겨내실 수 있기를 기원합니다.

**Outline**
1. 부고를 받은 슬픔을 전한다.
2. 고인의 존재 의의를 되새긴다.

 **Expressions**

there are no words to adequately describe ~을 적절하게 표현할 말이 발견되지 않는다 upon hearing of ~을 들었을 때에 the loss 서거 how much she meant to you 당신에게 있어서 얼마나 소중한 분이었는지 Please extend our profoundest sympathy to ~에게 우리의 충심에서의 애도의 뜻을 전해주세요 We pray 기원하다 somehow find the strength 어떻게든 힘을 내다 endure this tragic burden 이 과중한 슬픔을 견디다

 Tip

조문은 상투어가 많이 쓰인다. 너무 별스러운 표현은 피하는 게 좋고 아주 친한 사이가 아니면 내용도 길지 않은 것이 좋다.

# Part 3_비즈니스 Ⅰ

# 059. 구직 거절 통보

>> 한국에서 일하고 싶어 하는 구직자에게 보내는 이메일. 강력한 추천서를 보낸 구직자를 거절할 때는 본인의 기분을 상하지 않도록 하는 동시에 추천자의 체면도 손상시키지 않도록 배려하는 것이 중요하다. 추천자의 수고를 구직자에게 알려서 충분히 이해하도록 한다.

| Subject | Wish you the best of luck. |

Dear Ms. Holder:

Your interest in working in Korea and your very impressive resume have been conveyed to us by Mr. Park of Maeil Office Systems. Mr. Park also spoke very highly of you as an instructor.

Unfortunately, this was all received after we had finished our recruiting for 20-, with the last man scheduled to join us in September. There is also our policy of not hiring anyone "sight unseen". I am sure you will appreciate our thinking here, especially since what we are after people who are looking for a lifetime career.

However, there are other reputable organizations here in Korea who welcome people with fixed one or two year commitments. We feel some arrangement like this would be more in line with the desires you outlined in your email. Please do not hesitate to write if there is some way in which we could be of help.

Yours sincerely,
Jung Chang-hyeok
Managing Director

'매일 사무 기기'의 박 씨로부터 한국에서 일하고 싶다는 귀하의 의향과 훌륭한 이력서를 받았습니다. 박 씨도 선생으로서 당신을 칭찬하셨습니다.

유감스럽게도 그 이메일이 도착한 것은 20- 년도의 채용을 모두 끝마친 뒤였습니다. 제일 나중 사람은 9월에 합류하도록 되어 있습니다. 또한 채용할 때는 반드시 면접을 하는 것이 당사의 방침입니다. 특히 평생 직장을 찾고 있는 사람을 구하는 것이 저희들의 생각임을 부디 이해하시기 바랍니다.

그러나 한국의 훌륭한 기업 중에는 1, 2년의 단기 계약자를 환영하는 곳들이 있습니다. 이와 같은 곳이 귀하가 이메일에서 말씀하신 희망에 좀더 부합하는 것이 아닐까 생각합니다. 무엇인가 저희들이 도와드릴 수 있는 일이 있으면 주저하지 마시고 말씀하시기 바랍니다.

> **Outline**
> 1. 추천인으로부터 이력서를 받았음을 알리고 추천자의 노력에 대해 언급한다.
> 2. 구직 거절에 대한 이유를 밝힌다.
> 3. 다른 형태로 가능성이 있음을 알리고 협력을 제의한다.

## Expressions

very impressive 매우 훌륭한 spoke very highly of ~을 매우 칭찬했다 Unfortunately 유감이지만 received after ~후에 도착하였다 (우선 시기가 맞지 않음과 회사 방침을 설명한다.) I am sure you will appreciate ~을 꼭 이해해주리라 믿는다 (상대방의 상식에 호소하는 표현) what we are after 당사가 구하는 것 However 그러나 (문장의 흐름을 바꾸는 작용) other reputable organization 다른 훌륭한 기업 some arrangement like this 이와 같은 일 more in line with 보다 (귀하의 뜻)에 부합하는 Please do not hesitate to 부디 주저 말고 ~하기 바란다 (추천자에 대한 배려가 있는 협력적인 태도)

**Hot Tip**

거절의 경우에 개인적인 입장의 느낌을 피하고자 할 때는 법인의 입장을 나타내는 we를 흔히 사용한다.

# 060. 채용 문제 재론

>> 채용에서 보류되었던 사람에게 머지않아 빈자리가 생기는 데 관심이 있는지를 묻는 이메일. 채용하지 못한 유능한 인재에 대해서는 교섭을 끊지 말고 어떠한 형태로든 연결을 유지함으로써 이야기를 재개할 기회를 남겨 놓는다.

---

**Subject** | Position Opening

Dear Mr. Frye:

Your application for employment was received in July and has been kept on active file. In the near future, there will be another position opening up in our company. We would like to know if you wish to be considered for the position at that time.

Please contact us as soon as possible and let us know if you are still interested in employment with us. We are looking forward to your favorable reply.

Sincerely,
Hyeon Bong-ju
Manager
Personnel Department

귀하의 취직 신청을 7월에 받았으며 다음을 위해 서류철에 보관해 두었습니다. 머지않아 다른 직책에 빈자리가 생기게 되었습니다. 저희는 귀하가 그 후보로서 검토의 대상이 되는 것을 희망하시는지의 여부를 알고자 합니다.

아직 저희 회사에 취직하실 관심이 있으신지 가급적 조속히 알려주시기 바랍니다. 귀하의 호의적인 답장을 고대하겠습니다.

**Outline**
1. 지금까지의 경위와 새로운 일에 대해 상대방의 의사를 타진한다.
2. 바람직한 답장을 바라면서 끝을 맺는다.

## ✉ Expressions

**your application** 귀하의 신청서 **employment** 고용, 직업 **be kept on active file** 서류철에 남겨 두었다 (active는 「실제로 활용하는」정도의 의미이며 상대방을 높이 평가하고 있는 적극적인 느낌이 전해진다.) **another position opening up** 나른 직책이 비다 (opening up은 '다른 기회가 열린다' 는 느낌. 여기서는 상세히 말할 필요는 없고 향후 의논 대상으로 남겨 둔다.) **would like to know** 알고 싶다 (상대방의 의향을 묻는다.) **be considered for** ~에 대한 검토의 대상이 되다 (어디까지나 검토 대상이며, 결정된 것이 아님이 전달된다. 자리가 비었기 때문에 꼭 와주기 바란다는 언급은 말 것.) **contact us** 연락을 주시오 **let us know** 알려주기 바란다 **be still interested** 아직 관심이 있다 **look forward to your favorable reply** 상대방에게 좋은 답장을 기대하고 있다는 인상을 주도록 한다

 **Tip**

「연락을 취하다」의 여러 가지 표현 중 contact는 가장 공식적인 표현. get in touch with는 회화에서 쓰는 부드러운 표현. call은 전화 연락에 한한다.

135

# 061. 추후 면접 요청

>> 이번에 모집한 자리는 이미 결정되었으나 면접을 보았으면 하는 사람에게 보내는 이메일. 「벌써 결정되었다」로 거절하는 것이 아니라 장래의 인재로서 또는 다른 형태의 가능성을 고려하고 싶다는 적극적인 내용이다.

---

**Subject**    We'll keep your resume on file.

Dear Mr. Pfizer:

Thank you very much for taking the trouble to call and to send us your resume. We are definitely interested in pursuing the possibility of your joining us at some mutually convenient time in the near future.

Though the position we advertised for in the Maeil Times has been filled, we anticipate and would like to consider you for openings in the near future. This is because of your fine qualifications and, hopefully, your long-term interest in Maeil.

Consequently, I would very much like to meet you the next time you travel to the this area.

Yours sincerely,
Song Dong-ho
Personnel Manager

일부러 전화를 주시고 이력서를 보내신 데 대해서 진심으로 감사합니다. 머지않아 상호 형편이 좋을 때 우리와 함께 일할 가능성에 대해서 검토하고 싶습니다.

매일 타임스에 구인 광고를 낸 모집 부서는 이미 찼습니다만 금후에 생기는 공석의 후보로서 귀하를 고려하고 있습니다. 이것은 전적으로 귀하가 훌륭한 경력의 소유자인 것과 아울러 금후에도 계속 「매일」에 관심을 가지실 것을 기대하기 때문입니다.

따라서 다음에 이 지역에 오시면 꼭 만나 뵙고 싶습니다.

**Outline**

1. 모집에 응해 준 것에 대한 사례와 호의를 알린다.
2. 나쁜 소식과 좋은 소식을 알린다.
3. 추후 면접하러 오기 바란다는 것을 알리고 끝을 맺는다.

## Expressions

Thank you very much for taking the trouble to 일부러 ～해주어서 감사하다 We are definitely interested in 매우 흥미가 있다 (definitely를 사용해서 강한 관심을 나타내고 있다.) pursue the possibility of ～의 가능성을 검토하다 (강한 흥미가 있다고는 해도 검토의 여지는 남겨둔다.) mutually convenient time 상호 형편이 좋을 때 in the near future 머지않아, 가까운 장래에 (near를 붙임으로써 이야기가 구체적으로 된다.) Though ~ has been filled 자리가 찼지만 consider you for openings 귀하를 공석이 되는 자리의 후보로서 고려하다 Consequently 따라서 meet you the next time you 다음에 귀하가 ～했을 때 만나다 (next time이라는 말을 사용함으로써 임시변통의 위로의 말이 아님을 나타낸다.)

 **Tip**

결론을 나타내는 부사(구)는 consequently외에 therefore, as a result, thus가 있다. 이 중에서 thus는 보통의 이메일에서 사용하면 지나치게 격식차린 인상을 줄 수도 있다.

# 062. 면접 후 지원자의 채용 거절

>> 회사의 구인 모집에 응모한 사람에게 면접 결과를 알리는 이메일. 채용자측에서 볼 때는 흥미가 없는 사람이라 하더라도 상대방의 자존심을 상하지 않도록 거절한다. 분명히 거절하되 결례가 되지 않도록 주의한다.

---

**Subject**    The status of your application

Dear Mr. Jensen:

Thank you for the time you spent in applying for employment with our company.

Many other highly qualified people also applied for the position, which made the choice extremely difficult. Unfortunately, you were not the one selected this time.

However, we would like to keep you in mind for some future openings that might become available.

In the meantime, we wish you every success in your future endeavors.

Sincerely,
Han Jae-song
Manager
Personnel Department

당사의 사원 모집에 응모해주신 데 대해서 감사를 드립니다.

훌륭한 경력의 소유자들이 다수 응모를 하셔서 선발은 지극히 어려웠습니다. 유감스럽게도 이번에는 다른 분이 결정되었습니다.

그러나 금후 어떠한 공석이 생기는 경우에는 귀하를 검토의 대상으로 고려하도록 하겠습니다.

그동안에 귀하의 성공을 빌어마지 않습니다.

## Outline

1. 지원과 면접에 대한 사례를 한다.
2. 면접 상황과 결과를 알리고 거절한다.
3. 추후의 가능성에 대해서 언급한다.
4. 성공을 빌며 끝을 맺는다.

## ✉ Expressions

Thank you for the time you spent in 일부러 시간을 할애해서 응모해준 데 대한 사례의 상투어 highly qualified people 훌륭한 경력의 소유자 made the choice extremely difficult 매우 어려운 결정이었다 Unfortunately 나쁜 소식을 꺼내는 서두 not the one selected this time 이번은 다른 사람이 결정되었다 keep you in mind 고려의 대상에 넣어 두다 for some future openings that might 금후 어떠한 공석이 생겼을 때는 (some이나 might는 불확실한 느낌을 전해 준다.) in the meantime 그때까지, 그 동안에 wish you success 성공을 빈다

 Tip

취직 자리를 나타내는 단어에는 opening(공석으로 '기회다'라는 뉘앙스), position, post(둘 다 공식적인 느낌), job(가장 일반적) 등이 있다.

# 063. 면접 후 다른 직장을 선택한 지원자에게

>> 면접을 끝내고 채용을 하려고 생각했던 응모자가 거절해왔을 때 장래의 연결 가능성을 고려해서 보내는 이메일이다. 상대방 입장에 이해를 나타내고 금후의 건투를 비는 등 이쪽의 너그러움을 나타내면서, 동시에 같이 일할 수 있는 가능성의 여지를 남겨둔다.

---

**Subject** | May our paths cross again.

Dear Mr. Martin:

Thank you very much for taking the trouble to come for a personal interview in October 1. I was disappointed by your answer but understand the situation which prompted it. Since we retain an interest in you and your qualification, I should like to ask that you maintain some type of contact with us.

Needless to say, if you should have a change of heart after some period of time, I would very much like to discuss the possibility of your joining us again. In the meantime, I wish you every success in your new job.

Yours sincerely,
Jang Hae-bok
President

10월 1일에 면접을 보러 오시느라 수고하신 데 대해서 심심한 사의를 표합니다. (거절하신다는) 귀하의 답장에 실망했습니다만 그쪽 사정은 양해했습니다. 당사는 귀하와 귀하의 자격에 관심이 있기 때문에 계속 어떠한 형태의 연락을 유지하고 싶습니다.

말할 것도 없이 만일 금후에 마음이 변하시게 되면 당사에서의 채용 가능성에 대해서 의논을 재개하고 싶습니다. 그때까지 새로운 직업에서 활약하시기를 기원합니다.

**Outline**

1. 채용에 응해준데 대한 사례와 유감을 뜻을 전한다.
2. 차후의 채용 가능성과 새로운 일에 대한 격려의 말로 끝을 맺는다.

## ✉ Expressions

taking the trouble to come 일부러 와주어서 a personal interview 면접 be disappointed by 실망(낙심)하다 (with로 하면 의미가 달라져서 불만을 나타내게 된다.) understand 양해하다 retain an interest in you 계속 관심이 있다 maintain some type of contact with us 금후에도 어떠한 연락을 유지하다 Needless to say 말할 필요도 없이, 물론 a change of heart 마음의 변화 (if you change your mind는 지나치게 노골적인 느낌이 든다.) discuss the possibility again 가능성을 재검토하다 (반드시 채용한다고 약속하지는 않고 채용자로서의 입장을 나타낸다.) In the meantime 그때까지, 그 동안에 I wish you every success 활약하길 기원하다 (every는 강조이며, 이쪽의 너그러움을 나타내고 있다.)

## Hot Tip

이름과 Dear로 이메일을 시작할 때는 Dear Mr. Martin과 같이 성만을 적는다. Dear David하는 식으로 이름뿐이면 친한 사이다. Dear D. Martin이나 Dear David Martin은 잘못이다.

>> 해외로부터 한국에 있는 친구에게 지인을 소개하고 취직자리를 타진한다. 간결하고 단도직
입적이지만 따뜻한 맛이 느껴지는 이메일이다. 소개의 경우에는 피소개자와 자기와의 관계 및
간단하게라도 인물 소견을 넣을 것. 친한 사이지만 정확히 요점을 전달한 이메일이다.

| Subject | Interested in meeting a competent prospective employee? |
| --- | --- |

Dear Frank:

Just a line to let you know that, except for the flu, Fran and I have been well. We are both working hard and doing lots of traveling. We are leaving for Australia via Singapore on the 15th. Hope all your family are well.

One of my clients is interested in coming to Korea. He received his Master's degree in the field of transportation and wrote his thesis on problems in Korean factories. John Handel is 24 years old and quite personable. With your permission I will have him send you a description of his background and capabilities.

Regards to all and kiss the youngsters for us.

Love,
Dan & Fran

독감에 걸린 것 외에는 프랜도 저도 건강히 지내고 있음을 알리려고 잠깐 펜을 들었습니다. 둘 다 열심히 일하며 여행도 자주 하고 있습니다. 15일에는 싱가포르를 경유하여 오스트레일리아로 떠날 예정입니다. 가족 모두 건강하시기 바랍니다.

저의 고객 한 분이 한국에 가고 싶어합니다. 그는 수송 분야의 석사학위를 받았으며 한국 공장의 여러 문제를 다룬 논문을 썼습니다. 존 헨델이라고 하며 24세이고 아주 매력이 있는 청년입니다. 괜찮으시다면 이력서를 보내게끔 하겠습니다.

모두에게 안부 전해주십시오. 꼬마들에겐 키스를 보냅니다.

**Outline**
1. 개인적인 근황을 전한다.
2. 지인을 소개한다.
3. 친밀감을 담은 결어로 끝을 맺는다.

## Expressions

**Just a line to let you know that** ~라는 것을 알리려고 잠깐 붓을 들었다 **have been well** 건강히 지내고 있다 (현재완료형으로 「지금까지 계속」이라는 뉘앙스) **working hard** 열심히 일하고 있다 **Hope all your** Hope 앞에 I가 생략되어 있다. 이상은 어느 것이나 근황 보고에 흔히 쓰이는 표현 **quite personable** 아주 매력이 있는 **With your permission** 허가한다면, 만약 괜찮다면 **have him send** 보내도록 하겠다 (사역의 have에 유의, make를 쓰면 「억지로, 명령하여」라는 뉘앙스가 되고 let을 쓰면 「본인이 희망할 경우에」라는 뉘앙스가 된다.) **Regards to** ~에게 안부 전해주시오 (Please give my (best)가 생략되어 있다.) **youngsters** 아이들

## Hot Tip

끝맺음의 Love는 친한 사이에 사용하는 표현이다. 그러나 남자가 남자에게 글을 보내거나 가족들과 친분이 없을 경우에는 오해를 살 수 있으므로 유의해야 한다.

# O65. 소개자에게 진행상황 알림 1

>> 이러한 종류의 이메일은 구체적인 것이 결정될 때까지는 자세한 것을 알릴 필요가 없고 용건만 간단히 쓴다.

| Subject | Progress report |

This is just to let you know that Mr. Mays has been in contact with us. We are now moving ahead with the preliminary arrangements.

I will do my best to keep you posted.

메이스 씨와 접촉하고 있음을 알려드립니다. 현재 기본적인 협의를 진행시키고 있습니다.

가능한 한 경과를 계속 알려드리겠습니다.

**Outline**
1. 소개된 사람과 이야기가 진행 중임을 알린다.
2. 계속 연락할 약속을 하고 끝을 맺는다.

 **Expressions**

**This is just to let you know that** ~라는 보고입니다 (보고할 때의 상투어. 짧으면서도 부드러운 표현) **has been in contact with** ~와 접촉했다 (현재완료형으로 「최근」이라는 뉘앙스를 내고 있다. 접촉한 횟수와 관계없이 이 표현이 좋다.) **We are now moving ahead with** 현재 ~을 진행하고 있다 **do my best to** 가급적 ~ 한다 (강한 약속을 나타내지만 동시에 한계를 나타낸 표현) **keep you posted** (경과를) 계속 알리다

**Hot Tip**

여기서는 inform 대신에 let someone know를, proceed with 대신에 move ahead with를 사용하여 덜 딱딱한 분위기를 내고 있다.

# 066. 소개자에게 진행상황 알림 2

>> 소개해준 데 대해 사례를 하고 소개자가 예상한 대로 사업상 협력 관계를 맺을 수 있을 것 같다는 경과 보고 이메일이다.

---

**Subject**　Thank you for your help.

Thank you very much for referring Bering Fisheries to us. We did indeed find broad areas of common interest and have already set a second meeting.

Thank you again for making this all possible.

---

베링 수산회사를 소개해주셔서 매우 고맙습니다. 참으로 넓은 분야에 걸쳐서 상호 공동 관심사를 가지고 있음을 알았으며, 이미 두번째 면담 약속도 했습니다.

이 모든 것을 가능케 해주신 데 대해서 재차 감사를 드립니다.

**Outline**
1. 소개에 대한 사례와 경과보고를 한다.
2. 재차 사례를 하고 끝을 맺는다.

 **Expressions**

Thank you very much for referring ~ to us ~를 소개해주어서 매우 고맙다 We did indeed find did와 indeed로 이중으로 find를 강조하고 있다. find의 목적이 broad areas of common interest가 소개자의 예상대로였다는 것을 강조하기 위해서이다. broad areas of common interest 넓은 분야에 걸친 공동의 관심사 have already set a second meeting 이미 두번째 모임을 갖기로 했다 making this all possible 여기로 「모두 당신 덕분」이라는 뉘앙스

 Tip

비즈니스 관계의 「소개」는 introduce보다 refer를 쓰는 경향이 있다. refer는 (a) 어울리는 소니 또는 건 문가에게 보낸다, (b) 소개하는 상대방에 대해서 직접 몰라도 좋다라는 점에서 introduce와 다르다. 그리고 introduce는 business에서는 「소개하다」외에 「제품을 처음 도입하다, 수입(수출)을 시작하다」라는 의미로도 자주 쓰인다.

>> 전임자 앞으로 도착한 요청에 대해 후임자가 인사를 겸해서 즉시 처리하도록 조치했음을 알리는 이메일. 인사에는 전임자로부터 상대방의 공헌에 대해 전달받은 바 있다는 것과 앞으로 잘 부탁한다는 말을 넣는다. 신임 인사의 기회를 효과적으로 이용해야 한다.

| Subject | A New President seeks your unchanged cooperation and support. |
|---|---|

Your email of May 16 addressed to Mr. Kim Dong-cheol, our former president, has been passed on to me for action.

Taking this opportunity I would first like to inform you that I succeeded Mr. Kim on April 21. Mr. Kim was forced to step down as president suddenly for health reasons.

In the briefing I received in taking over, your invaluable contributions to our success in your area stand out in my mind. I only hope you will continue to favor us with the same level of cooperation and support.

I have asked the department concerned to take immediate action on the matter you touched on in your email. You should be receiving something concrete from them shortly.

I sincerely look forward to the pleasure of working with you.

당사 전임 사장 김동철 씨께 보내신 5월 16일자 귀하의 이메일이 저에게 전달되어 왔습니다.

우선 이 기회에 4월 21일부터 제가 김 사장님의 후임이 되었음을 알려드립니다. 김 사장님은 건강상 이유로 갑자기 사장직을 사임하여야 했습니다.

업무를 인계할 때 받은 상황 설명에서 당사가 귀지(地)에서 성공할 수 있었던 것은 귀사의 매우 귀중한 공헌 덕분이었다고 들은 것이 강하게 제 마음에 남아 있습니다. 똑같은 협력과 지원을 계속 베풀어 주시길 바랄 따름입니다.

귀하의 이메일에서 언급하신 건에 관해서는 관계 부서에 즉시 처리하도록 지시를 내렸습니다. 곧 그들로부터 무엇인가 구체적인 응답이 있을 것입니다.

귀사와 함께 일하는 기쁨을 진정으로 고대하겠습니다.

## Outline
1. 이메일이 전달된 것을 알린다.
2. 인사이동이 있었음을 알린다.
3. 상대방의 요청은 관계 부서에서 지시했음을 알린다.
4. 사교적인 결어로 끝을 맺는다.

## ✉ Expressions

addressed to ~앞으로 보낸 have been passed on to me 나에게 전달되어 왔다 Taking this opportunity 이것을 기회로 해서 succeed 뒤를 이었다 be forced to step down (부득이한 사정으로) 사임하였다 (특히 사장직과 같은 높은 지위의 경우 쓰인다.) briefing 상황 설명 take over 인계하다 invaluable contributions 매우 귀중한 공헌 stand out in my mind 강하게 인상에 남아 있다

 Tip

사임의 이유를 나타내는 어구에는 health reasons 「건강상 이유」, personal reasons 「일신상 사정」, family reasons 「가정 사정」 등이 있다.

>> 응시자에게 입학 허가가 보류되었으나 가능성이 없는 것은 아니며 판단에 도움이 될 추가 자료가 있을시 제출해달라는 이메일. 상대방 입장을 존중하여 객관적으로 쓴다. 결정 내리기가 망설여질 때 추가로 판단 자료를 요구하는 방법은 비즈니스에서도 응용될 수 있다.

**Subject** Please submit additional documents.

The Admissions Committee of the Graduate School of Business has reviewed your application to the MBA program and has asked me to inform you that it is unable to reach a final decision at this time. Your file will be held for further consideration in the coming decision periods.

While we are unable to predict the outcome, we would like to assure you that we find your credentials strong and competitive and deserving of further review.

If there is any additional information that you feel the Committee should know before reaching its final decision, please forward it to our attention with a cover letter clearly stating that we are holding your application on a waiting list.

If you have any questions about the status of your application, do not hesitate to contact our office.

본 경영대학원의 입학심사위원회는 MBA 프로그램에 대한 귀하의 신청을 세밀히 검토하고, 저에게 현 시점으로는 최종 결정을 내릴 수 없음을 귀하에게 통지하도록 요청했습니다. 귀하의 원서는 금후의 심사 대상으로서 다음번 심사 때까지 보류되었습니다.

합격 여부를 예측할 수는 없습니다만, 귀하의 자격은 유력하고 경쟁력이 있으며 추가 심사를 받을 만하다고 확신합니다.

최종 결정 전에 위원회가 알아야 한다고 느끼는 추가 자료가 있으면 귀하의 지원 서류가 보류되어 있다는 것을 명기한 설명서를 첨부하여 위원회 앞으로 보내시기 바랍니다.

귀하의 지원 상황에 관해서 질문이 있으면 주저하지 마시고 사무국에 연락하시기 바랍니다.

**Outline**
1. 현재 입학 허가를 보류하고 있음을 알린다.
2. 차후의 전망을 알린다.
3. 추가 자료 제출을 요구한다.
4. 문의에 언제나 응한다는 호의적인 맺음말로 끝을 맺는다.

 Expressions

is unable to 상황에 따라 할 수 없다는 뉘앙스 reach a final decision 최종 결정에 도달하다 at this time 현 시점에서는 hold for further consideration 금후의 심사 대상으로서 보류하다 predict the outcome 결과를 예측하다 assure you 확약하다, 보증하다 (상대방에게 바람직한 내용의 앞에 붙여서 안심시키는 표현) credentials 자격 strong and competitive 유력하고 경쟁이 있는 additional information 추가 자료 you feel ~ should know before ~하기 전에 ~에게 알리고 싶다고 느끼다

Hot Tip

단정적으로 말하기 어려운 내용을 전할 때에는 while we are unable to ~와 같은 설명을 덧붙인다.

# 069. 문제 조정 후 확인

>> 건설 공사 도중에 문제가 발생하여 건설 회사가 연기 요청과 금전적인 배상 청구를 설계 사무소에 대해서 제기했다. 이 건에 관해 조정인이 나서서 설계 사무소와의 의논 후에 건설 회사에 확인을 요구하는 이메일으로, 법적 문서 형식이 지켜져 있다.

**Subject** Please examine the details pertaining to arbitration.

Further to our meeting of October 5, 20 -, between the architect, Joe Stone & Son(Bentam) Ltd., and ourselves to discuss the statement of claim submitted by the contractor dated August, 20-, confirm the following:

a) The architect will grant an extension of nine weeks under clause 11 (6) and one week under clause 23(b) (this to be done under separate letter by the architect).

b) The sum for loss and expense has been agreed between the contractor and surveyor in the sum of £ 5,204.56. This sum has been agreed as the total loss and expense incurred by the contractor due to the delays described in the above claim and consequently items i) and ii) b) in the notes on page 5 of the claim have been withdrawn; but excludes any costs in connection with Wordly Patent Glazing Ltd., or any nominated subcontractors, suppliers or statutory undertakings.

Would you please confirm receipt of this email and that you are in agreement with its contents.

청부인(귀사)에 의해서 제출된 20- 년 8월의 중재 신청서에 관해 설계자 조 스톤 앤드 선(벤텀)사와 저희들 사이에서 가졌던 20- 년 10월 5일의 의논에 관련하여 다시 다음의 사항을 확인합니다.

a) 설계자는 11조 (6)에 의거한 9주간의 연기 및 23조 (b)에 의거한 1주간의 연기를 승낙한다(이에 관해서는 설계자가 별도 문서로 확인하는 것으로 한다.)

b) 손실 및 지출액은 청부인(귀사)과 사정인(저희들) 사이에서 5204파운드 56펜스로 합의되었다. 이 금액은 청부인(귀사)의 상기 청구서에 기재된 지연에 의해서 생기는 손실 및 지출액의 총액으로 합의되었다. 따라서 청구서 5페이지의 주(註) ⅰ)항, ⅱ)의 b)항은 철회되었다. 단, 워드리 패턴트 글레이징사, 지명 하청업자, 납품업자 및 법으로 인정되는 기타의 청부업자에 관련되는 비용은 별도로 한다.

본 이메일의 수령과 내용에 대한 동의의 확인을 부탁합니다.

> **Outline**
> 1. 배경 설명을 한다.
> 2. 확인 사항을 조목별로 알린다.
> 3. 승낙하는 대답을 요구한다.

 **Expressions**

**Further to** ~에 덧붙여서, ~에 관련하여 (법적인 문서에 흔히 쓰이는 표현) **the statement of claim** 중재 신청서 **we confirm the following** 다음과 같이 확인한다 **grant** 인정하다, 승낙하다 **under separate letter** 별도 문서로 **the sum for** ~의 합계 금액 (for로 sum의 내용을 나타낸다. 금액을 나타낼 때는 the sum of가 된다.) **has been agreed** 합의를 보았다 **incurred by** ~에 의해서 초래될 **due to** 인인을 니디'낀디 **have been withdrawn** 철회되었다 **exclude** 제외하다 **in connection with** ~에 관련되는 **Would you ~** 의문문의 형식을 취하고 있어도 의미적으로 의뢰나 요구의 문장일 경우에는 의문부호를 붙이지 않고 마침표를 찍는다. **are in agreement with** ~을 승낙한다

>> 배상 문제의 해결을 위해 잡은 약속 내용을 다시 문서로 확인하고, 원만한 해결을 희망하는 이메일이다.

| Subject | Please verify the meeting date and time. |

Dear Mr. Garver:

Thank you for your email of July 1 regarding the compensation problem and our subsequent telephone conversation.

We would like to confirm the verbal arrangements made for a meeting with you at your offices at 11:00 A.M. Friday, July 20. We understand that your clients will also be present accompanied by their financial advisors.

We appreciate your assistance in arranging this meeting before July 31 and sincerely hope that it will lead to a prompt and amicable arrangement between us.

We look forward to a meaningful exchange of views on the 20th.

Yours sincerely,
Kim Cheon-su
General Manager
Legal Affairs

배상 문제에 관한 7월 1일자 이메일과 뒤이은 전화에 감사를 드립니다.

7월 20일, 금요일 오전 11시에 귀하의 사무실에서 만나기로 구두로 약속한 것을 확인하고 싶습니다. 귀사의 의뢰인 여러분도 재정고문과 함께 동석하실 것으로 압니다.

일정을 7월 31일 이전으로 해주신 것에 감사드리며, 면담을 통해 신속하고 원만하게 해결되기를 진심으로 기원하는 바입니다.

20일의 뜻있는 의견교환을 기대합니다.

**Outline**
1. 무엇에 관한 확인인지를 기술한다.
2. 확인 내용을 전한다.
3. 상대방의 협력에 사례를 한다.
4. 의논의 성공을 기대한다.

## ✉ Expressions

Thank you for your email of (날짜) regarding (건명) 감사의 형식으로 확인한다 We would like to confirm the verbal arrangements 구두로 약속한 것에 관해서 확인하고 싶다 We understand that ~라고 양해하고 있다 accompanied by (사람)과 함께 (with를 사용하는 것은 물건이 첨부되는 경우) We appreciate your assistance in ~에 있어서 협력해주어 고맙다 arrange this meeting 이 모임을 주선하다 before July 31 기한을 암시 prompt and amicable arrangement 신속하고 원만한 해결 (arrangement는 solution을 완곡하게 표현한 것이다.) meaningful 의미심장한, 뜻 있는

 **Tip**

at 11:00 A.M. Friday, July 20에서처럼 시간을 수반하면 날짜나 요일 앞에 on이 불필요하다.

>> 오해를 바로잡으면서 자기들의 의도와 요구를 선명하게 내세우고 있는 이메일로 요구가 받아들여지지 않으면 계획을 바꾸겠다고 강하게 촉구하는 내용이다.

| Subject | Need to fix a misunderstanding |
|---|---|

From your e-mail of June 6, it appears there is a misunderstanding of our intention. It was your automatic transaxle, not the manual one, that our Vice President referred to during his visit on June 1. Please correct any misinterpretation here.

We are interested in using your new automatic model in our front-wheel-drive vehicles, since we anticipate that demand for manual models will decrease. However, feasibility can only be determined after receiving drawings and specifications from you, due to width limitations on Korean vehicles. Consequently, we would like you to provide this material as soon as possible.

If your policy does not permit such an accommodation without contract coverage, we will reluctantly have to reconsider our plans.

A quick reply would very much facilitate planning here.

6월 6일자 귀하의 이메일에 의하면 저희들의 의도에 대해서 오해가 있는 것 같습니다. 당사 부사장이 6월 1일에 방문했을 때 언급한 것은 자동식 트랜스액슬이었지 수동식이 아니었습니다. 이 건에 관해서 오해가 없도록 부탁합니다.

당사는 귀사의 신형 자동 모델을 전륜 구동차에 사용하려고 합니다. 수동 모델 수요는 앞으로 감소하리라고 예상하기 때문입니다. 그러나 한국 자동차의 폭 제한 때문에 사용가능성은 귀사로부터 도면과 사양서를 받은 뒤라야 결정될 수 있습니다. 따라서 이 자료를 조속히 보내주시기 바랍니다.

귀사의 방침이 계약이 갖추어지기 전에는 그와 같은 편의를 허락하지 않는다면 유감이나마 당사의 계획을 재고하지 않을 수 없습니다.

조속히 답장을 주시면 계획에 매우 도움이 되겠습니다.

**Outline**
1. 오해를 바로 잡고 진정한 의도를 전한다.
2. 상세한 내용과 거기에 관련된 요구를 알린다.
3. 요구를 관철시키기 위해 촉구하는 문장을 넣는다.
4. 조속한 답장을 요구한다.

 **Expressions**

**From** 전달 수단 **it appears there is a misunderstanding of** ~에 관한 오해가 있는 것 같다 (이런 종류의 이메일의 전형적인 서두) **It was** (옳은 것), **not** (오해가 있는 것) 옳은 것이 먼저 **Please correct ~ here** 명쾌하게 오해를 해소시키는 표현으로 here는 「이 건에 관해서」를 의미 **we are interested in** 일에 관한 이야기를 시작하거나 진행시킬 경우에 자주 쓰는 표현 **anticipate** 예측하다 (좋은 일에도 나쁜 일에도 사용한다.) **feasibility can only be determined after** ~한 뒤가 아니면 사용가능성 여부를 결정할 수 없다 (전제 조건을 말한다.) **due to** 이유를 말하다 **provide** give나 send보다 세련된 표현

 **Tip**

오해를 바로잡을 때는 옳은 것을 먼저, 잘못된 것을 나중에 가져온다.

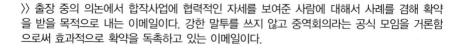

>> 출장 중의 의논에서 합작사업에 협력적인 자세를 보여준 사람에 대해서 사례를 겸해 확약을 받을 목적으로 내는 이메일이다. 강한 말투를 쓰지 않고 중역회의라는 공식 모임을 거론함으로써 효과적으로 확약을 독촉하고 있는 이메일이다.

| Subject | Hope to announce your commitment to the committee. |

Dear Mr. Terris:

I have just returned from my trip to Europe today. As a matter of first priority I wanted to write to thank you, not only for the time and excellent lunch in Paris last week, but also for the very positive attitude you showed toward the joint project. I am sure you played a very important role in laying the groundwork for the decision you indicated was in the offing. The news made me very happy.

As I told you, our Executive Committee will be meeting in Seoul on June 21 especially to review the progress of our project. I would very much like to be able to announce your firm commitment to the Committee at that time.

Thanks again.

Kindest regards.
Ko Yeong-ho

유럽 출장에서 오늘 막 귀국했습니다. 지난 주 파리에서의 시간과 훌륭한 점심에 대해서뿐만 아니라 합작사업에 적극적인 자세를 보여주신 데 대해서 무엇보다도 먼저 감사를 드리고 싶어서 펜을 들었습니다. 가까운 장래라고 귀하가 말씀하신 그 결정으로 이끌기 위해서 매우 중요한 역할을 하셨으리라고 믿습니다. 그 소식은 저를 매우 기쁘게 했습니다.

말씀드린 대로 중역회의가 6월 21일에 서울에서 개최될 예정이며 주로 이 계획의 진행 상황을 보고하게 되어 있습니다. 그때 귀사의 확약을 공표할 수 있도록 해주시기 바랍니다.

재차 감사의 말씀을 드립니다.

**Outline**
1. 출장 중 환대와 합작사업 참가에 대한 기쁨을 전한다.
2. 중역회의에서 확약을 위해 독촉을 한다.
3. 재차 사례로 끝을 맺는다.

 **Expressions**

**have just returned ~ today** 금일 막 귀국하였다 (just와 today로 귀국하자마자 쓰고 있음을 나타내고 있다.) **As a matter of first priority** 무엇보다도 먼저 (즉시 이메일을 쓰고 있는 이유로 이끈다.) **not only ~ but also** (이 표현을 사용한 것은 「환대에 대한 사례」와 「참가 의사에 대한 사례」의 양쪽을 모두 강조하고 싶기 때문이다.) **the very positive attitude** 매우 적극적인 자세 **lay the groundwork** 초석을 마련하다 **the decision you indicated was in the offing** 가까운 장래일 것이라고 당신이 말했던 그 결정 (decision과 you 사이에 관계대명사 which나 that이 생략된 형태지만 없는 쪽이 영문으로서 자연스럽다.) **be meeting** (회합 등이) 열리다 (진행형으로 했기 때문에 개최가 임박했다는 뉘앙스가 나온다.) **I would very much like to** 꼭 ~하고 싶다 **firm commitment** 확약 **Thanks again** 친밀감 있는 사례

 **Tip**

날짜 표기에서 3rd June은 유럽식, June 3는 미국식 영어.

# 073. 거래의 최종 확인 1

>> 큰 거래를 실행 단계로 옮기기 직전에 확약서를 요구하면서 필요 조항을 알리는 이메일. 꽤 구체적으로 의논이 진행된 뒤에 취소되는 일이 없도록 혹은 취소되었을 때 보상금을 요구할 수 있도록 확약서를 요구하는 것이다.

| Subject | Please Check preconditions. |
| --- | --- |

Let me begin by thanking you for the quick action in dispatching Mr. Lure here for the further discussions. As a result of our discussions with him we would hereby like to inform you of our prerequisites for meeting your request to market our X3P4 model in South Africa at the earliest possible date.

To shorten the lead time so as to permit you to start assembly early next year, it is essential that we at least receive a properly executed letter of intent which includes the following items by July 5.

1. Petry Assoc. final decision to introduce the X3P4 in CKD form.

2. Petry Assoc. firm order for the purchase of necessary jigs, gauges, and tools.

3. Petry Assoc. firm purchase order for sample X3P4 component parts for local procurement.

We are prepared to expedite arrangements immediately upon receipt of this letter.

의논을 진행시키기 위해서 이곳으로 루어 씨를 파견하신 조속한 조치에 대해서 우선 감사를 드립니다. 그와의 의논의 결과로서 가능한한 빨리 당사 X3P4형을 남아프리카에서 판매하고 싶다는 귀사의 요청을 충족시키기 위해 그 전제조건을 이 이메일에서 알려드리려고 합니다.

준비 기간을 단축시키고 귀사가 내년 초에 조립을 개시할 수 있도록 하기 위해 당사는 이하의 조항으로 된 적절히 서명된 의향서를 7월 5일까지 받을 필요가 있습니다.

1. X3P4를 완전분해(CKD) 형태로 도입한다는 페트리사(귀사)의 최종 결정
2. 필요한 지그, 계기, 공구의 구입에 대한 페트리사(귀사)의 확정 주문
3. 현지 조달인 X3P4용 부품 샘플에 대한 페트리사(귀사)의 정식 구입 주문

당사는 의향서를 수령하는 즉시 일을 신속히 처리하려고 합니다.

**Outline**
1. 지금까지의 경위를 서술한다.
2. 확약서의 필요성과 내용을 조목별로 제시한다.
3. 조속한 제출을 요구한다.

## ✉ Expressions

Let me begin by 정중한 서두 discussions 첫째 문장과 둘째 문장에 사용해서 이야기를 전개시키는 역할을 하고 있다. hereby 이 서면에 의하여 (정식으로 격식을 차린 말) inform 알리다 prerequisites for ~의 전제 조건 To shorten the lead time 준비 기간을 단축하기 위하여 so as to permit you to 귀사가 ~할 수 있도록 (상대방을 위해서임을 나타낸다.) it is essential that 무슨 일이 있어도 ~할 필요가 있다 (강한 요구 방식이지만 정중한 표현이기도 하다.) properly executed 적절히 서명된 (「적절히 날인된」이란 뜻) letter of intent 의향서 (큰 거래를 진행시킬 때의 최종적인 의사 확인 문서, 법적 효력을 갖는다.)

 Tip

빼놓을 수 없는 중요한 항목을 조목별로 쓸 때는 번호를 붙인다.

# 074. 거래의 최종 확인 2

>> 규모가 큰 거래를 결정하기 직전에 상대방에게 제출하는 최종적인 정식 의사를 표명하는 이메일이다.

| Subject | Trade Confirmation |
|---|---|

While we have already advised you through e-mail, this is again to confirm our firm intention to introduce the Model TB-41 in C.K.D condition subject to the availability of appropriate FEALS from the Kenyan Government.

이미 이메일로 알려드렸으나 케냐 정부로부터 적절한 외화 배당을 받을 것을 조건으로 TB-41 모델을 완전분해 형태로 수출할 확고한 의사가 있음을 이에 다시 확인합니다.

**Outline**
1. 무엇에 관한 확약인지를 알린다.
2. 거래의 확약을 한다.
3. 거래 성립을 위한 조건을 붙인다.

 **Expressions**

While ~이지만 advise 알리다, 전하다 (정중한 표현) this is again to confirm 다시 확인하다 our firm intention 당사의 최종적인 의향 introduce 도입하다, 수출·수입하다 (제품을 처음 그 시장에 수출입할 때 사용한다.) in C.K.D. condition 완전 분해 형태로 subject to ~을 조건으로 availability of appropriate FEALS 적절한 외화 배당을 받을 수 있는 것

 **Tip**

업계에서 상식으로 되어 있는 약어를 생략하지 않고 전부 쓰면 오히려 상대를 경시하는 인상을 줄 수도 있다.

# 075. 부동산 구입 시 확약서

>> 이것은 주택 구입 시의 서약서로서, 구입은 해도 정해진 기간 동안 본인들은 거기에 살지 않는다는 것을 서약하는 내용이다.

| Subject | Non-occupancy Agreement |

Kim Jae-ho, Jung Tae-suk and family are aware that they may not reside in 110c West Passage during 20-. Occupancy thereafter will be subject to approval of the West Passage Condominium Association.

김재호, 정태숙 및 그 가족은 20-년 중에는 웨스트 패시지 110C에 거주할 수 없음을 인정함. 그 이후의 거주는 웨스트 패시지 콘도미디엄 협회의 인가에 따르기로 함.

**Outline**
조건을 확인하면서 거기에 동의하는 취지를 쓴다.

 **Expressions**

**are aware that** ~을 알고 있다 **they may not reside** 사는 것이 허락되지 않는다 (이와 같은 서약서에 있어서 자기들에 관한 것을 말할 때는 3인칭을 사용한다. reside는 live의 격식을 차린 표현) **Occupancy** (토지·가옥 등에) 사는 것 **thereafter** 그 이후 **be subject to approval of** ~의 인가에 따르다

 **Tip**

서약서에는 Dear 등의 서두나 Sincerely 등의 맺음말을 쓰지 않는다. 자기를 나타내는 데는 고유명사를 쓰고 대명사도 3인칭으로 한다.

# O76. 사용설명서 발송 의뢰

>> 구입한 외국 제품에 붙어 있는 사용설명서를 읽을 수가 없어서 한국어판이나 영어판을 보내달라고 의뢰하는 이메일이다. 상대방의 대응을 용이하고 신속하게 하기 위해서 가급적 상세한 정보를 알리고 비용 부담을 자청한다. 이 이메일에서는 보증서 사본을 첨부함으로써 보다 정확한 정보를 제공하고 있다.

| Subject | Request for user Guide in Korean or English. |
|---|---|

Gentlemen:

We recently purchased a Tralco Combustion Analyzer TG1510 from an area company. Attached is a copy of what looks like a warranty card for this machine.

Our problem is that the operational manual with the unit is written in Swedish. If possible, we would appreciate your sending us a Korean or English version of the manual. We would, of course, be happy to take care of any expenses involved.

Anything you could do to expedite a solution would be very much appreciated.

Yours sincerely,
Kim Tae-cheol
Assistant Manager
Technical Administration
Enclosure

저희들은 최근 이 지역 회사로부터 트랄코 연소 분석기 TG1510을 구입했습니다. 첨부한 것은 이 기계의 보증서로 보이는 것의 사본입니다.

문제는 이 기계의 취급 설명서가 스웨덴어로 되어 있다는 것입니다. 가능하면 이 설명서의 한국어판이나 영어판을 보내주시면 고맙겠습니다. 물론 소요 경비 전액은 저희가 기꺼이 지불하겠습니다.

신속히 처리를 해주시면 매우 고맙겠습니다.

## Outline
1. 구입한 제품에 대해 설명을 한다.
2. 문제점들을 들어 발송을 의뢰하고 비용을 부담할 용의가 있음을 알린다.
3. 신속한 처리를 바라면서 끝을 맺는다.

 Expressions

**We recently** 경위 설명부터 시작한다 **Attached is** ~을 첨부한다 **what looks like** ~인 듯한 **Our problem is that** 문제는 ~ **If possible** 가능하면 **We would appreciate your** ~해주면 고맙겠다 **English version of** ~의 영어판 **take care of** 지불하다 (pay의 완곡한 표현이다.) **any expenses involved** 소요 경비 전액 (신속한 송부를 위해서 송료 등을 포함해서 비용을 지불할 용의가 있음을 나타낸다.) **Anything you could do ~ appreciated** 잘 부탁한다 (상투어) **expedite a solution** 신속히 처리하다

# 077. 연구소 견학 소개장 의뢰

>> 국제 학회에 출장 가는 길에 현지 대학의 연구소를 견학하려고 관계자에게 소개장을 의뢰하는 이메일. 소개장이 있으면 견학의 승낙을 쉽게 얻을 수 있을 뿐더러 견학 시, 대우에도 차이가 생기는 것은 당연한 일이다.

| Subject | Requesting a reference letter |
|---------|-------------------------------|

Dear Dr. Foxx:

I thoroughly enjoyed the opportunity of meeting you again at the Opticon Skilometer Conference held in Dallas last May.

Actually, I am writing you today to ask a favor. I am now scheduled to be in Texas in July in conjunction with the Optical Fibers Conference being held in Houston. While I am there I would very much like to see the University of Texas laboratories. Since you are a very prominent graduate of that school I was hoping you would write a letter of introduction for me to smooth the way for my visit.

Attached is my personal history which may prove useful. I would very much appreciate anything you can do and apologize for taking up so much of your valuable time with this matter.

Sincerely yours,
Kim Gyeong-su, Ph. D.
Enclosure

지난 5월 댈러스에서 개최되었던 옵티콘 스킬로미터 회의에서 재차 귀하를 뵙게 되어 매우 즐거웠습니다.

실은 부탁이 있어서 글을 쓰고 있습니다. 저는 휴스턴에서 개최되는 광섬유 회의와 관련해서 7월에 텍사스에 갈 예정인데 그 기간에 텍사스 대학의 연구소를 견학하려고 생각하고 있습니다. 귀하가 이 대학의 저명한 졸업생이기 때문에 저의 방문을 수월하게 진행시키기 위해서 소개장을 써주시기를 희망하고 있습니다.

도움이 될까 해서 이력서를 첨부했습니다. 협력해주시면 매우 고맙겠으며, 이 건으로 귀하의 귀중한 시간을 많이 차지한 데 대해서 사과를 드립니다.

## Outline

1. 사교적인 인사를 한다.
2. 소개장을 원하는 이유에 대해 설명한다.
3. 선처를 바라는 말로 끝을 맺는다.

## Expressions

**thoroughly enjoyed** 매우 즐거웠다 (thoroughly는 강조, meet you again 때문에 몇 번이나 만났다는 느낌이 나온다.) **Actually** 실은 (용건을 꺼내는 신호이다.) **ask a favor** 부탁이 있다 **be scheduled to** ~할 예정이다 **I would very much like to** 꼭 ~하고 싶다 (공손한 표현) **a very prominent graduate** 매우 저명한 졸업생 (상대방에 대한 찬사) **I was hoping you would** ~해주기를 바라고 있었다 **to smooth the way for** ~을 수월하게 진행시키기 위해 **I would very much appreciate anything you can do** 「잘 부탁한다」의 상투어 **take up your valuable time** 귀중한 시간을 차지하다

 Tip

Conference에 이어지는 being held는 현재 개최중인 것에도 장차 개최될 것에도 사용할 수 있다. 미래의 것이라는 것을 분명히 하고 싶으면 to be held를 사용하고, 과거의 것을 말할 때는 held만 사용한다.

>> 구두(口頭)로 추천문을 의뢰했던 책을 보내면서 구체적으로 의뢰하는 이메일이다. 추천문을 의뢰할 때는 대체로 어떠한 것을 말해주길 바라는지 예시하면 상대방이 승낙하기 쉬워진다.

---

**Subject**    Please give a good book review.

Dear Mr. Schnell:

Attached is a signed copy of the book that I recently asked you to endorse. I'm sure you will agree that the book is a reputable publication.

Also attached is a general example of what I hope you will say about the book. The comment will be used along with those of other endorsers in a small brochure designed for corporate introduction. Only 300 of the brochures will be printed.

Aside from this, I hope you can find the time to pursue the matter of our getting together with Mr. Harper.

With warmest personal regards,
Gu Gyeong-hoe
Enclosures(2)

첨부한 서명된 책은 요전에 추천문을 의뢰했던 책입니다. 귀하도 틀림없이 좋은 책이라고 인정해주실 것으로 생각합니다.

귀하가 이 책에 대해서 언급하기를 희망하는 대체적인 예도 첨부합니다. 받은 추천문은 다른 추천자의 문장과 함께 기업 소개용 팜플렛에 게재될 것입니다. 인쇄 부수는 300부 뿐입니다.

그건 그렇고 하퍼씨와 같이 만날 시간을 할애할 수 있기를 바랍니다.

**Outline**
1. 첨부물에 대해 설명을 한다.
2. 추천물을 설명(희망하는 내용과 취급 방법 등)한다.

## ✉ Expressions

**Attached is** ~을 첨부한다 **a signed copy** 서명이 된 책 **recently asked you to** 바로 얼마 전에 ~할 것을 부탁했던 (정식으로 이메일로 의뢰하기 전에 구두로 미리 부탁해둔다.) **endorse** 추천하다, 뒷받침하다 **I'm sure you will agree that** 귀하도 꼭 ~이라고 인정해줄 것으로 생각한다 (단축형은 친밀감의 발로다.) **reputable** 훌륭한, 굉장한 (추천할 가치가 있음을 비친다.) **a general example** 대체적인 예 (상대방의 노고를 덜기 위한 샘플이지만 강압적인 냄새를 풍기지 않기 위해서 general을 붙인 것이다.) **be used along with** ~와 함께 사용되다 **for corporate introduction** 기업소개용으로 **Aside from this** 그것은 차치하고, 그런데 (화제를 바꾼다.) **get together with** 만나다, 만나서 사귀다 (see보다 친한 사이라는 뉘앙스)

##  Tip

같은 「추천하다」라도 endorse는 「좋은 것이라고 인정하다」, recommend는 「좋은 것이라고 남에게 권유하다」라는 차이가 있다.

# 079. 강연 요약본 의뢰

>> 요약본을 부탁할 때는 ① 제출 목적을 분명히 한다. ② 시간이 걸리지 않도록 작성법의 힌트 등을 제시한다. ③ 모두에게 부탁하였기 때문에 당신만이 예외적으로 제출하게 되는 것이 아님을 비친다.

---

**Subject**　Please submit summaries.

Thank you very much for accepting our invitation to speak at the World Monetary Symposium which is being held in Seoul this year.

Your subject, LOOKING BEYOND THE DOLLAR, will undoubtedly attract a great deal of interest. We know everyone is looking forward to your lecture with keen anticipation.

To insure maximum benefit to those who attend and a proper appreciation of very speaker's intentions, the symposium provides a pamphlet which contains summaries of all lectures being given. In line with this, you are asked to provide a brief synopsis of what you will be covering in your talk. This should include such things as your objective(s) and salient points.

Due to space limitations you are requested to keep your summary within 200 words. We are asking all lecturers to submit their drafts to us by May 16 to allow time for translation and printing.

Please let us know if there is any way in which we can assist you from this end.

금년 서울에서 개최되는 세계 통화 회의에서의 강연을 승낙하신 데 대해서 심심한 사의를 표합니다. 귀하의 주제 「달러 이후의 전망」은 반드시 많은 관심을 끌 것입니다. 모두가 귀하의 강연에 대단한 기대를 가지고 있는 줄로 알고 있습니다.

참가자에게 최대의 편의를 도모하고 또 각 강사 여러분의 강연 취지의 올바른 이해를 위해서 회의에서의 모든 강연의 요약을 수록한 팜플렛을 배부합니다. 그런고로 강연 내용의 짧은 요약을 제출하시기 바랍니다. 이것에는 강연의 목적이나 특징 등을 넣어주십시오.

지면이 한정되어 있기 때문에 요약은 200단어 이내로 부탁합니다. 번역 및 인쇄시간 관계로 제출 기한은 모든 강사에 대해서 5월 16일로 부탁하고 있습니다.

저희들이 도와드릴 수 있는 일이 있으면 알려주시기 바랍니다.

**Outline**
1. 강연 승낙에 대한 감사와 강연에 대한 기대를 말한다.
2. 의뢰를 한다.
3. 제출 조건을 알린다.
4. 협력을 구하며 끝을 맺는다.

 Expressions

Thank you very much for accepting our invitation to 상투어 undoubtedly 반드시 (강조) attract interest 흥미를 끌다 with keen anticipation 대단한 기대를 가지고 To insure ~을 확실하게 하기 위하여 maximum benefit to ~에게 최대의 이익 a proper appreciation of ~의 정확한 이해 provide a pamphlet 팜플렛을 제공하다 In line with this 이에 따라 you are asked to provide 제출을 부탁한다 cover in your talk 강연에서 다루다 This should include such things as ~와 같은 것을 넣어주기 바란다 Due to space limitation 지면 형편 keep within (~단어) 이내로 마무리하다

 Tip

동일 어구의 중복을 피할 것. 「요약」은 summary, synopsis, draft. 강연은 lecture, talk, speech 등으로 환언할 수 있다.

# 080. 강연의뢰와 진행절차 확인

>> 사전 협의를 여러 번 거친 후에 확인을 겸한 이메일이다. 전할 것이 여러 개 있을 때는 알기 쉽게 항목별로 쓰면 좋다. 준비하는 측이지만 개인적으로도 강연을 즐겁게 기다린다는 뜻을 전함으로써 따뜻한 느낌을 준다.

---

| Subject | Details about the lecture |
|---------|---------------------------|

This is to formally invite you to lecture at our laboratory. The schedule we would like to propose is as shown below.

Dates : May 17 and May 24

Place : CCL Auditorium.

Attendants : About 100 newly hired university graduates and other CCL members.

Objective : To promote a better understanding of fundamentals of technical writing in English.

Contents : As noted in your email of April 7.

I am personally looking forward to attending your lectures very much.

저희 연구소에서의 강연을 정식으로 부탁합니다. 저희들이 제의하고 싶은 예정은 다음과 같습니다.

날짜 : 5월 17일 및 5월 24일

장소 : CCL 강당

대상 : 약 100명의 대졸 신입사원 및 기타 CCL 스탭

목적 : 기술적인 영작(英作)의 기초에 관한 이해 증진

내용 : 4월 7일자 귀 이메일에 적혀 있는 대로

저 개인으로서도 강연을 즐거움으로 기다리고 있습니다.

**Outline**
1. 강연을 정식으로 의뢰한다.
2. 강연 절차를 알린다.
3. 개인적으로도 강연을 기다리고 있음을 알린다.

 **Expressions**

This is to formally invite you to ~을 정식으로 의뢰하다 The schedule we would like to propose is as shown below 아래와 같은 예정으로 부탁한다 To promote ~을 증진하기 위하여 As noted in ~에 적혀 있는 대로 I am personally looking forward to 나 자신도 즐거움으로 기다리고 있다 (개인적인 느낌을 내서 따뜻한 끝맺음으로 한다.)

# 081. 강연의뢰와 진행절차 알림

>> 사전 교섭으로 전화나 사람을 통해서 의뢰한 다음에 구체적인 일시나 내용에 대한 희망을 전하고 목적이나 참석자에 관해서 알리는 이메일이다. 정보의 양이 많기 때문에 몇 개의 단락으로 나누고 핵심어를 가급적 문두에 두는 등 읽기 쉽게 하려고 애쓴 노력이 엿보인다.

| Subject | Proceedings of the lecture |
|---|---|

It is indeed an honor for us to invite you to lecture in our Overseas Executive Program to be held at our head office from May 22 through May 29.

The title we would like to propose for your lecture is "Thirty years of trying to understand Korea." The content should throw light on such things as the behavior of Korean people and their way of thinking.

We have tentatively scheduled your lecture from 13:30 to 16:00 on Tuesday, May 22 pending your approval, and would like to ask you to speak for 90 minutes and allow 50 minutes for questions from the participants.

The objectives of the program are to help our expatriate managers get a deeper, more balanced grasp of Korea's culture, its society and its business practices. It also aims to give them a better grasp of our corporate structure and activities. In so doing we hope to enhance their overall management skills.

The group this time will consist of seven managers from five countries who are working with our overseas affiliates. Please refer to the attached list of participants for further details.

Please indicate at your earliest possible convenience if the above schedule is acceptable.

5월 22일로부터 5월 29일까지의 예정으로 저희 본사에서 개최될 「해외 관리직 프로그램」에서 강연해주시도록 귀하에게 부탁하게 된 것을 매우 영광으로 생각합니다.

부탁하고 싶은 제목은 「한국 이해에 힘쓴 30년」입니다. 내용은 한국인의 행동 및 사고 방식 같은 것을 밝히는 것이어야 합니다.

귀하의 강연은 귀하의 승인이 있을 때까지 잠정적으로 5월 22일 화요일 오후 1시 30분부터 4시까지로 예정했습니다. 90분간 말씀을 하시고 50분간은 참석자들의 질문을 받으시기 바랍니다.

이 프로그램의 목적은 저희 해외 관리직원들이 한국의 문화, 사회, 상거래 습관을 보다 깊고 균형 있게 파악하도록 하는 데 있습니다. 또 한국 기업의 구조나 활동에 대한 이해를 깊게 하는 것도 목적의 하나입니다. 그렇게 함으로써 종합적인 관리 능력을 향상시키고 싶습니다.

이번 참석자는 저희들의 해외 관련 기업에서 일하고 있는 5개국, 7명의 매니저입니다. 좀더 자세한 것은 첨부한 참석자 명부를 참조하십시오.

상기 일정이 괜찮으신지 가능한 한 조속히 알려주십시오.

**Outline**
1. 강연을 정식으로 의뢰한다.
2. 강연 제목과 내용을 문의한다.
3. 일시, 시간 배분, 목적, 참석자 등에 대해 설명한다.
4. 답장을 요구한다.

 **Expressions**

**It is indeed an honor for us to invite** 강연 의뢰의 상투적인 말투

**Hot Tip**

제목, 내용, 목적, 참석자들에 대해 설명할 경우에는 이 명사들을 문두로 해서 글을 쓰면 단락의 내용이 잘 파악되고, 읽는 사람을 배려하는 것이 된다.

# 082. 논문 검토 의뢰 1

>> 발표하려는 논문의 내용 검토를 은사에게 의뢰하는 정중하고 예의바른 이메일. 은사나 선배, 권위자 등 손윗사람에 대한 의뢰 이메일은 지금까지의 은혜에 감사하면서 「의뢰할 수 있는 분은 당신밖에 없다」고 호소하는 방식으로 쓴다.

---

**Subject**  Please review my most recent work.

 Allow me to begin by thanking you for all the advice and guidance you have always so generously provided. Your continuing support and encouragement have been instrumental in the progress I have made in my work to date.

Today I am writing with still another request. Attached is a report on my most recent work. Since I would like to offer this for publication, I sorely need a critical evaluation by someone with a thorough knowledge of the field. I can think of no one from whom I would value critical comment more than you. I only hope you will allow me to take advantage of your broad knowledge and kindness again.

My plans now are to send it out in early May. Anything you can do in the interim would be deeply appreciated.

언제나 따뜻하게 지도해주신 데 대해서 우선 감사를 드립니다. 여기까지 연구를 진행시킬 수 있었던 것은 오로지 선생님의 변함없는 지원과 격려의 덕분입니다.

오늘은 또 하나의 부탁이 있어서 펜을 들었습니다. 첨부한 것은 저의 가장 새로운 연구에 관한 논문입니다. 출판을 희망하고 있기 때문에 그 분야에 충분한 전문 지식이 있는 분의 비평이 꼭 필요한데 선생님 말고는 달리 생각할 수 있는 사람이 없습니다. 선생님의 폭넓은 지식과 호의에 다시 의지할 수 있기를 바랄 뿐입니다.

현재로서는 5월 초순에 보내려고 예정하고 있습니다. 그동안에 조금이라도 보아주시면 매우 고맙겠습니다.

**Outline**
1. 지금까지의 은혜에 대해 감사를 표한다.
2. 도움이 필요함을 강조하며 의뢰한다.
3. 기한을 알리고 부탁의 말로 끝을 맺는다.

 **Expressions**

**Allow me to begin by** 우선 ~부터 시작하게 해주시오 (Let me ~ 보다 정중한 표현) **generously** 관대하게, 기분 좋게 **instrumental** 유익한, 도움이 된 **Today I am writing** 이메일의 목적을 말하는 표현법 **with still another request** 또 하나 부탁이 있어서 **sorely need** 무슨 일이 있어도 필요하다 **thorough knowledge** 철저한 지식 **I only hope** 오직 ~을 바랄 뿐이다 (I hope보다 훨씬 바라는 마음이 강하고 겸손한 표현) **allow me to take advantage of** ~의 은혜 입게 해주시오 **broad knowledge** 폭넓은 지식 **My plans now are to** 지금으로서는 ~의 예정이다 **in the interim** 그동안 **be deeply appreciated** ~해주면 고맙겠다

**Hot Tip**

은혜를 느끼고 있는 것을 강하게 나타내는 수사적인 어법으로서는 all(여러가지의), always, continuing(언제나)이나 still(아직도)과 같은 수식어, 현재완료형(쭉 ~ 이다), you의 다음 등을 들 수 있다.

# 083. 논문 검토 의뢰 2

>> 전문지에 발표하려는 논문의 검토를 친구에게 의뢰하는 이메일. 상대방의 바쁜 처지를 존중하면서도 당신이 아니면 안 된다고 간청하는 뜻이 강하게 나타나 있다. 같은 분야에 종사하는 친구에 대한 의뢰는 상호의 업무를 중개로 해서 이야기를 진행시킨다.

---

**Subject**   I need your advice.

Dear Dr. Bolder:

I hope this email finds you as healthy and as enthusiastic about your work as ever. My work has certainly been keeping me busy these days. In fact, I'm writing today to ask you for some help.

Attached is a copy of a report in my most recent work which I hope you will find interesting. Though I know how busy you must be, I would really appreciate it if you could somehow find the time to read through it and comment. Your knowledge and experience in this area of research would be invaluable in refining what I have done.

I am now planning to offer the paper for publication in May, so anything you could do before that would be ideal.

It would be nice could you let me know either way at an early date.

Sincerely yours,
Shin Tae-song, Ph. D.
Enclosure

변함없이 건강하고 열정적으로 일에 정성을 다하고 있으리라고 생각하네. 나도 요즈음 일이 정말 바쁘다네. 실은 오늘 자네에게 좀 도움을 얻으려고 펜을 들었네.

첨부한 것은 나의 가장 새로운 연구에 관한 논문의 사본이네. 흥미를 가져주길 바라네. 자네가 바쁜 줄 알지만 논문을 읽고 논평해줄 시간을 낼 수 있으면 참으로 고맙겠네. 이 연구 분야에 있어서의 자네의 지식과 경험은 나의 논문을 다듬는데 헤아릴 수 없이 귀중할 것이라 생각하네.

원고를 5월에 제출할 예정이기 때문에 그 전에 조금이라도 보아준다면 이상적이겠네.

어느 쪽이든 일찍 알려주면 고맙겠네.

**Outline**
1. 근황을 묻고 부탁이 있음을 알린다.
2. 구체적으로 의뢰한다.
3. 기한을 알린다.
4. 답장을 요구한다.

 **Expressions**

**I hope this email finds you** 이 이메일을 받는 자네가 ~이기를 바란다 **enthusiastic** 열정석인 **In fact** 실은 **I'm** 사업상 이메일에는 통싱 생략형은 사용하지 않지만 친구에게 쓰는 이메일에 사용하면 친근함을 느낄 수 있다. I의 다용도 마찬가지이다. **Attached is** ~을 첨부하다 **my most recent work** 나의 가장 최근의 연구 **Though I know how busy you must be** 매우 바쁘다는 것은 알고 있지만 **I would really appreciate it if** ~해주면 고맙겠다 **somehow** 어떻게든지 **invaluable** 헤아릴 수 없을 만큼 귀중한 (helpful이나 valuable보다 뜻이 강한 단어) **planning to** ~할 예정이다 (부드럽지만 효과적인 표현) **either way** 어느 쪽이든 **at an early date** 일찍 (as soon as possible보다 부드러운 표현)

**Hot Tip**

이야기를 논리적으로 진행시키는 요령 중 하나는 같은 말로 연결하는 것이다. 여기서는 your work에서 my work로 옮아감으로써 원활하게 주제를 도입하고 있다.

# 084. 호텔에 특별조치 의뢰

>> 단골 호텔에 친구가 묵게 되어 선물로 샴페인을 준비하도록 호텔에 의뢰하려고 한다. 자기가 단골인 것, 자기 추천으로 사람이 묵게 되는 것 등을 언급하여 매끄럽게 처리될 수 있도록 한다.

## Subject    Your help is earnestly necessary.

Allow me to begin by thanking you for the fine arrangements you have consistently made for us over the past six years. Your efforts have always made our trips memorable and have left us with the feeling of wanting to return at an early date. I have often spoken to friends about your wonderful hotel and recommended it highly.

In line with this, our close friends Mr. and Mrs. Winfred Barnes, who reside here in Seoul, have decided to stop at the Kahala on their way back to Seoul. I understand Win had already confirmed reservations with you and that he and his wife will be arriving in Honolulu on Saturday, July 31. I am certain they will find that everything exceeds their expectations but would like to make a special personal request. I wonder if it might be possible for you to arrange to have a chilled bottle of champagne waiting in their room when they arrive with a note from me reading something like "Trust you will enjoy your stay", signed "Lee Gyeong-ho". I could recompense you for the cost in advance or when I come through Honolulu about a week later.

Your arrangements along this line will be very much appreciated.

과거 6년에 걸쳐서 언제나 훌륭한 서비스를 해주신 데 대해서 우선 감사를 드립니다. 귀 호텔의 노력의 결과로 언제나 기분 좋은 여행을 하였으며 빠른 시일 내에 다시 오고 싶은 느낌을 남게 하였습니다. 귀 호텔이 훌륭한 것에 대해서는 친구들에게 자주 이야기를 하였으며 강력히 추천을 했습니다.

그런 까닭으로 저희들의 친한 친구인 서울에 거주하는 윈프레드 반즈 부처가 서울로 돌아가는 도중에 카할라(귀 호텔)에 머물기로 결정했습니다. 윈은 이미 예약을 끝냈으며 부인과 7월 31일 토요일에 호놀룰루에 도착 예정이라고 합니다. 모든 것이 그들의 기대를 상회하리라고 생각합니다만, 한 가지 특별한 개인적 부탁이 있습니다. 그들이 도착했을 때 방에 차게 한 샴페인을 준비해두고 메시지로 「즐겁게 머무르시기 바랍니다. 이경호」와 같은 말을 첨부해서 놓아주실 수 없는지요. 비용은 선불로 또는 그 1주일 후에 제가 호놀룰루에 들를 때에 지불할 수 있습니다.

이와 같은 준비를 해주시면 매우 고맙겠습니다.

**Outline**
1. 지금까지의 서비스를 평가하고 사례를 한다.
2. 특별한 의뢰를 요청한다.
3. 협력을 구하며 끝을 맺는다.

 **Expressions**

Allow me to begin by thanking you for ~에 대해 우선 감사한다 the fine arrangements 훌륭한 준비 consistently 언제나 over the past six years 지난 6년에 걸쳐서 leave us with the feeling of ~하고 싶은 기분이 들게 한다 I have often spoken 자주 이야기를 했다 recommend highly 강력히 추천하다 In line with this 이에 따라, 그런 까닭으로 exceed their expectations 그들의 기대 이상이 되다 make a special personal request 특별히 개인적인 부탁이 있다 wonder if it might be possible ~이 가능할까 한다 arrange to ~ they arrive 도착했을 때 ~을 준비해 두다 read something like 이와 같이 써 있는 I could ~ or 지불 방법에 융통성을 갖게 하여 호텔 측이 안심하고 책임을 맡도록 한다. your arrangements 귀하가 해주는 준비 along this line 여기에 말한 바와 같은

## 085. 고객의 특별조치 의뢰 승낙

》 특별 서비스를 승낙하는 이메일은 받아들이기로 한 바에는 「기꺼이」라는 자세로 쓴다. 잘 아는 고객이라도 서비스맨과 손님이라는 입장을 분별하여 지나치게 친함을 내세우는 문장으로 하지 말고 공식적인 어조로 한다.

**Subject**　I'll be glad to help.

Thank you very much for your email of May 17 regarding Mr. and Mrs. Langheim.

We will be very happy to have a chilled bottle of Hans Kornell champagne waiting in the room of Mr. and Mrs. Langheim (July 31 - August 2) upon their arrival at the New Crown. The total cost of this champagne (tax and service charge included) is £‹50,000 and we will send the charges to you for payment. A note reading Trust you will enjoy your stay, signed The Biemanns will be delivered along with the champagne.

Please do not hesitate to ask should there be any way in which I can be of further assistance.

Thank you again for giving us the pleasure of serving you.

랭하임 부처에 관한 5월 17일자 이메일에 심심한 사의를 표합니다.

랭하임 부처(7월 31일에서 8월 2일까지 체재)가 뉴크라운에 도착하셨을 때 차게 한 한스 코넬 샴페인을 기꺼이 방에 준비해 놓겠습니다. 샴페인 대금(세금 · 서비스료 포함)은 50,000원입니다. 청구서는 귀하에게 보내드리겠습니다. 「즐겁게 머무르시기 바랍니다」라고 쓰인 카드에 비먼이라고 사인하여 첨부해두겠습니다.

이외에도 도와드릴 수 있는 일이 있으면 주저하지 마시고 요청하시기 바랍니다.

봉사의 즐거움을 주신 데 대해서 재차 감사의 말씀을 드립니다.

**Outline**
1. 의뢰 이메일을 받은 것을 알린다.
2. 승낙의 뜻을 전한다.
3. 따뜻한 결어로 끝을 맺는다.

## ✉ Expressions

Thank you very much for your email of (날짜) regarding (내용) 먼저 요청에 감사를 표한다 We will be very happy to 기꺼이 ~하겠다 (호텔 종사자의 사명감이 엿보이는 문장) have ~ waiting ~을 준비해 둔다 upon their arrival 도착 시에 (upon은 on에 비해서 딱딱하고 공식적인 표현) send the charges to you for payment 지불을 청구하다, 청구서를 보내다 A note reading ~라고 쓰인 카드 (reading은 saying으로 써도 괜찮다.) will be delivered along with ~에 첨부해서 전달될 것이다 Please do not hesitate to ask 주저하지 말고 요청하기 바란다 should there be = if there is Thank you again ~ serving you 봉사하게 해주어서 고맙다 (서비스업에 종사하는 사람은 꼭 기억해둘 문장)

##  Tip

누구나가 알고 있는 유명한 호텔이나 레스토랑, 은행, 회사 등의 이름에 the를 붙이면 「그(저) ~」라는 뉘앙스가 나온다. (e.g. the New Crown, the Hilton Hotel, the Ford Company.)

# 086. 보고서의 제출 연기요청 거절

》》수차에 걸친 판매대리점으로부터의 제출물 연기요청에 대해서 계약서를 근거로 최종 기한을 통고하는 이메일. 계약서 조항대로 이행할 것을 요구할 뿐만 아니라 이행을 안하면 계약 갱신에 영향이 있다는 내용이다.

**Subject**  Urgent : Please comply with the contract provisions.

Gentlemen:

Your repeated requests to postpone submission of your 2007~08 P/L statement and your 2008~09 comprehensive business plans have been acknowledged to date.

However, you are urged to recall Article 3 of our Memorandum of Dealership which states that the said agreement will automatically expire on September 30 if not formally renewed. This article clearly states your duty to inform us regarding your financial conditions by submitting actual figures at the end of each fiscal year. It also requires that you finalize your business plans of the following fiscal year in full consultation with us.

Your fulfillment of these obligations by August 31 will be critical to the renewal of our dealership agreement with you.

Your sincerely,
Bae Sun-kwon
General Manager

2007~08년도의 손익계산서와 2008~09년도의 포괄적인 업무계획의 제출에 관해서 귀사의 기한 연장 요청을 오늘까지 수차에 걸쳐서 받아왔습니다.

그러나 판매대리점 규약(이 규약에 의하면 대리점 계약은 정식으로 갱신되지 않는 한 9월 30일에 자동적으로 소멸되게 되어 있습니다)의 제3조를 상기하시기 바랍니다. 이 조항에 귀사는 각 연도 말에 구체적 수치를 제출함으로써 수지 상황을 당사에 보고할 의무가 있음이 명기되어 있습니다. 또 당사와 충분히 의논한 뒤 차기년도의 업무 계획을 작성해야 한다고도 되어 있습니다.

8월 31일까지 귀사가 이들 의무를 이행하는 것은 판매대리점 계약 갱신에 필수적입니다.

## Outline

1. 지금까지의 경위를 말하고 문제를 제기한다.
2. 계약 조항을 되풀이한다.
3. 이행을 요구한다.

 **Expressions**

**P/L statement** 손익 계산서 (profit and loss statement) **have been acknowledge to date** 오늘까지 (요청을) 받아왔다 (묵인해 온 것이지만 admitted를 사용하지 않고 acknowledged를 사용하여 인정하고 있는 것이 아님을 나타낸다.) **However** 이쪽의 주장을 꺼낸다. **you are urged to recall** 꼭 상기해주기 바란다 **Memorandum of Dealership** 판매 대리점 규약 **automatically expire** 자동적으로 소멸하다 **formally renewed** 정식으로 갱신되다 **state** 쓰여 있다 (뒤에 나오는 동사 require와 함께 article을 주어로 해서 계약서에 있는 이야기를 수시시키는 것이 요령) **submit** 제출하다 **in full consultation with us** 이쪽과 충분히 의논한 뒤 (마음대로 진행시켜서는 안된다는 뜻) **fulfillment of these obligation** 이들 의무의 이행 **by** ~까지 (마감을 나타낸다.) **be critical to the renewal** 갱신에 필수적이다

>> 설비 구입에 관해서 상담이 진행되던 상대국의 급격한 정세 변동으로 상담의 중지를 고려 중인데 상대방이 의사 표명을 요구하는 이메일을 보내 왔을 때의 답장. 간단히 거절하기 어려운 단계까지 왔을 때는 우선 보류를 요청하는 것도 방법의 하나다.

---

**Subject**    Not the right time for Equipment purchase

Your email of May 8 requesting clarification of our intention in the proposed purchase of your facilities has been thoroughly studied. Your pressing interest in framing the agreement is very understandable.

However, as you agreed, the recent political change discussed in our previous correspondence has totally changed the prospects on which our original plans had been based. Consequently, although our initial desires remain unchanged, it is impossible for us to set up even a tentative timetable for the purchase. Rather, we would suggest waiting for a more favorable situation.

It is indeed unfortunate that circumstances have developed against our mutual intentions. We sincerely hope further political progress will provide us with another opportunity to move toward realization of this project.

현안의 설비 구입에 대한 당사의 의사 표시를 요구하는 5월 8일자 이메일은 충분히 검토되었습니다. 계약을 성립시키고자 하는 귀사의 절박한 희망은 충분히 이해가 갑니다.

그러나 귀사도 동의하신 대로 우리들의 당초 계획의 기반이 되었던 전망이 먼젓번 이메일왕래에서 논의된 최근의 정세 변화로 완전히 변하고 말았습니다. 따라서 당초의 희망에는 변함이 없지만 구입을 위한 잠정적인 예정표조차도 작성할 수 없는 상황에 있습니다. 그래서 오히려 저희로서는 상황이 보다 호전될 때까지 기다릴 것을 제의합니다.

서로의 뜻에 반하는 방향으로 사태가 진전된 것은 참으로 유감입니다. 금후의 정치적 진전이 이 계획을 실현시킬 수 있는 새로운 기회를 제공해줄 것을 충심으로 바라는 바입니다.

> **Outline**
> 1. 이전에 받은 내용을 되풀이하여 상대방 주장에 이해를 나타낸다.
> 2. 곤란한 상황을 알리고 상담이 성립되기 힘든 이유를 밝힌다.
> 3. 유감을 나타내고 보류를 알린다.

 **Expressions**

Your email (날짜) requesting (날짜)로 ~을 요구한 이메 has been thoroughly studied 충분히 검토되었다 frame the agreement 계약을 성립시키다 (앞에 나온 proposed purchase와 마찬가지로 아직 가정의 단계로 이야기가 성립되었던 것이 아님을 강조한다.) very understandable 충분히 이해할 수 있는 However 이쪽의 입장을 꺼낸다.

 **Tip**

본문 중의 our original plan, our initial desires, our mutual intentions에서 볼 수 있는 we(our)는 자기 회사를 가리키는 것이 아니라 두 회사 모두를 가리킨다. 서로가 같은 생각임을 나타냄으로써 이쪽이 일방적인 주장을 강요하고 있다는 느낌을 피한다.

>> 전에 거론되었던 기부금에 대한 확약을 요구하는 이메일에 대한 거절. 최초의 이야기가 나왔을 때의 이쪽의 의도, 즉 재정 상태가 허락하면이라는 조건을 상기시키고 현재의 재정 상황을 설명하면서 거절한다.

| Subject | Accept our apology for not being able to donate this time. |
|---------|-------------------------------------------------------------|

Dear Mr. Maxwell:

Thank you for your email of April 7 in which you referred to the subject of our possible donation to your university, which we discussed during your recent visit here. Our intention at the time was to support your worthy project to the extent that our funds allocated for such activity permitted.

However, as our Mr. Kim has already indicated to you, our situation does not allow additional financial commitments for this kind of project for the foreseeable future. In fact, we are now seeking ways to reduce our contributions to projects already decided in order to meet our funding constraints.

We can only hope you will understand that the factors producing this situation are beyond our control, and that our inability to help at this time in no way indicated a diminished interest in or respect for you and your fine institution.

귀 대학에 대한 기부 건에 관해 언급하신 4월 7일자 이메일은 감사히 받았습니다. 그 건은 일전에 이곳을 방문하셨을 때 의논했습니다만, 당시 저희들의 의도는 이와 같이 의의 있는 계획에 대해서 예산 내에서 가능한 모든 지원을 해드린다는 것이었습니다.

당사의 김 씨가 이미 말씀드렸듯이 현 상황으로는 이와 같은 계획에 대한 신규의 재정 원조의 약속은 당분간 허용되지 않습니다. 사실을 말씀드리면 예산 제한 때문에 이미 결정된 기부에 대해서도 삭감을 고려하고 있는 중입니다.

이와 같은 상황을 만들어내고 있는 요인에 대해 저희들로서는 어쩔 수 없다는 것과 이번에 협력할 수 없는 것이 결코 귀하와 귀 대학에 대한 관심과 존경을 감소시키는 것이 아니라는 것을 이해해주시기 바랄 뿐입니다.

**Outline**

1. 이메일을 받았음을 알리고 지금까지의 경위를 확인한다.
2. 재정적인 이유로 기부를 거절한다.
3. 상대방의 이해를 구한다.

 **Expressions**

**refer to** ~에 대해서 언급하다 **our possible donation** 기부의 가능성 (possible을 붙임으로써 분명히 약속한 것이 아님을 비친다.) **Our intention at the time** 당시의 우리들의 의도 (거절을 위한 서론이다.) **your worthy project** 가치 있는 계획 (상대방의 계획에 대한 이해를 나타낸다.) **to the extent that** ~의 범위 내에서 **our funds permit** 자금이 허락하다 **However** 그러나 **our Mr. Kim** 당사의 김 씨 (자사 사원의 호칭에 유의) **our situation does not allow** 상황이 허락지 않다 **financial commitments** 기부의 약속 **for the foreseeable future** 당분간 **to meet our funding constraints** 재정의 제약에 따라 **We can only hope** 강한 소원의 표현 **beyond our control** 부득이한, 어쩔 수 없는

 **Tip**

분명히 약속할 수 없는 것에는 possible을 붙여서 확약을 주지 않도록 한다.

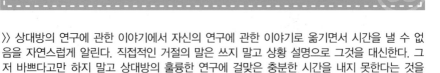
>> 상대방의 연구에 관한 이야기에서 자신의 연구에 관한 이야기로 옮기면서 시간을 낼 수 없음을 자연스럽게 알린다. 직접적인 거절의 말은 쓰지 말고 상황 설명으로 그것을 대신한다. 그저 바쁘다고만 하지 말고 상대방의 훌륭한 연구에 걸맞은 충분한 시간을 내지 못한다는 것을 알린다.

**Subject** Hope you understand

I received your email along with a copy of your report on light sources yesterday. Seeing your report once again reminded me of the prodigious amount of quality work you are accomplishing.

My own work has really been demanding with regard to time lately. And, with several time-consuming projects scheduled for the next few months, I just cann't see how I'm going to find the time in the near future to give your paper the attention it deserves. I would really hate to presume upon our relationship by cutting corners. Consequently, I wonder if it wouldn't be possible for you to get someone else to cooperate this time.

Let me assure you that I deeply appreciate the honor of being asked to review work as valuable as yours. This is all the more reason why I would need ample time to do your paper justice.

I trust you will understand my feelings and hope that you will not hesitate to call upon me again in the future.

어제 이메일과 함께 광원(光原)에 관한 귀하의 논문 사본을 받았습니다. 논문을 읽어봄으로써 귀하가 훌륭한 일을 정력적으로 성취하고 계신 것을 새삼스럽게 느꼈습니다.

제 일은 최근에 갑자기 바빠졌습니다. 앞으로 몇 개월 동안에 처리해야 할 프로젝트를 몇 개 안고 있어서 지금으로서는 귀하의 논문을 검토할 시간을 충분히 잡을 수 있을 것 같지 않습니다. 잘 아는 사이라고 해서 일을 겉날리고 싶지는 않습니다. 따라서 이번에는 다른 사람에게 부탁할 수는 없으신지요.
이와 같이 훌륭한 논문의 검토를 의뢰받아 참으로 영광으로 생각하고 있습니다.
훌륭한 논문이기 때문에 거기에 어울리는 충분한 시간이 필요하다고 생각합니다.

제 뜻을 이해하시기 바라며 앞으로도 주저하지 마시고 저에게 부탁하시길 바랍니다.

**Outline**
1. 이메일을 받았음을 알리고 상대방의 업적을 칭찬한다.
2. 개인적인 일로 인해 거절하게 됨을 알린다.
3. 의뢰해 준데 대해 감사한다.
4. 양해를 구한다.

 **Expressions**

yesterday 바로 답장을 쓰고 있다는 성의를 나타낸다 prodigious amount of quality work prodigious amount로 양을, quality로 질을 나타낸다 demanding with regard to time/time-consuming 시간이 걸리는 I just can't see how 어떻게 ~해야 될지 짐작이 가지 않는다 (상황이 어떻게도 안되는 것을 나타낸다.) give ~ the attention it deserves (역작에) 걸맞을 만한 충분한 검토를 가하다 hate to presume upon ~에 편승하고 싶지 않다 cut corners 일을 겉날리다 this time 이번에는 (다음 기회가 있으면 돕겠다는 뉘앙스) Let me assure you that ~라는 것을 알기 바란다 deeply appreciate the honor of ~을 중심으로 영광스럽게 생각하다 ample time 충분한 시간 do ~ justice ~을 정당하게 취급하다 I trust 꼭 ~라고 생각하다 (I hope보다 강한 바람을 나타낸다.)

 Tip

거절할 때의 일정에 관한 표현은 애매해도 괜찮다. (next few months, in the near future 등)

# 090. 논문 검토 의뢰 거절 2

>> 우선 상대방의 연구에 찬사를 보내고 그것이 자기의 전문 분야가 아니라는 쪽으로 이야기를 자연스럽게 유도한다. 전문 분야가 아니라서 자기로서는 이런 훌륭한 논문을 검토할 자격이 없다고 사양함으로써 직접적인 거절의 말을 대신한다.

---

**Subject**  I find myself unfit.

Dear Dr. Shmigelski:

I received your email along with a copy of your report on multimode fibers yesterday. The report impressed me with the quality of the work you are doing in your area of research.

However, your report embarrasses me somewhat in that it deals with a subject which is out of my sphere of competence. Therefore, in all honesty I do not feel that I am qualified to comment authoritatively on your work.

Let me assure you that I deeply appreciate the honor of being asked to review work as valuable as yours. This is all the more reason why I would have grave reservations about accepting your request.

I trust you will understand and hope that you will not hesitate to call upon me again should your work concern light sources.

Sincerely yours,
Min Byeong-gu, Ph. D.

194

어제 이메일과 함께 다중 모드 파이버에 관한 귀하의 논문 사본을 받았습니다. 논문을 읽고 귀하의 전문 분야에 있어서의 연구의 질이 높은 것에 감명을 받았습니다.

그러나 논문이 취급하고 있는 주제가 저의 전문 분야 밖이기 때문에 약간 당혹해하고 있습니다. 따라서 정직하게 말씀드려서 이 논문에 대해 권위 있게 논평할 자격이 저에게 있다고 생각되지 않습니다.

이와 같이 훌륭한 논문의 논평을 부탁받아 참으로 영광으로 생각하고 있습니다. 훌륭한 논문인 만큼 귀하의 청을 받아들이기가 어렵습니다.

양해하시길 빌며 귀하의 연구가 광원(光原)에 관한 것이라면 주저하지 마시고 재차 저에게 말씀하시기 바랍니다.

**Outline**
1. 이메일을 받았음을 알리고 상대방의 업적을 칭찬한다.
2. 자신의 전문 분야가 아니라는 이유로 거절한다.
3. 의뢰해 준데 대해 감사한다.
4. 양해를 구한다.

 **Expressions**

impressed me with ~에 감탄했다 the quality of the work 연구의 질이 높음
However 그러나 embarrasses me somewhat 약간 당혹케 하다 (somewhat으로 어조를 부드럽게 하고 있다.) in that ~인 점에서 out of my sphere of competence 나의 능력 범위 밖 in all honesty 아주 정직하게 말해서 not qualified to ~할 자격이 없다 authoritatively 권위 있게 (비전문가의 입장에서는 가능하나 전문적인 검토는 불가능하다는 뜻) Let me assure you that ~라는 것을 이해하기 바란다 deeply appreciate the honor of ~을 진심으로 영광으로 여기다 have grave reservations 아무래도 주저가 된다, 자기 마음이 허락하지 않는다 not hesitate to call upon me 주저하지 말고 나에게 부탁하라 should your work concern 당신의 논문이 ~에 관한 것이라면

 **Tip**

However, Therefore, Thus 등 이론을 전개할 기능이 있는 부사는 문두에 넣는다. 문중에 쉼표를 찍고 삽입하는 것은 문학적이다.

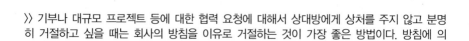

>> 기부나 대규모 프로젝트 등에 대한 협력 요청에 대해서 상대방에게 상처를 주지 않고 분명히 거절하고 싶을 때는 회사의 방침을 이유로 거절하는 것이 가장 좋은 방법이다. 방침에 의한 이유에 덧붙여서 재정 상태가 허락하면이라는 조건을 붙여 거절하는 것도 방법이다.

| Subject | Regret to decline. |
|---|---|

Dear Mr. Menderz:

This is to acknowledge your email of May 5, 20-, addressed to our president, which has been directed to our office for reply.

We appreciate the spirit in which your proposal is made. However, as a matter of policy, requests such as this can be considered only if made by a government or recognized institution, and then only if financial considerations here permit. Thus, we have no choice but to decline your proposal.

Nevertheless, we do wish you luck in your endeavors.

Very truly yours,
Park Jong-su
Corporate Secretary

사장님 앞으로 보내신 20-년 5월 5일자의 이메일을 받았고, 답장을 드리도록 당 부서로 회송되었습니다.

귀하의 요청의 취지는 잘 알고 있습니다만 이와 같은 요망은 방침상 정부 또는 인가 단체에서 신청이 있는 경우에만 고려하기로 되어 있습니다. 또 그런 경우라도 재정 상태가 허락할 때에 한합니다. 따라서 이번 신청은 거절하지 않을 수 없습니다.

이와 같은 사정이긴 합니다만 귀하의 노력이 결실을 맺길 진심으로 기원합니다.

**Outline**
1. 이메일을 받았음을 알린다.
2. 상대방에 대한 이해를 나타 내면서도 방침에 따라 분명 히 거절한다.
3. 성공을 빈다.

## ✉ Expressions

acknowledge (받은 것을) 알리다 has been directed to our office for reply 회답을 하도록 당 부서에 회부되었다 appreciate the spirit 취지를 이해하다, 인정하다 as a matter of policy 방침으로서 can be considered only if ~의 경우에만 고려될 수 있다 (거절이라고 해도 cannot be considered unless와 같은 부정적인 표현은 피하는 것이 바람직하다.) and then only if 더욱이 그런 경우라도 ~만 (다시 조건을 붙여서 이중으로 거절한다.) financial considerations permit 재정 상태가 허락하다 have no choice but to decline 거절하지 않을 수 없다 (분명한 거절의 문장) Nevertheless 그렇지만 we do wish 충심으로 기원하다

## Hot Tip

then에는 ① 그 다음에 ② 그때(에) ③ 그렇다면의 세 가지 중요한 의미 외에 본문 중에 사용된 것처럼 「그 위에, 게다가, 그 밖에」라는 의미가 있으며 강조의 뜻을 나타낸다.

>> 학회에서 발표 예정인 연구 내용의 영문 원고를 제출해달라는 요구에 대해서 여러 사정을 이유로 거절하는 이메일이다. 그러나 회의를 성공시키기 위해 협력해야 되겠다는 자세로 완전한 원고 대신에 초록을 보내면서 양해를 구하고 있다.

| Subject | unable to provide the English manuscript. |

Dear Mr. Spellman:

Thank you for your email of July 6 which clarified my questions on details regarding participation in your conference. In the same email you request a copy of my presentation in English.

Unfortunately, the lead time required and work constraints make it impossible for me to comply with your request before the conference. Instead, I have attached an extended abstract on the subjuct I will be covering.

I certainly hope this arrangement will be enough to satisfy your requirements.

Sincerely yours,
Hyeon Tae-ho
Senior Researcher

학회 참가의 세부사항에 관한 저의 의문점에 대답해주신 7월 6일자 이메일에 감사를 드립니다. 동 이메일에서 귀하는 저의 발표의 영문 원고 사본을 요청하셨습니다.

공교롭게도 준비 시간 필요와 일이 분주한 것 때문에 학회 전까지 귀하의 요청에 응할 수 있을 것 같지 않습니다. 그 대신에 발표 내용의 요약에 설명을 덧붙인 것을 첨부했습니다.

이 조치가 귀하의 요청을 충족시키는 데 충분하기를 바라마지 않습니다.

## Outline

1. 이메일을 받았음을 알린다.
2. 바쁘다는 이유로 거절을 하고 대체물을 첨부했음을 알린다.
3. 양해를 구한다.

## Expressions

Thank you for your email of 전형적인 서두 clarified my questions on ~에 관한 의문이 분명하게 되었다 participation 관여, 참가 In the same email 동일한 이메일을 매개로 해서 화제를 옮기고 있다. request 실제로는 상대방이 강하게 요구하고 있어도 require나 demand를 사용하지 않고 request(청하다)를 사용해서 상대방의 요구 강도를 약화시키고 있다. 가볍게 거절하기 위한 한 가지 방편이다. Unfortunately 거절의 서두 the lead time (제출까지의) 준비 기간 work constraints 일이 쌓여 있는 것 make it impossible for me to I can't처럼 자기의 의사를 상대방에게 느끼게 하는 표현은 피할 것 comply with your request 의뢰에 응하다 Instead 그 대신에 I certainly hope ~면 다행이다 be enough to ~에 충분하다, 족하다 satisfy your requirements 요망을 충족시키다

### I lot Tip

과거의 일이라도 you request라고 현재형으로 나타냄으로써 아직 이쪽으로서는 요망을 받아들인 것이 아니라는 태도를 나타낼 수 있다.

>> 출신 대학의 연구소에 대한 소개장을 부탁 받았지만 현재로서는 그다지 친교가 없기 때문에
자신이 소개자로서는 적임자가 아니라고 거절하는 이메일이다. 쓰기 싫은 것이 아니라 써도 효
과가 없다고 하는 점에 유의할 것. 대신에 누구에게 부탁하면 효과가 있을 것 같다는 조언을 하
고 있다.

| Subject | Wouldn't be of help to you |
|---|---|

Dear Dr. Arrington:

It was good to hear from you again and to learn that you will
be in Seoul in July.

Unfortunately, your request puts me in a somewhat embarrassing
position in that, actually, I have not really maintained extensive
ties with my alma mater. Consequently, I really think an email
from the director of your laboratory would far better serve your
purposes.

I am sorry I was not able to be of assistance but do look
forward to meeting you again soon, perhaps at the
conference in July.

Yours sincerely,
Lee Sang-ho
Senior Researcher

다시 연락을 받았고 7월에 서울에 오실 거라는 것을 알고 기뻤습니다.

유감입니다만 귀하의 요구는 저를 약간 당혹하게 했습니다. 그 이유는 실은 제가 모교와는 그다지 긴밀한 관계를 유지하고 있지 않기 때문입니다. 따라서 귀하의 연구소 소장님의 이메일이 훨씬 귀하의 목적에 도움이 되리라고 생각합니다.

도움이 되어드리지 못한 것이 유감입니다만, 아마도 7월에 있을 회의에서 곧 다시 뵙게 되길 고대하고 있습니다.

**Outline**

1. 이메일을 받았음을 알린다.
2. 자신이 적임자가 아니며, 누구에게 부탁하면 좋은지 조언한다.
3. 사과를 하고 사교적인 문구로 끝을 맺는다.

## Expressions

**It was good to hear from you** 연락을 받아 기뻤다 (친근미가 나타나 있는 서두, 거절하고 싶을 때도 일단 이메일을 받은 그 자체에 감사한다.) **Unfortunately** 거절의 말을 꺼낼 때의 상투어 **puts me in a somewhat embarrassing position** 약간 곤란한 입장에 놓이다 (somewhat으로 어조를 부드럽게 하고 있다.) **in that** ~라는 점에서, ~이기 때문에 **actually** 실은 (형편이 나쁜 것을 알림) **not really** 그다지 ~이 아니다 **extensive ties** 친밀한 관계 **alma mater** 모교, 출신교 (Alma Mater로도 씀.) **Consequently** 따라서 **I really think** ~라고 생각한다 (really는 강조이며 적극적으로 권하고 있는 느낌을 내고 있다.) **far better serve** 훨씬 도움이 되다 **I am sorry ~ but** ~로 유감이지만 **be of assistance** 돕다 **do look forward to meeting you again** 다시 뵙게 되는 것을 고대하고 있다 (do로 기분을 강조하고 있다.)

 **Tip**

unfortunately, actually, consequently 등의 부사는 논리적인 전개를 위한 신호가 된다.

# 094. 강연 초대 거절

>> 선약을 이유로 거절하는 것은 경우에 따라서는 진실한 이유를 숨기기 위한 구실일 수도 있지만, 이 이메일의 경우는 그렇지 않고 의뢰를 받은 것에 대해서 감사의 마음을 충분히 전달하고 있으며, 다음에 기회가 있으면 꼭 의뢰를 해달라고 말하고 있다.

---

**Subject**   Won't be able to accept the invitation.

Dear Mr. Farthing:

Thank you very much for honoring me with an invitation to lecture at your institute. Under normal conditions I would have been more than happy to accept.

Unfortunately, previous speaking commitments make it impossible to accommodate your proposed schedule. However, I do hope you will consider me for one of your subsequent programs.

I wish you every success with your program and invite you to call on me should there be some other way in which I could be of assistance.

귀 연구소의 강연에 초대를 받아 매우 영광으로 생각합니다. 보통의 경우라면 기꺼이 수락했을 것입니다.

불행히도 이미 연설 약속을 한 것이 있어서 제의하신 일정에 맞출 수가 없습니다. 그러나 다음 프로그램에는 꼭 저를 고려해주시도록 부탁을 드립니다.

귀 프로그램이 성공하도록 기원합니다. 무엇인가 도움이 되는 일이 있으면 서슴지 마시고 부탁하십시오.

**Outline**

1. 의뢰를 받은 것에 대해 감사를 표한다.
2. 선약 때문에 거절하고 다음 기회로 미룬다.
3. 성공을 빌고 끝을 맺는다.

## ✉ Expressions

Thank you very much for honoring me with ~해주어서 영광이다  institute 연구소
Under normal conditions 보통이면  would have been more than happy to
accept 기꺼이 수락했을 것이다 (거절에 연결되는 포석으로서의 의미를 지닌 문장)
Unfortunately 거절할 때 서두에 쓰는 상투어  previous commitments 선약  make it
impossible to ~을 불가능하게 하다 (I can't~라는 이쪽 의사를 느끼게 하는 표현은 피하도록 한다.)  accommodate your proposed schedule 제의한 일정에 맞추다  consider me
for ~의 경우에 나를 염두에 두라  I wish you every success with ~의 성공을 기원한다
(상투적인 표현, every는 강조)  invite you to 서슴지 말고 ~하기 바란다  call on 요구하다, 부탁하다  should there be = if there is  be of assistance 도움이 되다

 **Tip**

Some other way가 아니라 any other way로 하면 ① 「이 외에도 있으면」 혹은 ② 「조금이라도 있으면」이라는 뉘앙스가 된다.

# 095. 자료 발송 1

>> 제품 카탈로그를 보내달라는 의뢰에 응하는 지극히 간결한 이메일이다.

---

**Subject** Product Catalog

Attached are the brochures on our lines of electrical appliances which you requested.

Thank you for your interest in Maeil products.

Please do not hesitate to contact us if you need further assistance.

의뢰하신 당사 전기 제품 카탈로그를 보내드립니다.

매일(당사) 제품에 관심을 가져주신 데 대해서 감사합니다.

더 도움이 필요하시면 주저마시고 연락하시기 바랍니다.

**Outline**

1. 무엇을 왜 발송하는지 설명한다.
2. 제품에 관심을 가져준 데 대해 감사한다.
3. 협력적인 인사로 끝을 맺는다.

## ✉ Expressions

**Attached are** ~을 첨부하다 (첨부물이 하나면 is, 복수이면 are가 된다.) **brochures** 팜플렛, 소책자 (여기서는 on our lines of ~가 뒤에 이어지므로 '제품 카탈로그」를 가리킨다.) **which you requested** 요청한 **Thank you for your interest in ~ products** 제품에 관한 의뢰나 문의에 대한 답장에 사용하는 상투어 **Please do not hesitate to** 사양말고 ~하기 바란다 **contact** 접촉하다, 연락하다 **further assistance** 그 이상의 도움

>> 해외의 구입자로부터의 요망에 따라 영어판 제품 취급설명서와 발송을 알리는 이메일

**Subject** Requested data

Attached is an English version of our user's manual for our VECO line exhaust analyzers that you requested in your email of November 6. We hope the manual will serve to help you in getting maximum benefit from your analyzer.

This material is being provided free of charge.

Thank you for giving us this opportunity to better serve you.

11월 6일자 이메일로 요망하신 VECO형 배기(排氣) 분석기의 영어판 취급설명서 1부를 보냅니다. 분석기를 최대한으로 활용하는 데 이 설명서가 도움이 되길 바랍니다.

이 자료는 무료로 드리고 있습니다.

도움을 드릴 기회를 주신 데 대해서 감사합니다.

---

**Outline**

1. 발송을 통지한다.
2. 무료임을 알린다.
3. 도움을 주게 되어 기쁘다는 인사로 끝을 맺는다.

---

 **Expressions**

Attached is (송부물) for (제품명) that you requested (무엇)을 왜 보내는가를 나타내는 효과적인 표현 We hope 호의적인 기분을 나타내다 serve to help you 도움이 되다 get maximum benefit 최대한으로 활용하다 free of charge 무료 giving us this opportunity to ~의 기회를 주어서 better serve you 더욱 더 도움이 되다

---

**Hot Tip**

This material is being provided free of charge는 「무료로 보냅니다」라는 이미지만 진행형으로 했기 때문에 이번은 무료지만 다음은 알 수 없다는 뉘앙스이다. is provided로 하면 언제나 무료로 보내고 있다는 뜻.

>> 자료 청구에 신속히 대응하면서 협력적인 인상을 주는 이메일이다.

**Subject** Promotional Brochure

Attached are the advertising brochures requested in your email of September 28. Additionally, your company has been put on our mailing list, and you will routinely receive new material as it becomes available.

We also maintain a similar file here and would appreciate it if you would reciprocate by making similar arrangements at your side.

9월 28일자 이메일에서 의뢰하신 광고용 팜플렛을 첨부합니다. 그 외에 귀사를 당사의 자료발송 명부에 등록하였기 때문에 앞으로는 최신 자료가 준비되는 대로 자동적으로 받아보시게 될 것입니다.

당사도 유사한 자료를 모으고 있어서 귀사에서도 같은 조치를 취해주신다면 고맙겠습니다.

**Outline**
1. 무엇을 왜 발송했는지 설명하고, 또 이쪽의 다른 배려를 알린다.
2. 상대방도 유사한 조치를 해주기를 바란다는 의사를 전한다.

## Expressions

advertising brochures 광고용 팜플렛 requested in ~에서 요구된 Additionally 그 외에 put on our mailing list 자료발송 명부에 올리다 routinely 자동적으로 as it becomes available 준비가 되는 대로 We also 당사에서도 (이쪽의 요구를 꺼낸다.) maintain a similar file 유사한 자료를 모으고 있다 reciprocate 교환하다, 보답하다 make similar arrangements 같은 조치를 취하다 at your side 귀사에서

 Tip

사교, 교섭 등이 목적이 아닌 업무이메일에서는 서로의 시간 절약을 위해 간결성이 가장 중요하다.

# 098. 자료 발송 4

>> 어린아이에게 보내는 이메일은 쉬운 단어를 쓰거나 상대방과의 공통점을 언급하면서 따뜻한 느낌이 들도록 한다.

---

| Subject | We love stickers, too! |
|---|---|

Thank you for your email telling us about your hobby. My son collects stickers too. I am sending you one each of all the stickers that our company now has with this email.

I hope you think they make a nice addition to your collection.

너의 취미에 대해 이메일해줘서 고맙구나. 내 아들도 스티커를 모으고 있단다.
이 이메일과 함께 지금 회사에 있는 모든 종류의 스티커 한 장씩 보낸다.

이 스티커들이 너의 수집에 훌륭한 보탬이 되길 바란다.

**Outline**
1. 이메일을 받았음을 알린다.
2. 요청에 따라서 발송했음을 전한다.

✉ **Expressions**

**Thank you for your email telling us about your** ~에 대해서 알려주어서 고맙다 (상
대방 위주로 부드럽게 시작한다.) **My son ~ too** 상대와의 공통점을 언급함으로써 친밀감이 생긴다.
**all the stickers that ~ now has** 지금 가지고 있는 모든 스티커 (지금 가능한 모든 서비스를
하고 있음을 나타내는 동시에 이 건에 관해서 이 이상 해줄 수 있는 일은 없다는 뉘앙스) **I hope you
think** ~라고 생각하기를 바란다 **a nice addition to your collection** 상대가 이메일에서 사
용한 표현을 그대로 인용하여 희망에 부응하길 바란다고 하면 친밀감이 더해진다.

🔥 **Hot Tip**

어린 이에게 보내는 글은 사무적인 형식으로 쓰지 않도록 하고, 주어는 회사 입장의 we가 아니라 개인적 입
장인 I를 사용하여 친근감이 느껴지도록 한다.

# 099. 대체품 발송 1

>> 가격표의 송부 의뢰를 받았으나 해당 국가의 것이 없기 때문에 인접 국가의 가격표를 대신 보내는 이메일. 상대방의 목적이 제품 구입만이 아니라 대리점이 되는 것을 검토하기 위한 것이라는 가능성도 생각할 수 있기 때문에 가격표가 대체적인 참고용임을 명시한다.

| Subject | FYI : A list of The FOB prices for the Cuban market |
|---|---|

Dear Mr. Lafont:

It is indeed a pleasure for us to reply to your email of February 27 requesting our price list.

Unfortunately, there is no distributor for our products in your country at present. However, we have attached a list showing F. O. B prices for the Cuban market. It should provide a rough frame of reference for prices in your general area.

Thank you very much for your interest in our products.

Sincerely yours,
Lee Seok-jin
Deputy Manager
Enclosure

당사의 가격표를 의뢰하신 2월 27일자 이메일에 대답하게 된 것이 참으로 기쁩니다.

유감스럽게도 현재 귀국(아이티)에는 당사 제품의 판매 대리점이 없습니다. 그러나 쿠바 시장용 본선 인도 가격을 첨부합니다. 그쪽 지역 가격에 대한 대체적인 틀을 보여줄 것입니다.

당사 제품에 관심을 가져주신 데 대해서 심심한 감사를 드립니다.

**Outline**
1. 이메일을 받았음을 알린다.
2. 상황 설명을 하고 대체품을 보내겠음을 알린다.
3. 제품에 대한 관심에 감사를 표한다.

## ✉ Expressions

**It is indeed a pleasure for us to** 기쁘게 ~한다 (희망하는 것이 없는 경우에는 적극적인 서두로 한다.) **requesting our price list** 당사 가격표를 요구하는 **Unfortunately** 형편이 좋지 못함을 알리기 위한 신호 **There is no ~ at present** 현재 ~은 없다 **It should** ~할 것이다 (It will이면 '틀림없이' 라는 느낌이 된다.) **a rough frame of reference** (상대방이 알고 싶은 것에 대해서) 대체적인 것 **in your general area** 그쪽 지역 (general은 「근처의, 대체적인」이라는 뜻. 금후의 계약 가능성을 고려해서 가격이 그대로 적용되지 않을 수도 있음을 납득시킨다.) **Thank you ~ our products** 상투어

213

# 100. 대체품 발송 2

>> 프랑스어의 설명서 송부 의뢰에 대해서 대신 영어판을 보내는 것을 알리는 이메일. 상대방의 희망에 완전히 부응하지 못해도 가급적 거기에 따르는 형식으로 처리한다. 간결하면서도 협력적인 이메일이다.

| Subject | Sending you an English service manual instead |
|---|---|

Your request for a French version of the service manual for our Model 1706B Centerless Grinder was received today.

Unfortunately, there is no French version available at present. Attached is an English version which we hope will prove of some use. This material is being provided free of charge.

Thank you for giving us this opportunity to better serve you.

당사의 1706B형 무중심 연마기의 프랑스어판 설명서를 보내달라는 의뢰를 금일 받았습니다.

유감스럽게도 현재는 프랑스어판이 없습니다. 조금이라도 도움이 되길 바라면서 영어판을 첨부합니다. 이 자료는 무료로 보내드립니다.

도움을 드릴 기회를 주신 데 대해서 감사드립니다.

**Outline**
1. 이메일을 받았음을 알린다.
2. 상황 설명을 하고 대체품을 보내겠음을 알린다.
3. 도움을 드릴 기회를 줘서 감사하다는 결어로 끝맺음을 한다.

## Expressions

**Your request for ~ was receive today** ~에 관한 의뢰를 금일 받았다(today는 신속히 처리하고 있다는 좋은 인상을 준다.) **Unfortunately** 상대방의 희망대로 안 됨을 알린다. **there is no ~ available** ~이 없다 **at present** 현재는 ('없다'는 것을 부드럽게 하는 효과가 있다.) **Attached is** ~을 보내다 **which we hope will prove of some use** 조금이라도 도움이 되도록 (some을 사용한 것은 요청한 것이 아닌 다른 자료를 보내기 때문이다.) **is being provided free of charge** 무료로 보내다 (성의를 나타낸다.) **giving us this opportunity to** ~의 기회를 주어서 **better serve you** 한층 더 도움이 되다

 Tip

「무료」의 표현 몇 가지. free of charge가 가장 일반적이며 그 외에 at no charge, at no additional charge가 있다. free는 회화에서 쓰인다. gratis는 딱딱한 말로 계약서 등에 사용하는 것이 알맞다.

215

>> 상대방이 희망하는 팜플렛이 일부 제품에 대한 것밖에 없기 때문에 대신 간단한 인쇄물을 보낸다는 이메일. 상대방 희망에 전적으로 응할 수 없는 경우의 예이며, 요청 자료 제공이 가능할 때의 이메일과는 서두가 다르다.

| Subject | English edition of the domestic product catalog |
|---|---|

This is in reference to your email requesting English brochures for your domestic models.

Unfortunately, English language brochures exist only for our top-of-the-line LUX model, a copy of which you will find attached. However, we do have less elaborate leaflets for the remaining models. I have attached two copies each for your information.

Thank you for your interest in our products.

당사 국내용 제품에 대한 영어판 카탈로그를 요청하신 데 대해서 답장을 드립니다.

유감스럽게 영어판 카탈로그는 당사의 최고급 LUX형에 대한 것밖에 없습니다. 1부를 첨부합니다. 그러나 다른 제품에 대해서는 간단한 인쇄물은 있습니다. 참고를 위해서 각각 2부씩 첨부했습니다.

당사 제품에 대한 관심에 감사를 드립니다.

**Outline**
1. 언제, 어떤 용건의 이메일에 대한 답장인가를 쓴다.
2. 상대방의 의뢰에 응할 수 있는 것과 없는 것을 알린다.
3. 제품에 대한 관심에 감사를 표한다.

## ✉ Expressions

**This is in reference to** ~에 대해서 답장을 쓰고 있다 (상대방 의뢰에 대해서 모두 응하는 것이 아니기 때문에 Attached is를 앞세우지 않고 설명부터 시작한다.) **brochure** 여기서는 ~models가 뒤 따르기 때문에 「카탈로그」임. **exist only for** 있는 것은 ~를 위한 것뿐이다 (we have 대신에 exist 를 써서 제3자적 입장을 취하고 있다.) **top-of-the-line** 최고급의 **do have** ~라면 있다 (do로 있 는 것을 강조. 이번에는 exist가 아니라 have를 사용하고 있는 점에 유의.) **less elaborate** 간단한 (simple을 완곡하게 표현한 것.) **two copies each** 각각 2부씩 (each의 위치에 유의.) **Thank you ~ products** 의뢰나 문의에 대한 답장의 결어에 사용하는 상투어

 **Tip**

이메일의 경우 본문 중의 숫자는 원칙적으로 10 이하는 글자로 쓰고 11 이상은 아라비아 숫자로 표시한다.

# 102. 첨부 메모 1

>> 금후 거래를 계속하고 싶은 상대라면 무엇인가를 보낼 때는 한마디라도 좋으니 메모나 이 메일을 첨부할 것. 이 메모는 비즈니스에 관련된 것인데 Dear와 Cordially를 넣어서 최소한 의 이메일 형식은 유지하고 있다.

---

**Subject** | Please contact us.

Dear Frank,

Please call me if you need additional information.

Cordially,

Kim

---

좀더 자세히 알고 싶으시면 전화를 주십시오.

## 103. 첨부 메모 2

>> 회식할 때 화제가 됐던 자료나 잡지를 나중에 송부하는 일은 비즈니스의 세계에서는 흔히 있는 일. 친한 사람에게 보내는 이 메모의 특징은 ① Dear의 서두와 Sincerely 같은 결어의 생략, ② 단문의 연속, ③ first name의 사용 등이다.

| Subject | Hospitalization insurance information. |

Frank

Thanks again for dinner. I really enjoyed hearing about all your opportunities.

This magazine contains information on IAPA.

If you apply they will send data on hospital insurance.

Su-dong

일전에 저녁을 대접해준 데 대해서 재차 감사하네. 자네의 최근의 모든 활동에 대해서 들은 것이 참으로 즐거웠네.

이 잡지에는 IAPA에 관한 정보가 실려 있네.

신청하면 입원 보험에 관한 자료를 보내줄 걸세.

# 104. 자료 발송 알림

>> 대리점으로부터의 설명서 송부 의뢰에 대해서 발송 준비가 되었음을 알리는 이메일인데, 늦어진 것과 일부 유료가 된 사정을 설명하고 있다. 통상 업무의 이메일이기 때문에 특별한 변명은 하고 있지 않다. 유료의 경우에는 반드시 이를 명기해서 확인해야 한다.

---

**Subject**   Need your reconfirmation.

Gentlemen:

The service manuals listed on the attached sheet will be ready for dispatch by sea to you by the end of June. Reprinting requirements are what caused the delay.

In addition, the following old manuals can no longer be provided gratis because they have been superseded by new editions.

Model 2M 31A in French

Model R20 C / B in French

Model 710 12

Model S20 C / B in French

Please reconfirm your need for the editions under these conditions. At the same time, please indicate whether you desire air or sea shipment.

We look forward to hearing from you soon.

첨부 서류에 실려 있는 설명서는 6월 말까지는 선편에 의한 발송 준비가 될 것입니다. 새로 인쇄해야 했기 때문에 늦었습니다.

게다가 이하의 예전 설명서는 신판으로 바뀐 관계로 무료로 제공할 수가 없게 되었습니다.
(생 략)

그런 조건으로 간행물에 대한 귀하의 필요를 재확인하시기 바랍니다. 동시에 항공편과 선편 중 어느 쪽을 바라시는지도 알려주시기 바랍니다.

조속한 답장을 고대하겠습니다.

## Outline

1. 발송 예정을 알린다.
2. 자료 일부가 유료인 것에 대해 설명한다.
3. 유료 발송을 희망하는지와 운송수단을 확인한다.
4. 답장을 요구한다.

 **Expressions**

the attached sheet 첨부 서류 be ready for dispatch ~ by ~까지는 송부 준비가 된다 caused the delay ~이 원인으로 늦었다 In addition 더하여, 그 위에 (늦은 것에 대해 또 하나의 문제점에 접어든다.) can no longer be provided gratis 이제는 무상으로는 제공할 수 없게 되었다 (상대방에게는 형편이 좋지 않은 것이기 때문에 gratis라는 딱딱한 말을 써서 공손한 태도를 취하고 있다.) be superseded by ~로 대체되었다 Please reconfirm 재확인해주기 바란다 under these conditions 이들 조건으로 please indicate whether ~인지 어떤지 알려주기 바란다 We look forward ~ soon 상투어

 **Tip**

영문 이메일에 있어서도 형편이 나쁜 것을 알릴 때는 표현을 애매하게 하는 경우가 있다. 예컨대 「유료」를 알리는 경우 「무료가 아니다」라고 뒤집어서 말하거나 보통 free of charge라고 할 것을 gratis라고 딱딱하게 이야기하는 것이 그 예이다.

# 105. 의뢰 원고 발송

>> 강연 의뢰 승낙 후 주최측으로부터 그 요약의 제출을 요구받고 송부하는 이메일이다.

**Subject**  Summary of Lecture

Attached is a brief of the material I expect to be covering during my lecture on June 1. I have included reproductions of the slides I will be using to reinforce certain points.

Thank you again for honoring me with an invitation to speak before such a distinguished group.

I look forward to meeting you in person on May 30.

6월 1일의 강연에서 다루려고 생각하고 있는 내용의 요약을 보냅니다. 효과를 높이기 위해서 몇 군데에서 슬라이드를 사용하기 때문에 그 복사판도 첨부합니다.

영광스럽게도 훌륭한 분들 앞에서 강연하도록 초대해주신 데 대해서 재차 감사를 드립니다.

5월 30일에 뵙게 되는 것을 즐거움으로 기다리고 있습니다.

**Outline**

1. 발송 통지를 알리고, 요청 받은 것 외의 첨부물에 대해서도 언급한다.
2. 강연 의뢰에 대한 감사를 표시한다.
3. 사교적인 결어로 끝을 맺는다.

## ✉ Expressions

**a brief** 요약 (a summary 또는 a synopsis로 해도 좋다.) **expect** 예정하다 **cover** 내용에 포함하다 **I have included** ~도 포함시켰다, ~도 첨부했다 (I also included도 좋다.) **I will be using** use를 진행형으로 함으로써 임박했다는 느낌이 들며 현실감이 난다. **to reinforce certain points** 몇가지 점을 강조하기 위하여 **Thank you again for** ~에 대해서 재차 감사하다 **honoring me with an invitation to speak** 영광스럽게도 강연에 초대받다 **a distinguished group** 유명한 분들 **I look forward to** 만나게 되는 것을 고대하고 있다는 평범한 결어이지만, in person이라는 말과 on May 30라는 구체적인 날짜가 따뜻한 느낌을 더하고 있다. 날짜로 확인도 겸한다.

>> 계약 성립 직전에 필요한 서류 하나가 부족한 것이 밝혀졌다. 그 빠진 서류를 보낸다는 이 메일이다.

| Subject | Additional Documents |
|---|---|

Please accept our apologies for the last minute problems caused by our oversight.

We trust the notarized documentation attached will complete things.

당사의 착오로 인하여 최종 단계에서 문제가 일어난 데 대해서 사과합니다.

첨부한 공증 증서로 필요한 서류가 모두 갖추어지리라고 믿습니다.

**Outline**
1. 서류 누락에 대해 사과한다.
2. 발송을 통지한다.

 Expressions

**Please accept our apologies** 깊이 사과하다 (다음 문장이 We trust라고 이어지기 때문에 단조로움을 피하기 위해서 We apologize라고 시작하지 않는다.) **the last minute problems** 최종 단계에서의 문제 **our oversight** 이쪽의 착오 **We trust** ~라고 믿다 (적극적이고 힘찬 표현) **notarized documentation** 공증 증서, 공증인이 작성한 정식 서류 **complete things** 만사가 완성되다

 Tip

우선 서류가 빠진 것에 대해 사과하고 발송 통지를 한다.

## 107. 계약 관련 추가 서류 발송 2

>> 앞 이메일과 마찬가지로 계약 성립 직전에 서류 하나가 부족한 것이 밝혀져 그 빠진 서류를 보내는 이메일. 단, 상대가 친한 사람이어서 상황을 설명하지 않아도 잘 알고 있기 때문에 매우 짧은 문장으로 되어 있다.

---

**Subject**　　Additinal Documents

Dear Bob,

Sorry about the last minute problems.

Hopefully this will complete things.

---

막판의 말썽 미안하네.

이것으로 모두 갖추어지기 바라네.

**Outline**
1. 서류 미비에 대해 사과한다.
2. 발송을 통지한다.

 **Expressions**

**Sorry about** ~에 대해 미안하다 (I am은 친한 사이일 때만 생략함.) **the last minute problems** 막판의 문제 **Hopefully** 바라건대 (문장 전체를 수식하고 있다.) **this** 서로 잘 알기 때문에 구체적으로 표현하지 않았다. **complete things** 모든 것이 갖추어지다

# 108. 요구 받은 추가 서류 발송

>> 새 거래를 시작하는 데 있어서 요구받은 재무 상태 보고서류와 함께 그것을 뒷받침하는 서류도 보내는 이메일이다.

**Subject**    Requested documents

Attached is the completed financial background form that accompanied your email of February 3.

Also attached are copies of our most recent P/L statement and certificate of corporate tax payment. Please note that both documents bear the official tax authority's seal.

Please let us know if you require additional information.

2월 3일자 귀 이메일에 첨부되었던 재무보고서에 기입을 마치고 보냅니다.

그 외에 당사의 최신 손익 계산서와 법인세 납입 증명서도 첨부했습니다. 어느 것이나 세무 당국의 정식 증인이 되어 있습니다.

달리 필요한 것이 있으면 알려주십시오.

**Outline**
1. 무엇을 왜 보내는지 밝힌다.
2. 도움이 되는 서류를 미리 보낸다.
3. 협력적인 결어로 끝을 맺는다.

## ✉ Expressions

completed 모두 기입된 (완전한 것을 보낸다는 것을 나타낸다.) **that accompanied your email of** ~(날짜)의 이메일에 첨부되어 있던 **Also attached are** 그 외에 ~을 첨부하다 **most recent** 최신의 **P/L statement** 손익 계산서 **certificate of corporate tax payment** 납세 증명서 **Please note that** ~되어 있다 (특히 관심을 갖게 하고 싶은 것으로 이끄는 표현) **bear the official seal** 정식 증인(證印)이 찍히다 **Please let us know if** 만약 ~이면 알려주시오

 **Tip**

Please note that은 특히 관심을 갖게 하고 싶은 것을 이끄는 표현. please understand that은 특히 사정을 이해해주기 바라는 것을 이끄는 표현.

# 109. 서류 긴급 발송

>> 긴급히 필요한 서류를 발송할 때는 상호 잘 알고 있는 사항이면 긴 설명을 생략하고 간결한 문장으로 한다.

---

**Subject**    Urgent - Asset Report

Attached is the financial statement for our President that you asked for. I feel that, if anything, it undervalues his actual net worth. I hope this will keep things rolling.

Pardon the brevity of this note.

의뢰하신 당사 사장의 자산 보고를 보냅니다. 이 보고서는 어느 쪽이냐 하면 순수 자산보다 낮게 평가한 것으로 생각됩니다. 이것으로 모든 것이 순조롭게 진행되길 바랍니다.

간결하게 용건만으로 실례합니다.

**Outline**
1. 무엇을 발송하는지 밝힌다.
2. 내용이 짧음을 사과한다.

## Expressions

the financial statement 자산 보고 that you asked for 요청이 있었던 (왜 보내는지의 설명이다.) I feel that, if anything 어느 쪽이냐 하면 ~라고 생각하다. undervalue 낮게 평가하다 net worth 순수 자산 I hope this will keep things rolling 이것으로 일이 순조롭게 진행되길 바란다 (적극적인 한마디) Pardon 단도직입적인 사과의 말

 Tip

financial statement는 개인이나 회사가 동산이나 부동산을 구입할 때 특히 은행의 융자를 받는 경우에 요구된다. 소득, 재산, 부채 등이 세목에 걸쳐서 기재되며 공인회계사가 작성·서명한다.

>> 고객의 불만을 해당 대리점에 처리토록 할 때의 이메일. 자기 담당은 아니지만 처음 이메일을 받은 책임상 신속한 처리와 결과 보고를 요청하는 사무적인 이메일이다.

| Subject | Customer Complaints |
|---------|---------------------|

Attached is an email from a dissatisfied customer in your territory. Please take prompt action on his problem and get back to us on the outcome.

첨부한 이메일은 그곳 관할 고객으로부터의 불만 이메일입니다. 신속히 대처하시고 결과를 알려주십시오.

**Outline**
1. 발송물에 대해 설명한다.
2. 신속한 처리와 결과 보고를 요청한다.

 **Expressions**

an email from a dissatisfied customer 불만이 있는 고객으로부터 온 이메일 in your territory 그곳 관할의 take action on ~에 대해서 대처하다 get back to us (결과를) 알리다 on the outcome 결과에 대해서

# 111. 캠페인 자료 발송과 활용법 지시

>> 회사의 이미지를 높이기 위한 선전 캠페인(C/I 캠페인)의 스케줄을 보내고 금후 배지와 책이 송부될 예정임을 알린다. 그것들을 어떻게 사용할 것인지의 지시를 주고 효과적인 활용을 바라는 이메일이다.

| Subject | Campaign Materials & How to use |
|---|---|

Gentlemen:

It is our pleasure to enclose our C/I campaign schedule for the first half of fiscal 20-. In addition to media insert, the following support materials will be provided for you. Please utilize these materials in your sales promotional activities.

· C/I Badge

This badge will be sent to you at the end of July. It will be available for all E-TEX products. Please use this badge as a giveaway in your local sales activities.

· Book entitled "The Dawns of Tradition"

This book was published to introduce the Korean culture and E-TEX's technology in English. Please give this book to influential people such as government officials, bankers, university professors, users, and journalists.

We hope you will use them effectively in promoting E-TEX's name in your market.

20- 회계 연도 상반기 C/I 캠페인 계획서를 기꺼이 보내드립니다. 매스컴 선전물 외에 아래의 보조품이 공급될 것입니다. 이 자료들을 판매 촉진 활동에 활용하시기 바랍니다.

· C/I 배지

이 배지는 7월 말에 발송될 예정입니다. E-TEX 제품 모두에 이용할 수 있습니다. 귀 지역 판매 활동 때의 경품으로 사용하십시오.

· 책자「전통의 새벽」

이 책은 한국 문화와 E-TEX의 기술을 소개하기 위하여 영문으로 출판되었습니다. 정부 관료, 은행 관계자, 대학 교수, 사용자, 저널리스트 등 유력한 분들에게 주시기 바랍니다.

귀 시장에서 E-TEX의 이름을 넓히기 위해 이들 자료가 효과적으로 사용되길 바랍니다.

**Outline**
1. 발송물을 설명하고 활용을 기대한다.
2. 자료 활용법을 설명한다.
3. 자료의 활용을 바라고 끝을 맺는다.

 **Expressions**

It is our pleasure to enclose ~을 기꺼이 보낸다  first half 상반기 fiscal 20- 20- 회계 연도 In addition to ~에 더하여 Please utilize (송부물) as (송부물)을 ~로서 사용하기 바란다 It will be available for ~에 적용될 것이다 giveaway 경품

**Hot Tip**

'~등' 이라고 하는 경우 such as A, B and C라는 표현과 A, B, C, etc.가 있다. such as ~쪽이 더 정중한 느낌이 있다. such as ~ etc라고 양쪽을 함께 쓸 수는 없다.

>> 보고서 형식이 개정될 것을 미리 알려서 상대방에게 마음의 준비를 촉구하는 이메일. 이쪽을 위한 것인 동시에 상대방을 위한 것임을 강조한다.

| Subject | Reporting Forms & How to use |
| --- | --- |

Gentleman:

The new technical report form and related procedure manual have recently been completed and are being forwarded to you separately by air.

The purpose of this report is to make it easier for your service department to keep us informed of product problems and customer complaints. This will facilitate correction of these problems on our side.

Please use this report to advise us of problems as soon as they occur or to transmit any suggestions you may have on improving forklift quality and service.

Sincerely Yours,
Go Gwang-do
Assistant Manager
Service Support

이번에 기술 보고의 새 양식과 거기에 관한 안내서가 완성되었기에 별도의 항공편으로 발송합니다.

이 보고서의 목적은 귀 서비스 부서가 제품에 관한 문제나 고객의 불만 등을 저희들에게 통지하기 쉽도록 하기 위해서입니다. 저희들로서도 이들 문제를 시정하기가 용이해질 것입니다.

부디 문제가 일어나는 대로 즉시 이 양식을 사용하여 저희들에게 알려주시기 바랍니다. 또 지게차의 품질과 서비스를 향상시키기 위한 제안이 있으면 무엇이라도 좋으니 알려주시기 바랍니다.

**Outline**
1. 새 양식을 별도로 발송함을 알린다.
2. 새 양식의 목적과 장점을 밝힌다.
3. 협력을 의뢰한다.

 **Expressions**

new 새롭게 되었음을 알린다 related 관련된 have recently been completed 이번에 완성되었다 (recently의 위치에 유의) being forwarded 발송된다 separately by air 별도의 항공편으로 The purpose of ~의 목적 make it easier for your service department to 서비스 부서에서 ~하기가 쉬워진다 (상대방을 위한 것임을 나타낸다.) keep us informed ~에 관해 계속 우리에게 보고하다 facilitate 용이하게 하다 Please use this report to advise us 이 서식을 써서 알려주기 바란다 as soon as they occur 일어나는 대로 any suggestions 제안이 있으면 무엇이든 forklift 지게차

# 113. 적하 송장

≫ 이 적하 송장은 서식과 이메일의 중간적인 형태라 할 수 있다. 이와 같은 문안을 인쇄한 것에 날짜와 각 항목을 출하할 때마다 기입해서 송부함으로써 사무의 간소화를 도모할 수가 있다. 그럼에도 이메일의 형태를 유지하고 있기 때문에 정중한 느낌과 따뜻한 맛을 준다.

| Subject | Shipping Notice of Products Under Warranty |

Gentlemen:

Shipping Notice of Products Under Warranty

Products on the attached list have been shipped to you as follows:

1. Reason:

2. Shipping Date:

3. Flight No./Vessel Name:

4. Port of Discharge:

5. AWB No.:

6. Invoice No.:

Note: Items 3, 4, 5 and 6 are pertinent to cargo only and will not be included for mail and parcel post delivery. Shipping documents for cargo, such as invoice, air way bills and bills of lading, will be air-mailed separately.

Sincerely Yours,
Attachment

첨부 리스트의 품목을 아래와 같이 출하했습니다.

1. 이유

2. 출하 기일

3. 비행기편 / 선박명

4. 양륙항

5. AWB 번호

6. 송장 번호

주) 항목 3, 4, 5, 6은 화물 수송에만 관계되는 것으로 우편, 소포 우송분의 경우는
포함되지 않습니다. 화물 수송 송장이나 공수 증권, 선하 증권 등의 서류는 별도
항공편으로 송부됩니다.

**Outline**
1. 표제가 들어간다.
2. 송장에 대해 간단하게 설명을 한다.
3. 출하 정보를 조목별로 쓴다.
4. 정보에 대해 단서를 단다.

 **Expressions**

Shipping Notice 적하 송장 Under Warranty 보증부(保證付)의 (표제는 글자수가 적은 전치사, 관사를 제하고는 머리글자를 대문자로 한다.) the attached list 첨부한 리스트

 **Tip**

업무 이메일은 간결한 표현을 환영한다.

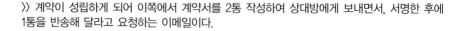

# 114. 계약서 발송과 처리 의뢰

>> 계약이 성립하게 되어 이쪽에서 계약서를 2통 작성하여 상대방에게 보내면서, 서명한 후에 1통을 반송해 달라고 요청하는 이메일이다.

---

**Subject**　Copies of Contract and Invoice

Attention : Mr. Nasrullah Tarig

Attached are two copies of our contract with you. Please sign both copies and return one to us at your earliest convenience.

Also attached is a bill for your first payment.

Thank you for your cooperation.

귀사와의 계약서 2통을 첨부합니다. 양쪽에 서명하시고 1통을 가급적 빨리 반송해 주시기 바랍니다.

또 첫 번째 지불 청구서도 첨부했습니다.

잘 부탁드립니다.

**Outline**

1. 발송물을 설명하고 적절한 처리를 의뢰한다.
2. 기타 첨부물에 대해 설명한다.
3. 협력을 요청한다.

 **Expressions**

**Attached are** ~을 첨부한다 (첨부물이 복수일 때 동사는 are가 된다.) **two copies** copy는 글자 그대로 「카피, 사본」이란 뜻으로 사용되기도 하나 여기서는 서류의 매수를 나타내는 말이다. **at your earliest convenience** 형편이 허락하는 한 빨리, 되도록 빨리 (as soon as 만큼은 절박하지 않다.) **Also** 그 외에도 (추가를 나타낸다.) **a bill for** ~에 대한 청구서 **Thank you for your cooperation** 잘 부탁합니다 (상투어, 미리 사례를 해 놓고 협력을 재촉하는 셈이다.)

# 115. 서명 계약서 반송

>> 앞의 이메일에 대한 답장이다. 서명된 계약서를 반송하면서 청구에 대해서는 틀림없이 관계 부서에 회부했음을 알리는 이메일.

---

**Subject**   Agreement Signed

Attached is a properly executed copy of the contract you sent on August 6.

The bill you attached has been routed to our accounting department for payment.

We look forward to enjoying a mutually rewarding relationship with you.

8월 6일에 보내주신 계약서를 적절히 서명하여 첨부합니다.

보내주신 청구서는 지불하도록 경리부로 돌렸습니다.

금후 상호 유익한 관계를 누릴 수 있기를 바랍니다.

> **Outline**
> 1. 서명한 계약서의 반송을 알린다.
> 2. 청구서에 대한 조치를 알린다.
> 3. 사교적인 말로 끝을 맺는다.

## ✉ Expressions

**properly executed** 여기서 executed는 signed와 같은 뜻 **you sent on** on으로 발송 날짜를 나타낸다. 즉시 반송하는 경우는 we received on과 받은 날짜를 기입해도 좋다. **The bill you attached** 첨부된 청구서 **has been routed to** (적절한 경로로서) ~에 회부했다 **for payment** 지불하도록 **We look forward to ~ with you** 계약 성립이나 거래를 시작할 때의 전형적인 끝맺음의 상투어 **a mutually rewarding relationship** 상호 유익한 관계

 **Hot Tip**

계약서는 보통 양쪽 대표자의 서명으로 성립하지만 경우에 따라서 보증인의 서명도 필요할 때도 있다.

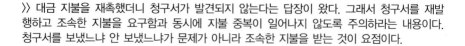
>> 대금 지불을 재촉했더니 청구서가 발견되지 않는다는 답장이 왔다. 그래서 청구서를 재발행하고 조속한 지불을 요구함과 동시에 지불 중복이 일어나지 않도록 주의하라는 내용이다. 청구서를 보냈느냐 안 보냈느냐가 문제가 아니라 조속한 지불을 받는 것이 요점이다.

| Subject | Reissuing Invoice upon your request. |

Gentlemen:

Attached is a fresh invoice for services rendered on August 14, 20 -, previously billed under our invoice number 703-261-78 of September 10, which you indicated could not be located.

Please see that this does not cause duplicate payment problems on you side.

Also, since the account is long overdue, we would very much appreciate expeditious processing of payment procedures on your side.

Yours sincerely,
Gang Tae-il
Accounts Supervisor
Enclosure

20-년 8월 14일에 시행된 당사 업무에 대한 재발행 송장을 보냅니다. 이것은 귀사가 찾아낼 수가 없다고 말씀하시는 9월 10일자 송장 703-261-78번으로 청구된 것입니다.

이것으로 인해 이중 지불 문제가 야기되지 않도록 하시기 바랍니다.

또 이 계산은 기한이 상당히 지났기 때문에 지불 수속을 신속하게 해주시면 매우 고맙겠습니다.

**Outline**
1. 무엇을 왜 발송했는지 밝힌다.
2. 주의를 촉구한다.
3. 신속한 처리를 요구하고 끝을 맺는다.

## Expressions

**Attached is a fresh invoice for** ~에 관한 첨부된 재발행 송장을 보낸다 (fresh는 reissued 라고 해도 좋다.) **previously billed under** ~번(番)으로 이미 청구한 (번호는 상대방의 사무처리를 위해서이며, 이쪽도 빈틈없이 하고 있다는 증명도 된다.) **which you indicated** ~라고 말하고 있는 **see that** 주의하다, ~하도록 조처하다 **duplicate payment** 이중 지불 **the account is long overdue** 이 금액은 지불 기한을 상당히 지났다 **expeditious processing** 신속한 조치 (사무적인 느낌의 표현으로, quick handling이라고 해도 간단해서 괜찮다.) **payment procedures** 지불 수속

 **Tip**

Please see that의 see는 「틀림없이 ~ 하다」라는 뜻으로 be sure나 make sure, insure라고 바꾸어 말할 수도 있다.

# Part 4_비즈니스 II

# Chapter 1 소프트 셀에 관한 이메일

## 117. 기획 보충자료와 영업자료 발송

>> 회사 내 교육에 관한 교섭 뒤에 프로그램 견본과 아울러 자사의 영업 내용 전반에 관한 자료를 보내는 소프트 셀이다. 현재 진행중인 사업을 이용해서 다시 다른 방면으로 거래를 확장하려는 의욕적인 이메일이다.

| Subject | Program samples and Sales brochures |

Attached with this email are some materials pursuant to the discussions we had regarding in-house education. These materials will help you get a working knowledge of the programs we are operating. However, please understand that our programs in this area have been significantly expanded since these articles were published.

I have also attached our company brochure for your reference. It outlines our full line of services and provides other background information.

Along this line, I would be happy to give a more complete explanation with actual materials. This could be arranged either for our office or yours, whichever is convenient for you.

Please do not hesitate to get in touch with us if there are other ways in which we can be of service.

이 이메일에 첨부한 것은 사내 교육에 관해서 의논한 데 따른 몇 가지 자료입니다. 이 자료들은 우리들이 실시할 프로그램에 대한 실제 지식을 얻는 데 도움이 될 것입니다. 그러나 자료들이 출판된 이후, 이 분야에 있어서의 당사의 프로그램이 상당히 확대되었음을 이해하시기 바랍니다.

참고로 회사 안내책자도 첨부했습니다. 거기에는 당사 영업 내용의 개요와 기타 배경을 기재했습니다.

이 건에 관해서 실제의 교재를 가지고 좀더 완전한 설명을 드리고 싶습니다. 장소는 당사가 됐건 귀사가 됐건 편하신 대로 하시면 됩니다.

달리 도와드릴 수 있으면 서슴지 마시고 연락하시기 바랍니다.

**Outline**
1. 관련 자료 발송과 내용에 관해서 간단히 설명한다.
2. 다른 자료도 발송함을 알린다.
3. 다음 논의를 제안한다.
4. 다른 분야에서도 도움이 되고 싶다는 뜻을 전한다.

## Expressions

**Attached are some materials** 자료 첨부 시의 상투어 **pursuant to** ~에 따른 **help you get a working knowledge** 실제 지식을 얻는 데 도움이 되다 (a working knowledge는 실제로 필요한 지식이며, 이것도 다음에 만나서 설명하고 싶다는 소프트 셀이다.) **significantly expanded since** ~에 비해서 꽤 확대되었다 (내용의 깊이를 느끼게 한다.) **for your reference** 참고로 **outlines our full line of** 당사 영업 내용의 개요이다 **provides other background information** 배경을 알게 하다 **I would be happy to** 기쁘게 ~하다

 **Tip**

either ~ 아나 whichever는 상대방 형편에 맞추겠다는 이쪽의 유연한 자세를 나타내고 있다.

# 118. 사례를 겸한 기획 보충자료 발송

>> 강사로 초빙된 사람이 강연을 마치고 의뢰처로 보낸 이메일. 강연을 하는 것만이 아니라 금후의 거래 가능성에 대해서 의논하고 이어서 자료를 보낸다는 소프트 셀이다. 이미 실시한 거래와 관련시켜 쓰기 시작하면 이메일의 흐름이 부드러워진다.

| Subject | Additional information pertaining to our prior discussion |
|---|---|

Dear Mr. DeLord:

Let me begin by thanking you for the opportunity to lecture at your laboratory. It was also gratifying to hear from you that things went reasonably well.

Attached you will find some material pursuant to the conversation we had on correction of technical papers and their presentation. The material should give you a rough idea of what I had in mind. I would be glad to supplement this information at some mutually convenient time.

In the meantime, please do not hesitate to call upon us if there is some other way in which we can be of assistance.

먼저 귀 연구소에서 강연할 기회를 주신 데 대해서 감사를 드립니다. 결과가 무리 없이 잘 되었다는 소식도 즐거웠습니다.

기술 논문의 수정 방법과 발표 방법에 관해 우리가 가졌던 대화와 관련된 자료를 첨부했습니다. 그 자료는 제가 마음에 품고 있던 생각의 대략적인 윤곽을 알려줄 것입니다. 상호 형편이 좋을 때 이 정보를 보충 설명할 수 있으면 기쁘겠습니다.

그 사이에 저희들이 달리 도움을 드릴 수 있으면 주저마시고 요구하시기 바랍니다.

**Outline**
1. 강연의 감상을 겸한 사례를 한다.
2. 관련 자료를 발송하고 흥미가 있으면 설명에 응한다는 뜻을 알린다.
3. 협력적인 자세를 나타내면서 끝을 맺는다.

 **Expressions**

Let me begin by 우선 ~로부터 시작한다 the opportunity to ~할 기회 (겸손한 마음이 담겨져 있다.) It was also gratifying to 또 ~인 것이 즐거웠다 (사례할 것이 두 가지 이상 있을 때는 생략하지 말고 별개의 문장으로 한다. 단지 표현에는 변화가 있게 할 것) reasonably 무리없이 pursuant to ~에 관련된, 따른 conversation on ~에 관한 대화 give you a rough idea 대략적인 윤곽을 알게 하다 idea of what I had in mind 마음에 품고 있던 생각 (구체적인 것은 직접 만나서 이야기하지는 의향으로이다.) I would be glad to 기쁘게 ~하겠다 supplement 보충 설명하다 at some mutually convenient time 상호 형편이 좋을 때에 In the meantime 그 사이에 please do not hesitate 주저말고 ~하시오 call upon 요구하다, 부탁하다 be of assistance 도움이 되다

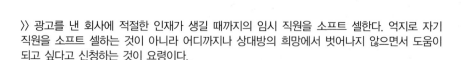

# 119. 임시직원 소프트 셀

>> 광고를 낸 회사에 적절한 인재가 생길 때까지의 임시 직원을 소프트 셀한다. 억지로 자기 직원을 소프트 셀하는 것이 아니라 어디까지나 상대방의 희망에서 벗어나지 않으면서 도움이 되고 싶다고 신청하는 것이 요령이다.

**Subject** Do you need temporary workers?

We saw your advertisement in the Korea Times today and would like to wish you every success in quickly finding the right person.

While you are awaiting response to the advertisement and interviewing hopeful candidates you may require the services of a trained temporary to cope with existing work. Hyundae Staff would be more than happy to provide you with someone qualified.

Our temporaries are all carefully tested and given thorough interviews to insure that their skills and experience measure up to our client's needs. They are prepared to assist you on a long-term or short-term basis.

We look forward to hearing from you soon and hopefully serving you in some capacity.

금일 코리아 타임스에 게재된 귀사의 (구인) 광고를 보았습니다. 조속히 적임자를 발견하시기 바랍니다.

광고에 대한 응답을 기다리시고 유망한 지원자의 면접을 하시는 동안 현존하는 업무에 대처하기 위해서는 숙달된 임시 고용원의 도움이 필요할지 모르겠습니다. 현대 스탭(당사)은 기쁘게 유자격자를 마련해 드리겠습니다.

당사의 임시 고용 대기자 전원은 기술과 경험이 당사 고객의 요망에 부응한다는 것을 보증하기 위한 신중한 테스트와 충분한 면접을 거쳤습니다. 그들은 장기 또는 단기간 귀하를 도울 준비가 되어 있습니다.

곧 답장을 주시기를 바라며 얼마간의 도움이 되었으면 합니다.

**Outline**
1. 구인 광고를 봤다는 언급을 한다.
2. 임시 고용원의 소프트 셀을 한다.
3. 자사의 운영 방침과 장점 등을 설명한다.
4. 답장을 바라며 끝을 맺는다.

 **Expressions**

We saw ~ today 금일 ~을 보았다 (today는 신속한 인상을 준다.) wish you every success in quickly finding 상대방의 희망에서 벗어나지 않도록 소프트 셀해 가는 인사법이다 right person 적임자 While you are awaiting ~을 기다리고 있는 동안 (여기서 소프트 셀 한다.) you may require the services of ~의 도움이 필요할지 모른다 a trained temporary 숙달된 임시 고용원 to cope with 대처하기 위해서

 **Tip**

수식어구를 효과적으로 써서 상대방의 마음에 강하게 호소하는 이메일로 한다. 이 이메일에서는 every success, right person, trained temporary, someone qualified, carefully tested, thorough interview 등이 그 예이다.

# 120. 공동개발 참가 의사 타진

>> 발명품의 연구 · 개발에 참가할 의사가 있는지 여부를 타진한다. 객관적으로 기본적인 정보를 알리고 중개자로서의 입장을 지키고 있는 이메일이다. 중개자로서는 양쪽의 이익이 된다는 관점에서 권유하고 지나친 판촉을 삼간다.

---

**Subject**   Interested in the joint development?

Attached for your evaluation is a report from a company in Busan. I apologize for the poor quality of the English but it was prepared by the inventor of the system.

It seems there is considerable interest from other organizations, especially in Europe. The inventor would be quite happy with a share in the company if it is offered. This would ensure continuity of thought and development as well as prevent reduplication of the effort made in getting the product this far. I have not, at this stage, made any investigation of the status of the company.

Should you be interested in further details, I will of course be only too happy to obtain them for you.

I look forward to some indication of your disposition in this regard.

부산의 한 회사에서 온 보고서를 귀하의 검토를 위해 첨부했습니다. 영어가 서투른 데 대해서 사과합니다. 시스템의 발명자에 의해서 준비된 것입니다.

다른 단체 특히 유럽에서 꽤 많은 문의가 온 것 같습니다. 발명자는 제공된다면 회사의 지분을 소유하기를 진정으로 바라고 있습니다. 그렇게 하면 연구나 개발의 연속이 보장될 것이며, 제품을 여기까지 끌고 오는 데 들인 노력의 반복을 막을 것입니다. 현 단계에서는 이 회사의 상태를 조사하지 않았습니다.

좀더 자세한 것을 알고 싶으시면 기꺼이 자료를 얻어드리겠습니다.

이 건에 관하여 귀하의 의향을 알려주시기 바랍니다.

**Outline**
1. 우송물을 설명한다.
2. 구체적으로 상세한 내용을 알린다.
3. 흥미가 있는지 타진하고 다시 보충조사를 할 마음이 있음을 알린다.
4. 답장을 바라며 끝을 맺는다.

 Expressions

**Attached for your evaluation is** 귀하의 검토를 위해서 첨부한다 **apologize for the poor quality of** ~이 좋지 않은 것을 사과한다 (우송물에 대한 사과는 보통 하지 않으나, 이쪽에서도 좋지 않은 것은 알고 있다는 것을 나타내기 위해서 씀). **It seem** ~인 것 같다 (단정적인 표현은 피하고 있다. 특히 직접적인 정보가 아닌 경우 사용하는 표현이다.) **there is considerable interest** 꽤 많은 문의가 있다 **would be quite happy with** ~을 정말 기뻐할 것이다 **This would ensure** 보장할 것이다 (이점을 나타낸다.) **I have not, at this stage** 현 단계에서는 아직 ~하지 않았다 (조사한 것과 안 한 것을 분명히 구별한다.)

 Tip

일반 업무용 이메일이면 말을 꾸밀 필요가 없으며 단순하고 직접적인 표현이 바람직하다. 그러나 이 이메일처럼 상대방 마음이 움직이도록 하는 것이 목적인 이메일에서는 그 나름으로 어울리는 말을 고를 필요가 있다.

# 121. 재차 소프트 셀 하는 이메일

>> 첫번째 소프트 셀에 대해서 '기대를 걸 수 있는 회답'이 있었다. 그런데 다른 곳과 이야기가 진행되고 있다는 정보가 들어왔기 때문에 도대체 어떻게 되어 가는지 문의하는 이메일. 말을 둘러서 이의를 제기하는데 최종적인 목적은 함께 일하고 싶다는 것이라는 점에 유의할 것.

| Subject | Looking forward to an opportunity to collaborate. |

We would like to ask that you refer to email we sent to you in June to which you responded most courteously.(copy attached)

A few days ago, a conference-to which we were not invited-was held in London between certain Korean trading interests and purchasing executives from major companies in your area. This has prompted us to write to you again with particular reference to supplying aluminum pressure and gravity diecast components.

We would welcome the opportunity to provide you with further details on our manufacturing capability and capacity and would hope ultimately to become a major supplier to your organization.

We look forward to hearing from you and an opportunity to collaborate.

저희가 6월에 보낸 이메일에 대해서 귀하가 정중하게 응답한 이메일을 참조하시기 바랍니다. (사본 첨부)

저희는 초대되지 않았습니다만, 며칠 전에 런던에서 한국의 무역업자와 귀 지역의 주요 회사 구매 담당 이사가 회의를 가졌습니다. 이 때문에 알루미늄제 압력 · 중력 다이캐스트 부품의 공급에 관해 재차 이메일을 드리게 되었습니다.

저희는 당사의 제조 능력에 관해서 좀더 자세한 것을 알려드릴 기회를 환영하며, 결국 귀사의 주요 공급자가 되길 희망하고 있습니다.

답장을 기다리며 함께 일할 기회가 있기를 고대합니다.

## Outline

1. 주고받은 내용을 첨부하고 지금까지의 경위를 알린다.
2. 이쪽에서 입수한 정보에 의거하여 새로운 움직임을 알린다.
3. 향후 업무에 대한 일정을 알린다.
4. 답장을 요구하며 끝을 맺는다.

 Expressions

We would like to ask that you refer to ~을 참조하기 바란다 responded most courteously 정중한 답장을 받았다 (기대를 갖게 하는 내용이었음을 상기시킨다.) A few days ago 구체적인 날짜를 넣으면 항의하는 정도가 지나치게 강해지기 때문에 애매하게 표현한다 to which we were not invited 불복의 뜻을 나타낸다. This has prompted us to write to you again 이 때문에 재차 이메일을 보내게 되었다 (여기까지가 본론에 들어가기 전의 상황 설명) with particular reference to 특히 ~에 관해서 (격식 있고 사무적인 표현) We would welcome the opportunity 소프트 셀의 상투어 provide you with further details on ~에 관해서 더욱 상세히 알리다 hope ultimately to 결국 ~을 바란다

 Tip

이 이메일의 copy attached는 주장을 뒷받침하기 위한 것으로 항의의 기분이 담겨져 있다.

# 122. 대리점 개설 의뢰

>> 소개를 통해서 알게 된 상대에게 대리점을 의뢰하는 이메일. 소개장도 없고 특별히 강력한 소개자는 아니지만 생면 부지의 상대보다는 성사될 확률이 크다. 저자세가 아닌 대등한 입장에서 보다 나은 대리점을 찾겠다는 태도로 쓴 이메일이다.

| Subject | Seeking a commercial agent |
|---|---|

I have just spoken with Herman York of the Transworld Institute, and he recommended you to us as a possible representative for our product in the U. S. He tells me that he is gathering additional literature which will tell us more about your company, but in the meantime, you should have some information about us.

Attached are a copy of our standard distribution contract, a brochure, and other materials describing our Thinking International film series. If you are interesed in representing us, we would like to know your thoughts about the market for Thinking International in the U. S. and what services you could provide. I also enclose a copy of our "Distribution Proposal Guidelines" which indicates the information we need before entering into a distribution agreement.

Of course, you should see all six films, and we will be happy to arrange that. I look forward to hearing from you soon.

저는 방금 트랜스월드 연구소의 허먼 요크 씨와 이야기를 나누었습니다. 요크 씨는 미국에서의 당사 제품 판매대리점으로 귀사를 추천하셨습니다. 요크 씨는 저희가 귀사에 대해서 좀더 알 수 있는 추가 자료를 모으고 있다고 하십니다만, 그 사이에 귀사가 저희에 관한 정보를 얼마간 아셨으면 합니다.

첨부한 것은 당사의 판매 계약서, 팜플렛 그리고 기타 'Thinking International' 필름 시리즈의 설명 자료입니다. 귀사가 당사의 대리점이 되는 것에 흥미가 있으시면 미국에 있어서의 'Thinking International'의 시장에 관한 생각과 귀사가 제공할 수 있는 업무에 관해서 알려주십시오. 저도 대리점 계약에 들어가기 전에 당사가 필요로 하는 정보를 표시한 '판매 제안서에 관한 지침' 사본 1부를 첨부합니다.

물론 귀하가 필름 여섯 개를 모두 보셔야 하기 때문에 그에 대한 준비를 기쁘게 하겠습니다. 곧 답장을 주시기 바랍니다.

> **Outline**
> 1. 소개자와의 관계와 이메일의 목적을 밝힌다.
> 2. 첨부한 물품에 대한 언급과 구체적인 정보를 알리고 제안을 한다.
> 3. 적극적인 자세를 보이고 답변을 요구하면서 끝을 맺는다.

 **Expressions**

**I have just spoken** ~와 막 이야기를 했다 (현재완료형으로 업무를 추진하고 싶은 의욕을 알린다.) **recommended as a possible** ~로서 추천하다 (이제부터 협상을 추진해 갈 것이기 때문에 possible이 붙어 있다.) **He tells me** 그에 의하면 (어느 정도의 정보를 얻고 있는지를 나타낸다.) **in the meantime** 그 사이에 (소개자로부터 자세한 자료가 도착할 때까지 이쪽에 관한 정보를 주고 싶다는 것이 이 이메일의 목적인데 훌륭한 추진 방식이다.)

**Hot Tip**

Standard distribution contract의 Standard는 위력이 있는 단어다. 규정으로 되어 있다는 권위를 나타내는 동시에 몇 번이나 이와 같은 거래를 취급했다는 것을 나타내고 있다.

# 123. 판매제안서에 관한 지침

>> 이것은 전회의 이메일에 첨부된 자료 중의 판매 제안서에 관한 지침이다. 금후의 의논을 효과적으로 추진시키기 위해 이 지침에 따라 상대방 회사의 경력이나 판매 계획, 방침, 시장 전망 등의 정보를 요구하여 대리점으로 적합한지 어떤지를 판단한다.

| Subject | Information and Instructions on Sales Proposals |
| --- | --- |

## DISTRIBUTION PROPOSAL GUIDELINES

Carlsbad Strock Productions wishes to arrange for distribution of THINKING INTERNATIONAL outside Korea. Companies interested in distribution rights in their country should prepare a proposal including the following information.

1. History of the company, particularly related to corporate training film distribution. (If no history in this type of distribution, describe plans for entering this market.)

2. Description of the market (segments, size, growth, etc.) for THINKING INTERNATIONAL, including assumptions about how THINKING INTERNATIONAL will be used by its customers.

3. Estimates of sales and rental volume for THINKING INTERNATIONAL.

4. Description of the company's sales team and marketing plans for THINKING INTERNATIONAL.

5. Samples of promotional literature used by the company for similar products.

6. Description of other corporate training films the company distributes.

7. Plans for translating THINKING INTERNATIONAL's teacher's or user's guides, or for dubbing the film.

칼스뱃 스트록 프로덕션은 한국 외에서의 Thinking International의 판매를 원하고 있습니다. 자국에서 판매권에 흥미가 있는 회사는 다음 정보를 포함한 제안서를 준비하시기 바랍니다.

1. 회사의 실적, 특히 기업내 교육용 필름관계의 배급 실적 (이 유형의 배급 실적이 없으면 이 시장에 진출하기 위한 계획을 설명한다.)

2. Thinking International에 대한 시장 설명(구분, 규모, 신장 등), Thinking International이 고객에게 어떻게 이용될 것인가에 관한 가정을 포함시킨다.

3. Thinking International의 매상 및 임대량의 견적

4. Thinking International의 회사 판매팀과 마케팅 계획의 설명

5. 유사 제품에 사용된 귀사의 판매 촉진용 인쇄물 샘플

6. 귀사가 판매하고 있는 다른 기업내 교육용 필름의 설명

7. Thinking International의 교사용 또는 이용자용 지침서의 번역 계획 또는 필름의 더빙 계획

**Outline**
1. 판매 제안서의 준비를 요청한다.
2. 판매 제안서의 구체적인 정보를 요구한다.

Hot Tip

전화의 소프트 셀의 이메일이 개인적 느낌을 가미한 것에 비해서 이 별지는 사무적으로 필요한 정보를 알리기 위한 것. 별지를 첨부함으로써 소프트 셀 이메일의 분위기를 허물지 않고 많은 정보를 알기 쉽게 전할 수가 있다. 항목이나 괄호는 정보 정리에 유용하지만 사무적인 느낌이 든다.

# 124. 해외 시장 개척

>> 해외 시장을 개척하고 싶을 때의 소프트 셀 이메일이다. 억지로 추진하기보다는 시장 개척을 위해 보다 좋은 발판을 구하려는 것이 이 이메일의 목적이다.

| Subject | Seeking a distributor on advance into overseas market |

We were referred to your company by Hills Productions in San Francisco.

Our company produces and distributes a number of travel and educational DVDs in Korea. These include two 30 minute DVDs on Gyeongju and Buyeo and a 50 minute DVD on Hong Kong. With the overseas market in mind these have also been produced with complete narration and packaging in English.

So far, they have sold very well to tourists in Korea and Hong Kong. We would now like to market the DVDs directly in the United States. We feel that potential markets for these DVDs are travel agencies, video stores, book stores, schools and libraries.

We would appreciate your advice on whether your company would be interested in acting as a distributor in the United States or if you have any recommendations on any other American associates who might also be interested.

Attached are English copies of the Gyeongju and Buyeo DVDs for your evaluation. We look forward to your reply.

샌프란시스코의 힐스 프로덕션으로부터 귀사에 대해서 들었습니다.

당사는 한국에서 다수의 여행용·교육용 DVD를 제작·판매하고 있습니다. 여기에는 경주와 부여에 관한 30분 짜리 DVD 2개와 홍콩에 관한 50분 짜리 DVD가 포함되어 있습니다. 해외 시장을 염두에 두고 해설과 포장을 완전히 영어로 한 DVD도 생산되었습니다.

지금까지는 한국과 홍콩의 관광객들에게 아주 많이 팔렸습니다. 당사는 이제 미국에서 직접 이들을 판매하고자 합니다. 이 DVD의 판매가 가능한 시장으로 생각하는 곳은 여행사, 비디오 가게, 서점, 학교 및 도서관 등입니다.

귀사가 미국에서 판매대리점이 되는데 관심이 있는지 또 귀사 외에 흥미를 갖고 있는 추천할 만한 미국 회사가 있으면 의견을 보내주시면 고맙겠습니다.

귀하의 검토를 위해서 경주와 부여에 관한 DVD의 영어판을 첨부합니다. 답장을 기다리겠습니다.

## Outline

1. 이메일을 보낸 배경을 설명한다.
2. 자사 제품을 소개한다.
3. 지금까지의 실적을 알린다.
4. 차후의 전망을 알린다.
5. 관심이 있는지 타진한다.
6. 답장을 요구하면서 끝을 맺는다.

 Expressions

We were referred to your company by ~로부터 귀사에 관해 들었다 Our company produces 당사는 ~을 제작하고 있다 a number of 다수의

 Tip

동사 sell에 관해서 「잘 팔리고 있다」라고 할 때 They have sold very well 또는 They have been sold successfully라고 하는데 이 두 문장에서 well과 successfully를 바꿀 수 없다.

# 125. 거래 조건 알림

>> 통상의 소프트 셀은 바로 구체적인 것을 쓰면 일방적이고 성급한 인상을 주게 되는 수가 있으나 이 이메일의 경우는 상대방이 이미 흥미를 갖고 있음을 알고 있기 때문에 구체적인 거래 조건 등을 알리고 있다.

---

**Subject**  Terms and Conditions of business

Dear Mr. Martin:

When our president, Mr. Park Mun-su, was in Richmond last spring, you mentioned you were interested in importing consumer items from Korea.

We are authorized exporters for one of the largest and fastest growing discount houses in our country, Best Products, Ltd. We are sending under separate cover one of their catalogs with our order blanks as well as the terms and conditions of sale. On orders over $10,000 the 2.5% handling fee is waived and the 7.5% handling fee on certain other items becomes 5%.

We look forward to hearing from you.

Yours sincerely,
Rho Chang-do
Director
International Sales

저희 회사 사장 박문수 씨가 지난 봄에 리치몬드를 방문했을 때 귀하께서는 한국 으로부터의 소비재 수입에 흥미가 있다고 언급하셨습니다.

당사는 한국에서 가장 크고 급속한 성장을 하고 있는 할인 상사 중 하나인 베스트 프로덕츠의 수출 대리점입니다. 별도 우편으로 당사의 주문 용지, 거래 조건과 함 께 베스트 프로덕츠사의 카탈로그를 보내겠습니다. 1만 달러가 넘는 주문에 대해 서는 2.5%의 수수료가 면제되며, 7.5% 수수료인 상품에 대해서는 수수료가 5%가 됩니다.
답장을 기다리겠습니다.

**Outline**
1. 상대방과의 접촉 사실을 알린다.
2. 회사 소개, 거래 조건 따위의 구체적인 정보를 제공한다.
3. 답장을 요구하면서 끝을 맺 는다.

 **Expressions**

when (사람) was in (장소) 누가 언제 어디서 만났는지를 상기시키기 위한 표현 you mentioned you were interested in ~에 흥미가 있다고 언급하였다 we are 당사는 ~이다 authorized 권한을 부여받은, 공인된 largest and fastest growing 가장 크고 급속한 성장을 하고 있는 (자사가 취급하고 있는 상품을 도매하고 있는 회사에 관한 강한 소프트 셀의 말 자사에 대해서 최상급으로 소프트 셀하는 것은 지나치다.) under separate cover 별도 우편으로 order blanks 주문 용지 On orders over (금액) (금액)을 넘는 주문에 관해서는 handling fee 수수료 be waived 면제되다 look forward to hearing from you 마무리에 쓰이는 상투어

# 126. 투자 세미나 초대

>> 친분이 별로 없는 상대에 대한 이메일이기 때문에 호소력이 있어야 한다. 정보를 단계적으로 제공함으로써 분위기를 서서히 고조시켜 참석하고 싶은 의욕이 일어나도록 하는데 목표가 있다.

| Subject | Invitation to Overseas Investment Seminar |
|---|---|

I take great pleasure in inviting you to attend an important seminar on expatriate investment given by our overseas investment group.

The seminar has been aranged to give you a chance to learn more about the four Maeil funds, spread worldwide in equities, property and fixed interested securities. It will also present a method of investing that is ideal for the expatriate: the Maeil Group Shareholders Account in Hong Kong.

The funds between them provide income or capital growth, or a combination of the two. The Account gives you direct control over your portfolio, allowing you to alter the balance of your investments as your needs change. You can hold shares in one of the funds, in all of them or in any combination that you decide on.

At the seminar, apart from hearing investment experts from our Seoul Head Office, there will also be an opportunity to meet Dr. Fu Hung Dong from our Hong Kong office, a specialist on expatriate investment. He will be available for consultation during the week that follows. Interviews can be arranged either at the meeting or now, by calling our Seoul office number (02) 313-3215.

I sincerely hope you can come to both the seminar and the reception afterwards.

저희 해외 투자 그룹 주최로 열리는 중요한 해외 투자 세미나에 귀하를 초대하게 된 것을 기쁘게 생각합니다.

이 세미나는 주식, 부동산, 확정 이자부 증권의 형태로 세계에 퍼져 있는 4개의 매일 펀드에 관해 상세히 알 기회를 드리기 위해서 계획되었습니다. 세미나에서는 최적의 해외 투자 방법인 홍콩의 매일 그룹 주식 계좌에 관해서도 설명할 것입니다.

이들 펀드는 소득, 자본 증가 또는 그 양자를 가져오게 합니다. 또 홍콩의 주식 계좌는 직접 금융 자산의 관리를 할 수 있고 이에 따라 자기 투자의 잔고를 스스로의 필요성의 변화에 맞추어서 바꾸는 것이 가능해집니다. 주식의 소유는 4펀드 중의 하나, 모두 혹은 그 어느 것의 조합으로도 가능합니다.

세미나에서는 서울 본사로부터 투자 전문가들이 와서 이야기하는 외에 홍콩 지점으로부터 해외 투자 전문가 푸헝동 박사도 참석할 것입니다. 박사는 세미나 개시부터 1주일간 여러분의 상담에 응할 것입니다. 상담 신청은 세미나 회장에서도 가능합니다만 지금 전화로도 예약이 됩니다. 서울 본점 (02) 313-3215로 신청하시기 바랍니다.

세미나와 세미나 종료 후의 리셉션에 다같이 참석하실 수 있기를 바랍니다.

> **Outline**
> 1. 세미나의 개최를 알리고 초대한다.
> 2. 세미나의 목적을 알린다.
> 3. 좀 더 자세한 정보를 알려서 참석하고 싶은 의욕을 갖도록 유도한다.
> 4. 참여를 호소하면서 끝을 맺는다.

 **Tip**

be available for를 능숙하게 구사하면 영어다운 표현이 된다.

>> 친구와 또 다른 지인 사이에 다리를 놓는 이메일. 소개에 그치지 않고 지인을 대신하여 소프트 셀을 진행시키고 있다. 친구에게 보내는 이메일은 격의 없는 어투가 많이 등장하여 통상의 사무적인 이메일과는 다르다.

| Subject | Let me Introduce a Sale Connection. |

Thank you for your email which I received way back in April. Fall has finally arrived in Seoul giving us a welcome break from the hot summer sun. From all reports, you New Yorkers also suffered through a truly unbearable summer.

I am writing today to tell you briefly about a Korean firm which produces a product that may be of interest to you. The name of the firm is Jeong & Co. operated by Jeong Su-dong. Detailed information can be found in the attached press package. I was first introduced to Mr. Jeong by the editor of the "Semiconductor Newsletter" for whom I am writing articles on the Korean market.

Mr. Jeong is very interested in introducing his line of testing equipment to the American market. There has been little progress and he is now looking for other options. I gave him your name and a copy of your company brochure, thinking that you might have complementary resources. He was very interested and will probably contact you himself or through Jim Nort, if he has not done so already. I hope that you can be of some help to each other.

I also hope that you will call me if you come to Seoul. I would very much like to get together again.

훨씬 전의 이야기지만 4월에 받았던 이메일에 감사하네. 서울에도 겨우 가을이 찾아와 더웠던 여름도 끝나 마음을 놓고 있는 참이네. 여러가지 들은 바에 의하면 뉴욕도 금년은 참으로 무더운 여름이었던 것 같네.

그런데 오늘 이메일을 보내는 것은 자네가 관심이 있을 것 같은 제품 메이커인 한국의 회사에 관해서 간단히 소개하려고 생각했기 때문일세. 회사명은 '정 & 컴퍼니' 라고 하고 경영자는 정수동이라는 사람이네. 상세한 것은 첨부한 선전용 자료를 참고하기 바라네. 처음에 정씨를 나에게 소개해 준 사람은 내가 한국 시장에 대해서 기사를 쓰고 있는 '반도체 뉴스레터' 의 편집자일세.

정씨는 동사의 테스트 기기를 미국 시장에서 판매하고 싶은 강한 의향을 갖고 있네. 거의 진전되지 않아 지금은 다른 가능성을 구하고 있는 참이네. 정씨의 회사와 상부상조할 방법이 있지 않을까 생각하여 자네의 이름과 자네 회사의 카탈로그를 그에게 주었네. 정씨는 매우 관심을 나타냈으므로 아직 그쪽에 연락이 가지 않았으면 일간 아마 본인으로부터 직접 혹은 짐 노트를 통해서 연락할 것이네. 서로 도움이 될 수 있기를 바라네.

서울에 오면 전화를 주기 바라네. 다시 만나고 싶은 생각이 간절하네.

## Outline

1. 가벼운 화제(날씨)로 서두를 시작한다.
2. 지인을 소개한다.
3. 지인을 대신해서 제품을 소개한다.
4. 재회를 바라는 결어로 끝을 맺는다.

 **Expressions**

**way back** 훨씬 이전의 **finally** 겨우 (기후의 화제에 흔히 쓰인다.) **from all reports** 여러가지 들은 바에 의하면 (상대방에 대한 관심이 전해진다.) **I am writing today to** 이메일의 목적을 나타낸다 **be of interest to you** 당신에게 흥미가 있다 **press package** 선전용 자료 **was first introduced to** ~에게 최초로 소개받았다 **line of** ~의 부류(제품) **has been ~ for sometime** 꽤 오래 전부터 ~하고 있다 (sometime의 의미에 유의) **little progress** 진전이 거의 없다 **look for other options** 다른 가능성을 찾고 있다 (완곡한 의뢰)

>> 한국 시장에 진출한 외국 기업의 실패에 관한 기사가 나왔으므로 이를 현 제안과 연결지어 우리와 손을 잡으면 이와 같은 불상사를 피할 수 있다는 것을 암시하는 이메일.

| Subject | FYI : A related article |

Dear Mr. Abacrobie:

Attached is a feature article from yesterday's Korea Times which I thought you might find interesting. It deals with the problems involved in marketing in Korea and gives some typical horror stories.

I also felt it might provide you with additional food for thought in considering our proposal.

We hope to be hearing from you soon.

Sincerely yours.
Kwon yong-su
Deputy Manager
Enclosure

첨부한 것은 어제 코리아 타임스의 특집 기사 사본입니다. 참고가 되지 않을까 생각해서 보냅니다. 한국에 있어서의 마케팅에 관련된 문제점을 취급한 것으로 전형적인 실패담도 몇 가지 게재되어 있습니다.

또한 저희들의 제안을 고려해주실 때의 새로운 검토 재료가 되지 않을까 합니다.

곧 연락주시기 바랍니다.

**Outline**
1. 첨부물에 관한 설명을 한다.
2. 제안 중인 계획과 관련짓는다.
3. 답변을 바란다는 결어로 끝을 맺는다.

## ✉ Expressions

feature article 특집기사 yesterday's 어제의~ (기사를 보고 즉시 이메일을 쓰고 있음을 알린다. 주간지라면 this week's~, 월간지이면 this month's ~가 된다.) which I thought you might find interesting 참고되지 않을까 생각해서 (상투어) It deals with ~을 취급하고 있다 (기사 내용을 나타낸다.) horror stories 실패담 (비즈니스상의 위험성을 알리고 제안의 필요성을 넌지시 비춘다.) I also felt it might 또 ~이 아닐까라고도 생각했다 additional food for thought 추가로 검토할 재료 We hope to be hearing be hearing이라고 진행형으로 하고 있는 것은 「가까운 시일 안에 연락을 받을 수 있겠지요」라는 뉘앙스

Tip

조동사 might(~일지도 모른다)를 사용하면 부드러운 어조가 되어 강압성이 없어지기 때문에 소프트 셀에 알맞다.

# 129. 영수증 발송 및 사례를 겸해서 소프트 셀 하는 이메일

>> 의뢰를 받은 영수증 송부에 덧붙여서 크리스마스 특별 메뉴를 송부하는 이메일. 상대방으로부터의 의뢰에 응하는 것만이 아니라 그 기회를 이용해서 금후의 거래로 발전시키고 싶다는 발상인데 서비스업에는 필요 불가결인 발상의 이메일.

| Subject | Receipts and Holiday specials |
| --- | --- |

Dear Mr. Dientz:

Thank you very much for giving us the opportunity to serve you and your fine guests yesterday. We sincerely hope that everyone in your party enjoyed themselves and found everything satisfactory.

Attached are your copies of the vouchers for food and beverages consumed during the reception that you requested. I have also taken the liberty of attaching our special Christmas menu for your reference.

We look forward to the pleasure of serving you again at some early date.

Sincerely Yours,
Song Tae-sik
Assistant Manager
Enclosures

어제는 훌륭하신 손님과 함께 이용해주신 데 대해서 심심한 사의를 표합니다. 귀 일행의 모든 분들이 즐거우셨고 모든 것이 만족스러웠기를 진심으로 바랍니다.

의뢰하신 리셉션 음식대의 영수증을 첨부합니다. 또 실례를 무릅쓰고 저희들의 크리스마스 특별 메뉴를 첨부하였으니 참고로 하시기 바랍니다.

그러면 조속한 시일에 재차 이용이 있으시길 고대하겠습니다.

### Outline

1. 이용에 대한 사례를 한다.
2. 용건을 알리며, 소프트 셀을 한다.
3. 재차 이용을 바라면서 끝을 맺는다.

## ✉ Expressions

Thank you very much for giving us the opportunity to serve you 이용해주어서 고맙다 fine guests 훌륭한 손님 yesterday 즉시 이메일을 보내고 있다는 재빠른 느낌을 준다. sincerely hope that everyone 모두가 ~이었길 바란다 enjoyed oneself 즐기다, 즐겁게 보내다(지내다) find satisfactory 마음에 들다, 만족하다 voucher 영수증(서) beverage 마실 것, 음료 I have also taken the liberty of 마음대로 ~했다 (이 기회를 이용해서 메뉴를 보내고 소프트 셀을 한다.) the pleasure of serving you again 서비스업의 상투어

 Tip

party는 「모임」, 「정당」외에 다음과 같은 용법이 있다. your party 「귀 일행(=your group)」, the other party 「상대방」

## 130. 대화 진행 요청

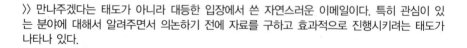

>> 만나주겠다는 태도가 아니라 대등한 입장에서 쓴 자연스러운 이메일이다. 특히 관심이 있는 분야에 대해서 알려주면서 의논하기 전에 자료를 구하고 효과적으로 진행시키려는 태도가 나타나 있다.

**Subject**  Looking forward to seeing you soon.

Dear Mr. Link:

Thank you for your email of September 8 in which you mention an interest in discussing areas of common concern.

We are always open to hearing suggestions for improving our operations. Your expertise in polishing technology is of particular interest.

Let us know when you would like to set up such a meeting. We would also appreciate receiving additional information on your product lines. This would serve to make such a meeting more effective.

We look forward to hearing from you.

Yours sincerely,
Choi Seong-jae
Director

귀하가 상호 관심이 있는 분야에 관해서 의논하고 싶다는 의사를 표명하신 9월 8일자 이메일에 감사를 드립니다.

당사는 운영 개선에 관한 제안에는 언제나 관심을 가지고 있습니다. 연마 기술에 있어서의 귀사의 전문 지식에 특히 관심이 있습니다.

언제 그와 같은 모임을 가지면 좋을지 알려주십시오. 또 귀사의 일련 제품에 관한 추가 정보를 받을 수 있으면 고맙겠습니다. 이것은 그러한 모임을 보다 효과적으로 하는 데 도움이 될 것입니다.

답장을 기다리겠습니다.

**Outline**
1. 이메일을 받았음을 알린다.
2. 마음이 내켰음을 알린다.
3. 금후의 구체적인 진행에 관해서 언급한다.
4. 답장을 요구하며 끝을 맺는다.

## ✉ Expressions

thank you for your email of (날짜) in which (내용) 흔히 사용되는 서두 mention an interest 관심이 있음을 언급하다 areas of common concern 상호 관심이 있는 분야 are alway open to 항상 ~에 관심을 갖고 있다 Your expertise in ~의 분야에서의 귀사의 전문 지식 be of particular interest 특히 관심이 있다 (이야기의 초점을 좁히고 있다.) Let us know Inform us도 괜찮지만 보다 부드러운 표현 set up such a meeting 그와 같은 모임을 갖다 (set up은 arrange보다 부드러운 표현) would also appreciate 또 ~할 수 있으면 고맙겠다 information on your product lines 귀사의 일련의 제품에 관한 정보 serve to ~에 도움이 되다 (송부 의뢰의 목적을 말한다.) make ~ more effective ~을 보다 효과적으로 하다 look forward to hearing from 답장을 바랄 때의 상투어

 Tip

아직 실현되지 않은 단계에서의 의논은 such a meeting, 좀더 구체적으로 되면 the를 사용한다.

# 131. 자료 발송 소프트 셀 거절

>> 미팅을 가진 사람으로부터 자료와 함께 소프트 셀의 이메일이 왔다. 그러나 이번 정보에 대해서는 자사의 활동 영역에서 벗어나 있다는 이유로 거절한다. 표현을 부드럽게 하기 위해서 보류라고 했으나 사실상 거절의 이메일이다.

**Subject**  After deliberation on our collaboration

Dear Mr. Dixon:

Thank you for the interesting information related to copying machine technology available in your area.

Our people have considered the possibility of our collaboration based on the information you provided but were unable to reach a final decision. The main problem is the fact that the products involved are too far removed from our area of activity and expertise. I would, therefore, like to hold the offer for possible later consideration.

In the meantime, I would very much like to keep our lines of communication open and running. We will welcome any subsequent offers or ideas you might have.

Thank you again for the prompt follow-up to our meeting.

귀 지역의 복사기 기술에 관한 흥미 있는 자료에 감사를 드립니다.

당사는 귀하가 제공한 자료를 기초로 제휴 가능성을 면밀히 검토하였으나 최종 결정에 도달하지 못했습니다. 주된 문제점은 문제의 제품이 당사가 전문으로 활동하는 분야와는 너무나 동떨어졌다는 사실입니다. 그래서 이 제의는 금후의 검토 과제로 보류하겠습니다.

그 사이에도 우리의 연락이 계속되길 진심으로 바랍니다. 당사는 잇따른 제의나 아이디어를 환영할 것입니다.

신속한 후속 조치에 재차 감사를 드립니다.

## Outline

1. 자료를 보내준 데 대한 사례를 한다.
2. 검토 결과 자사의 사업 영역에서 벗어남을 알린다.
3. 차후에도 정보를 보내주길 바란다는 뜻을 전한다.
4. 재차 사례를 하면서 끝을 맺는다.

## ✉ Expressions

**Thank you for** 일반적인 서두 **interesting information** 흥미 있는 정보 (보내준 정보를 평가하고 있다.) **related to** ~에 관한 (자료의 내용을 구체적으로 나타낸다.) **have considered** ~을 면밀히 검토하다 **collaboration** 협력, 제휴 **be unable to reach a final decision** 최종 결정에 도달할 수 없다 **far removed from** ~와 멀리 떨어져 있다 **hold ~ for possible later consideration** 금후의 검토 과제로서 보류하다 **I would very much like to** 꼭 ~하고 싶다 **We will welcome** ~을 환영하다 **Thank you again for** 맺음말에서의 사례의 상투어 **follow-up** 후속 조치

>> 소프트 셀의 이메일과 자료가 도착하였으나 현재로서는 사용할 전망이 없다는 사실을 있는 그대로 알려주는 거절의 이메일이다. 현재 필요 없는 정보지만 보내준 데 대해서 우선 감사하고 정보망을 줄이지 않도록 한다.

| Subject | Regret to reject the offer. |
|---|---|

Dear Mr. Walsh:

Thank you for your email of July 13, regarding the new container facility available at the port of Philadelphia.

On the East Coast, we now use Baltimore and Newark. Given the current sales trends and the export restrictions on our products to the U. S. set by our government, we have no plan to expand the number of ports of entry for the foreseeable future.

Nevertheless, your information is very much appreciated and will be kept on file for future reference.

Sincerely yours,
Bae Mun-ho
Logistics Department Manager

필라델피아항의 새 콘테이너 시설에 관한 7월 13일자 이메일에 감사를 드립니다.

동부에서 당사가 현재 사용하고 있는 곳은 볼티모어와 뉴어크 두 곳입니다. 최근의 판매 경향과 한국 정부가 시행한 미국에 대한 당사 제품의 수출 제한하에서는 당분간 통관항의 수를 늘릴 계획은 없습니다.

그렇지만 귀사의 정보는 매우 고맙게 느껴지며 금후의 참고를 위해서 보관해두겠습니다.

**Outline**

1. 자료에 대한 사례를 한다.
2. 현재는 필요가 없기 때문에 거절 의사를 전한다.
3. 재차 사례를 하며 차후를 위해 정보를 보관하겠다는 말로 끝을 맺는다.

## ✉ Expressions

**Thank you for** 일반적인 서두 **regarding** ~에 관한 (이메일의 내용을 유도하는 단어. 이 외에 pertaining to, informing us of도 쓸 수 있다.) **we now use** 현재는 ~을 이용하고 있다 (now가 거절의 어세를 부드럽게 한다.) **Given** ~하에서는 (상황을 나타낸다. 그 밖에 under나 with를 사용해도 된다.) **we have no plan to** ~할 계획은 없다 **for the foreseeable future** 당분간 **Nevertheless** 그렇지만, 어쨌든 **your information is very much appreciated** 귀 정보에 감사한다 (폐가 아님을 알린다.) **be kept on file** 자료로서 보관해 두다 **for future reference** 금후의 참고를 위해

 **Tip**

keep it on file은 「자료로서 보관해두다」이지만 keep it in file은 치우고 사용하지 않는다는 뉘앙스가 포함되므로 주의가 필요하다.

# 133. 계약하지 않은 물품 거절

>> 계약 논의가 있은 후 확약하지 않았는데 회보와 회비 청구서가 보내져 왔다. 그래서 물품을 되돌려보내며 거절하는 내용인데 금후에도 교섭이 있는 상대라면 상대방의 체면을 손상시키지 않도록 배려해야 한다.

---

**Subject**　　Refusal of Payment

Gentlemen :

We unexpectedly received a copy of your marketing information bulletin HI-TECH U. S. A today. Included was your invoice for $5,000 for membership fees.

We, of course, recall discussing the matter of a possible membership with you during your visit to our head office. However, to the best of our knowledge, no firm commitment was made. Obviously, there has been some misunderstanding.

Consequently, we are taking the liberty of returning the bulletin and your invoice. We will contact you should we ultimately decide to take out membership.

Yours sincerely,
Kim Ji-hyeon
Manager
Export Administration
Enclosure

오늘 귀사의 마케팅 정보지 「하이테크 U. S. A.」 1부를 뜻밖에 받았습니다. 「회비」로서 5,000달러의 송장도 첨부되어 있었습니다.

물론 저희 본사를 방문하셨을 때 회원이 될 가능성에 관해서 의논한 기억은 있습니다. 그러나 당사가 알고 있는 한에서는 확약은 하지 않았습니다. 분명히 무엇인가 오해가 있습니다.

따라서 실례를 무릅쓰고 회보와 송장을 반송하겠습니다. 당사가 회원에 가입하기로 최종적으로 결정이 되면 귀사로 연락을 하겠습니다.

**Outline**
1. 언제 무엇을 받았는지 구체적으로 알린다.
2. 정식으로 계약이 체결되지 않았음을 알린다.
3. 물품을 돌려보낸다는 것과 다시 연락하겠다는 말로 끝을 맺는다.

 **Expressions**

**unexpectedly** 뜻밖에, 예기치 않게 **Included was** ~이 들어 있었다 **your invoice for $** ~달러의 송장(送狀) **membership fees** 회비 (인용부호가 붙어 있는 것은 납득하고 있지 않음을 나타낸다.) **recall discussing** 의논한 기억은 있다 **possible membership** 회원이 되느냐 안 되느냐 하는 의논에서 확실한 결론이 내려지지 않았음을 알린다. **However** 이쪽의 할 말을 내세운다. **to the best of our knowledge** 당사가 알고 있는 한에서는 **no firm commitment was made** 확약은 없었다 **Obviously** 분명히 **taking the liberty of** 실례를 무릅쓰고 ~하다, 실례지만 ~하다 **should we** 하게 되면 **ultimately decide** 최종적으로 결정하다 **take out** (회원에) 가입하다

 Tip

to the best of our knowledge나 obviously는 없어도 의미는 통하지만 덧붙임으로써 거절의 어감을 부드럽게 하는 효과가 있다. 금후에도 어떤 관계를 유지하고 싶은 경우에 특히 간결을 생명으로 하는 상업문이라도 이와 같은 배려가 필요하다.

# 134. 기획 소프트 셀의 거절

>> 송부물을 보고 만날 필요가 없다고 거절하는 이메일. 기획 그 자체를 내리깎지 말고 이쪽의 요구나 희망에 부응하지 않음을 알린다. 분명하지만 정중한 거절 이메일이다.

**Subject** Refusal of the proposed meeting

The email and materials that you sent to Mr. Kim, our Chairman on August 31 have been passed onto me for study and reply. It is unfortunate that these materials did not arrive prior to the response of Mr. Park, our president, to the Honorable B. S. Hong on September 3. Had we been in receipt of these materials at those times, our responses would have been different.

My staff and I have studied your materials very carefully and have reached the conclusion that, although your program is quite impressive, it does not meet our present needs or requirements. Consequently, we do not feel that it would serve any purpose to meet with you during your stay in Korea.

We truly appreciate your interest in improving international communications and wish you all possible success in your endeavors.

282

귀하가 당사의 김 회장님 앞으로 보낸 8월 31일자 이메일과 자료가 검토하여 대답하도록 저에게 넘어왔습니다. 이 자료가 박 사장님이 B. S. 홍 의원에게 보낸 9월 3일자 답장전에 도착하지 않은 것이 유감입니다. 그랬더라면 저희들의 응답은 달랐을 것입니다.

저를 포함한 스텝 일동은 자료를 면밀히 검토한 결과 귀 프로그램이 매우 인상적이긴 하지만 현재 당사의 필요에 부응하지 않는다는 결론에 도달했습니다. 따라서 한국에 체류하시는 동안 귀하를 만날 필요가 없으리라고 생각됩니다.

국제적인 커뮤니케이션 향상에 대한 귀하의 관심을 진심으로 높이 평가하며 성공을 거두시기 바랍니다.

**Outline**
1. 지금까지의 경위를 상세하게 설명한다.
2. 거절과 그 이유를 밝힌다.
3. 상대방을 격려하는 결어로 끝을 맺는다.

## Expressions

**passed onto me for study and reply** 검토해서 대답하도록 나에게 넘어왔다 **unfortunate** 유감스럽다 **Had we been** = If we had been (가정법으로 거절을 위한 포석을 둔다.) **staff and I** 혼자가 아니라 여럿에서 검토했다는 뉘앙스 **very carefully** 충분히 검토했음을 나타낸다. **reached the conclusion** 결론에 도달하다 (decide가 아니라 이 표현을 사용함으로써 결정까지의 우여곡절을 느끼게 한다.) **quite impressive** 매우 인상적이다 **not meet our present needs or requirements** 현재 당사의 필요에 맞지 않다 **truly appreciate** 진심으로 높이 평가하다 **improving international communications / all possible success / your endeavors** 이 표현들은 거절한 뒤의 상대방 기분을 북돋우는 데 도움이 된다.

**Hot Tip**

the Honorable이라는 경칭은 정치가, 귀족, 재판관 등에 사용하며 기업인에게는 쓰지 않는다.

# 135. 실제 물품을 보고 싶다는 답장

>> 소개자를 통한 소프트 셀이 마음이 내키지만 이쪽의 상황에 맞춰 진행시키고 싶을 때 내는 이메일. 기업내 교육 필름의 소프트 셀에 대한 것이다.

**Subject**  Request for a preview

Thank you for your email of May 22 and the enclosures which served to open this direct route of communications between us. Cary Clark had already given us a general rundown on your fine films and his thoughts on how we might proceed in working toward a possible business relationship. David Jenkins had also broached the matter with us in a recent email and even provided one of your press packages for us to study.

As things stand now, we are interested in pursuing the matter of helping you market here in Korea. And while we appreciate the spirit of your proposal guidelines, it is felt that everything is now contingent upon our having a chance to see and evaluate the marketability of your films here.

It would be best if the viewing could be done here in Seoul. This would permit us to assemble a representative group of interested parties, which would be impractical at another location. This group would comprise representative of several leading corporations and some possible collaborators in the publisher. We would also have the chance to discuss prospects firsthand. Thus, the Seoul venue would permit us to kill three or four birds with one stone.

Please let me know if and when you could schedule such a meeting. Right now the only inconvenient times here would be from June 27 through July 2, when I will be away on business in Taiwan. Telephone or FAX contact could be used to expedite proceedings.

5월 22일의 이메일과 첨부한 자료에 감사를 드립니다. 덕분에 커뮤니케이션의 「직접」 경로가 열렸습니다. 캐리 클라크로부터 귀사의 훌륭한 필름에 대한 대략적인 설명과 금후의 거래 등을 어떻게 진행시켜 갈 수 있느냐에 대한 의견도 들었습니다. 데이빗 젠킨스도 최근의 이메일에서 이 건을 들고 나오면서 귀사의 선전용 자료도 보내왔습니다.

현 시점에서는 귀사의 한국에서의 판매를 돕는 데 관심이 있습니다. 귀사의 「제안에 관한 지침」의 뜻은 알겠습니다만 귀사 필름의 한국 판매 가능성에 대한 평가를 저희들도 스스로가 해보지 않고서는 결정적인 것은 아무것도 말할 수 없습니다.

「시사」를 서울에서 할 수 있으면 최상입니다. 그렇게 하면 흥미를 나타내고 있는 회사의 대표자들이 한 자리에 모일 수가 있습니다. 이것은 다른 장소에서는 불가능합니다. 참석자로서는 일류 기업 몇 개사의 대표와 출판계의 협력 고려 대상들이 될 것입니다. 우리 모두가 전망을 직접 의논할 수도 있습니다. 이와 같이 서울을 장소로 하면 일석삼조도 되는 셈입니다.

이와 같은 회합의 예정을 세울 수 있는지 또 가능하다면 언제인지를 알려주십시오. 현재로서 이쪽의 형편이 나쁜 시기는 제가 대만에 출장 가는 6월 27일부터 7월 2일 사이뿐입니다. 급할 때는 전화나 팩스를 사용하십시오.

## Outline
1. 지금까지의 경위와 중계자의 노고에 대해 언급한다.
2. 관심이 있음을 알린다.
3. 의논에 대한 이쪽의 제안을 말한다.
4. 상대방의 의향을 묻고 끝을 맺는다.

 Expressions

a general rundown 대략의 설명 possible business relationship 이야기는 아직 가 
정의 단계이므로 막연한 표현 had also broached the matter 이 건을 들고 나왔다 As 
things stand now 현 시점에서는 we are interested in pursuing 이야기를 진행시키는 
데 관심이 있다 It would be best if ~해주면 최상이다 This would permit us 이것으로 ~ 
할 수 있다

# 136. 대리점 개설 거절 및 시장 진출 조언

>> 대리점이 되어줄 수 없느냐는 의뢰를 거절하는 이메일. 그러나 한국 시장 진출에 대한 조언 요청에는 사무적이긴 하지만 성의를 가지고 솔직히 답하고 있다. 직접 취급할 생각은 없으나 소개 정도는 할 수 있다는 친절한 제의도 하고 있다.

**Subject**    After reviewing your product

The two DVDs you sent us with your email of December 18 have been thoroughly reviewed by us and our publisher to determine their marketability in Korea.

Unfortunately, from the standpoint of our company, the content is not really suited to our sphere of activity in that it is neither business nor inter-culturally oriented. Our publisher felt that the coverage was also not detailed enough to command much interest from the high school or university education system here. Therefore, though the DVDs are not without merit, it does not appear that we can be of any direct help.

I should also add that we were not completely satisfied with the sharpness of the pictures. The quality of the Korean narration also left something to be desired. However, the publisher and I both think that travel agencies here may be interested in your product. The problem would be demonstrating their usefulness, e. g., some concrete examples of the way they are used in the U. S. This is all I have for you right now. For our part, we are thinking of getting the reaction of a large tourist agency sometime early next year. We would appreciate some indication as to how you would like to proceed.

12월 18일의 귀 이메일과 함께 보내주신 2개의 DVD는 한국에서의 시장성을 알기 위해서 출판사와 함계 자세히 검토하였습니다.

유감스럽게도 당사의 입장으로서는 내용이 사업 또는 이문화(異文化)간의 문제에 관련되는 것이 아니라는 점에서 저희들의 활동범위에는 맞지 않는다고 생각됩니다. 출판사족의 의견으로는 취급하는 내용도 충분히 자세치 않아서 한국의 고교나 대학의 교육계로부터 주목을 끌지 못할 것이라고 합니다. 따라서 귀사의 DVD는 장점이 없는 것은 아닙니다만, 저희들로서는 직접 도움이 될 수 있을 것 같지 않습니다.

화질에 관해서 완전히 만족하지 않았던 것도 덧붙입니다. 한국어 내레이션만 해도 좀 부족한 데가 있었습니다. 그러나 출판사와 저는 한국 여행사에서는 귀사 제품에 관심을 가질지 모른다고 생각합니다. 단, 그 효용을 보여주는 것, 즉 미국에서 사용되고 있는 구체적인 예 등을 제시하는 것이 문제가 되겠지요. 지금 저로선 이 정도밖에 말씀 드릴 수 없습니다. 저희 쪽에서 할 수 있는 일로서 어느 큰 여행사의 의향을 내년 초에 타진해 보려고 생각 중입니다. 금후 어떤 형태로 진행시키고 싶으신지 알려주시면 고맙겠습니다.

## Outline

1. 견본을 받아서 검토했음을 알린다.
2. 자사의 활동 범위와 맞지 않아서 취급을 거절한다는 뜻을 전한다.
3. 문제점을 언급하면서도 다른 형태로 가능성이 있음을 시사한다.
4. 이쪽에서 할 수 있는 것을 정리한다.

 Expressions

**have been thoroughly reviewed** 현재완료형으로 시간을 들여서 검토했음을 나타낸다.
**determine their marketability** 그 상품의 시장성을 결정하다 **from the standpoint of our company** 당사의 입장으로서는 **io not really cuitod to** ~에 그다지 적합하지 않다
**our sphere of activity** 우리의 활동범위 **in that** ~라는 점에서 **the coverage** 적용(범위)
**was not detailed enough** 충분히 자세하지 않았다 **command interest from** ~의 흥미를 발생케 하다

# 137. 주문과 대금 지불방법 문의

>> 단일 품목을 해외에 주문하는 간단한 이메일. 처음 주문할 때는 지불 금액·방법 등이 불분명하므로 지불에 관해서도 질문한다. 사교적인 인사가 일체 없는 사무적인 이메일. 요점을 짚으면서 요령있게 정리했다.

| Subject | Placing an order |
| --- | --- |

Please airmail us one copy of the following:

William Faulkner : THE COFIELD COLLECTION

Indicate the amount as soon as possible if payment is required in advance.

다음 서적 한 권을 항공편으로 보내주십시오.

윌리엄 포크너 저 : THE COFIELD COLLECTION

대금이 선불이면 조속히 금액을 알려주십시오.

**Outline**
1. 물품명과 수량, 발송 방법을 명기하여 주문한다.
2. 지불 방법을 묻는다.

 **Expressions**

**Please airmail us** 항공편으로 보내시오 (송부 방법을 동사로 간결하게 지시했다.) **one copy of ~** 을 1부 (1부씩이면 one copy each of가 되므로 어순에 주의한다.) **the following** 다음의 (주문 내용을 알기 쉽게 표시한다. 주문이 많을 때는 일람표로 하면 좋다.) **Indicate the amount** 금액을 알려주시오 **if payment is required in advance** 대금이 선불이면

 **Tip**

Please airmail us는 송부 방법을 간결하게 지시한 사무적인 표현. 이 외에 Seamail 「선편으로 보내다」 airfreight 「항공 화물로 보내다」 등도 마찬가지로 쓰인다.

# 138. 수표를 첨부한 물품 주문

>> 물품 대금과 우송료를 알고 있는 경우의 주문 방법. 수표를 첨부할 때는 전체 금액뿐 아니라 그 내역을 기입한다.

| Subject | Payment for the product and the Airfare |
|---|---|

Please send us your WORDSTAR software package. This package, we understand, includes SPELLSTAR, MAILMERGE and SUPERSORT.

Attached is a certified check for $247.58 to cover the cost of the package plus air shipment.

Your quick action in this regard would be very much appreciated.

귀사의 워드스타 소프트웨어 패키지를 보내주십시오. 스펠스타, 메일머지 및 수퍼소트를 포함한 패키지입니다.

그 대금과 항공편 요금으로서, 247달러 58센트짜리 지불 보증 수표를 첨부합니다.

이 건에 관한 귀하의 조속한 조치를 바라마지 않습니다.

**Outline**
1. 품명과 수량을 명기하여 주문한다.
2. 지불에 관한 정보를 기입한다.
3. 조속한 조치를 바라면서 끝을 맺는다.

## ✉ Expressions

Please send us 주문의 상투어 This package, we understand, includes ~이 들어있는 패키지이다 a certified check for ~(금액)의 지불 보증 수표 (금액은 전치사 for로 나타낸다.) to cover the cost of X plus Y X와 Y의 대금으로서 (이 이메일에서는 Y에 air shipment가 들어가 지불 내역과 동시에 송부 방법의 지시를 겸하고 있다.) your quick action ~ appreciated 조속한 조치를 바라는 상투어

## Hot Tip

이 이메일의 첫째 문장의 끝과 둘째 문장의 첫머리에 package라는 단어가 되풀이되어 쓰였다. 영어에서는 같은 단어의 무의미한 중복은 피하는 것이 원칙이나 여기서는 논리를 연결하려는 목적에서 의도적으로 반복하고 있다.

>> 고액 상품을 주문하는 이메일이다. 일정한 서식의 주문 용지가 없으면 견적일, 물품명, 가격 및 기타 조건에 이르기까지 상세하게 확인을 받는다. 고액 상품이니만큼 법적으로 효력이 있는 주문은 신중하게 해야 한다.

| Subject | Would like to place an order. |

Gentlemen:

Thank you for your quotation of April 30 on your new, energy-saving centerless grinders.

We are pleased to place our order as follows:

2 Model CG-101X units at US $17,500 each F. O. B Newark

Total Payable : US $35,000

We understand delivery will be made within 60 days of your receipt of this firm order and that payment is due within 30 days of delivery as described in your quotation. Payment will be made by bank transfer.

Please confirm receipt of this order by return.

Your sincerely,
Kim Song-dong
Manager
Purchasing Department

귀사의 신형 에너지 절약 무중심 연마기에 대한 4월 30일자 견적서에 감사를 드립니다.

당사는 다음과 같이 주문하고자 합니다.

CG-101X형 2대

뉴어크 본선 인도 가격 1대당 미화 17,500달러

합계 금액 : 미화 35,000달러

당사는 귀 견적서에 기술된 것처럼 납품은 이 정식 주문을 귀사가 수령한 지 60일 이내에, 지불은 납품 후 30일 이내에 하게 되는 것으로 알겠습니다. 지불은 은행 송금으로 하겠습니다.

받는 즉시 이 주문을 확인해주시기 바랍니다.

**Outline**

1. 견적에 대한 사례 후 주문한다.
2. 납기, 지불 방법 따위를 확인한다.
3. 주문 인수의 확인을 요구하면서 끝을 맺는다.

 **Expressions**

Thank you for your quotation of (내용) on (날짜) 확인과 사례를 겸한다. We are pleased to place our order 주문하게 되어 기쁘다 at ~ each 1대(坮) 당 ~달러

 **Tip**

「~이내」를 나타내는 것은 within이지만 이것과 잘 혼동되는 전치사에 in이 있다. 이것은 「~후, ~지나서」라는 뜻이다.

# 140. 선불 주문

>> 주문에 대해 선불을 요구하는 내용으로, 「~할 수 없다」라는 부정적인 발상을 「~하면 할 수 있다」라는 발상으로 전환하여 답장에 적극적이고 협력적인 인상을 갖게 한다. 「대금이 선불이 아니면 보낼 수 없다」가 아니라 「대금을 받는 대로 보내겠다」이다.

---

| Subject | The terms of payment |

Dear Mr. Keton:

Copies of Instructional Software

Thank you for order NO. PB0211 included with your email of October 14. Attached is Pro Forma Invoice F91-131 for ₩1,000,000 (Korean won). Payment by bank draft will insure quick delivery.

The software will be dispatched immediately on receipt of your payment. However, please understand the software for Models 33X and 338XC is not yet available and will be airfreighted in January.

Thank you for giving us this opportunity to be of service.

Sincerely Yours,
Park Jong-su
Manager
Inventory Control
Enclosure

10월 14일의 이메일로 하신 주문 No. PB0211에 감사를 드립니다. 첨부한 것은 100만원짜리 견적 송장 F91-131입니다. 은행 어음으로 지불을 하시면 조속히 인도될 것입니다.

소프트웨어는 귀하의 송금을 받는 대로 발송될 것입니다. 그러나 33X형과 338XC형의 소프트웨어는 아직 이용할 수가 없으며, 1월에 항공편으로 발송하게 될 것임을 양해하시기 바랍니다.

도움을 드릴 수 있는 기회를 주신 데 대해서 감사를 드립니다.

**Outline**

1. 주문서 수령 통보와 사례 등을 구체적으로 기입한다.
2. 송장과 지불 방법 등을 설명한다.
3. 발송 예정을 알린다.
4. 재차 사례하고 끝을 맺는다.

 **Expressions**

**Thank you for your order** ~의 주문에 감사한다 (주문 번호, 날짜 등을 넣어 사례와 확인을 겸한다.) **Attached is** 이쪽에서 보내는 첨부물에 관해서 언급한다. **pro forma invoice for ₩** ~원의 견적 송장 **payment by bank draft** 은행 어음에 의한 지불 **insure quick delivery** 조속한 인도를 보증하다 **will be dispatched immediately on receipt of** 송금을 받는 대로 발송될 것이다 **However, please understand** ~을 이해하기 바란다 (사정이 적당치 못함을 알린다.) **will be airfreighted in January** 1월에 항공편으로 보내겠다 **be of service** 소용(도움)이 되다

 **Tip**

표제(Subject)는 반드시 필요한 것은 아니지만 이메일의 내용을 바로 알 수 있고 정리해서 보관하기가 편리하도록 간단히 단다.

# 141. 주문품의 생산 중단 알림과 대체품을 권함

>> 자사(自社) 제품의 결함으로 제조 중지가 되었다는 인상을 주지 않도록 배려하면서 중지 이유를 설명한다. 상대방이 납득할만한 대체품을 자연스럽게 권유(soft sell)한다. 우선 여러가지가 있음을 알리고 나서 구체적으로 하나를 권하고 자료를 첨부했으니 검토를 바란다는 내용이다.

**Subject**    We have substitution for the discontinued model.

Gentlemen:

Thank you very much for your order of one Model ILP-800 Semiconductor Laser Prober received on January 14.

Unfortunately, production of that particular model has been discontinued due to the increasing sophistication of user needs.

However, we now offer several advanced versions which are fully automatic and have many other superior features. You are encouraged to consider our Model IDF-1701A as an alternative that will meet your present as well as future needs. Attached is some detailed written information of this product.

We look forward to hearing from you soon with regard to how you would like to proceed.

Yours sincerely,
Hyun Tae-ho
Manager
Overseas Sales
Enclosure

1월 14일에 도착한 ILP-800 반도체 레이저 프로버 1대의 주문에 심심한 사의를 표합니다.

유감스럽게도 바로 그 모델의 생산은 사용자의 요구도가 높아짐에 따라 중단되었습니다.

그러나 당사는 현재 전자동이며 다른 많은 우수한 특징을 가진 발전된 모델 몇 가지를 판매하기 시작했습니다. 대체품으로서 현재는 물론이고 장래의 요구에도 부응할 IDF-1701A형을 검토하시면 어떨까요. 이 제품에 관한 상세한 자료 몇 가지를 첨부합니다.

어떻게 진행시키고 싶은지에 관해서 조속히 답장을 해주시기를 고대하겠습니다.

**Outline**

1. 주문서 수령을 알리고 사례를 한다.
2. 문제점을 알린다.
3. 대체품을 권한다.
4. 상대방의 의향을 묻고 끝을 맺는다.

 **Expressions**

**Thank you for** (내용) **received on** (날짜) 주문 일시 및 내용을 구체적으로 밝혀서 확인을 겸한다 **Unfortunately** 형편이 좋지 못한 점을 말한다. **Production has been discontinued** 생산이 중지되었다 **the increasing sophistication of user needs** 사용자의 요구도가 높아지다 **However** 대안을 제시하다 **we now offer** ~을 제공할 수 있다 **advanced versions** 진보한 형 **many other superior features** 다른 많은 우수한 특징 (우수함을 강조하고 상세한 것은 자료로 미룬다.) **You are encouraged to consider** ~을 검토하면 어떨까 **as an alternative** 대체품으로서

**Hot Tip**

meet your present as well as future needs는 가격이 비싼 것을 권할 때 자주 사용하는 표현. 현재만을 위한 임시 변통이 아니라 장래까지 생각해도 좋은 물건이라는 뜻.

# 142. 주문 물품의 수량 부족 알림

>> 상황과 문제점을 정확히 알리는 것이 중요하다. 요구할 사항이 있으면 그것을 알리고 없을 때는 상대방의 태도를 관망한다. 이 이메일은 미도착 물품 때문에 도착한 것까지 사용 불능임을 말하고 예측되는 상대방의 우선 지불 요구를 미리 거절하고 있다.

| Subject | Amendment Invoice |
|---|---|

Gentlemen:

Our order No. NR-3790 was received on November 7.

In checking the contents against your attached invoice, it was found that several items were missing. Please see the attached copy of your invoice which is modified to reflect the items actually delivered.

Our regulations do not permit payment against inaccurate invoices. Also, some of the deleted items render other delivered items useless.

We await your instructions on how you propose to deal with this situation.

Your sincerely,
Seo Tae-bong
Supervisor
Purchasing Department
Enclosure

당사 주문품 NR-3790을 11월 7일에 받았습니다.

첨부되어 있는 송장과 내용을 대조한 바 몇 가지 품목이 부족한 것이 판명되었습니다. 실제로 도착된 물품을 알 수 있도록 수정된 송장을 첨부하니 보시기 바랍니다.

당사의 규정은 수령품과 일치하지 않는 청구서에 대한 지불은 허용하지 않습니다. 또한 약간의 미도착 물품은 도착된 다른 물품을 쓸모없게 하고 있습니다.

이와 같은 사태에 대해서 어떻게 대처할 것인지 귀하의 지시를 기다립니다.

**Outline**
1. 주문품을 받았음을 알린다.
2. 내용 확인 결과를 알린다.
3. 수량이 부족함을 말한다.
4. 상대의 지시를 바라고 끝을 맺는다.

## Expressions

Our order (번호) was received on (날짜) 주문 번호와 수취 날짜를 명기한다 On checking X against Y X와 Y를 대조한 결과 it was found ~을 알았다 (비인칭 주어를 사용하여 사무적인 느낌을 더하고 있다.) several items were missing 몇 가지 품목이 부족하다 be modified 수정했다 our regulations do not permit payment 첫 번째 문제점 inaccurate 수취한 물품과 일치하지 않는 Also 또 한가지의 문제점을 꺼냄 deleted items render ~ useless 부족품으로 인해 ~을 사용할 수 없다 (두 번째 문제점) how you propose 상대의 제안을 먼저 들어볼 것임을 나타냄. deal with this situation 이 사태를 처리하다

## Hot Tip

어휘 수준의 통일성에 신경쓸 것. 본문 3단락의 delete는 격식 차린 어휘이므로 거기에 맞추어서 render, items라는 단어를 사용하고 있는데 이것을 make, things라고 하면 표현의 통일성이 상실된다.

# 143. 반품 통보

>> 반품에 대한 승낙을 요구한다기 보다는 반품한다는 단호한 태도를 알리는 이메일이다. 여러 가지 대책을 강구했으나 개선의 전망이 없는 것, 금전적으로도 피해를 입고 있는 것을 논리적으로 주장하여 상대방을 납득시킨다.

---

**Subject** | Return Notification

Gentlemen:

We took delivery of one of your SL-317B ceramic slicers on July 15 as acknowledged in our email of July 20.

In the interim, as you know, we have tried unsuccessfully to make the very expensive piece of equipment operational. Despite the best efforts of our technical staff and your technical representatives, the slicer still performs far below what you claim in your technical specifications. This has already cost us a great deal in wasted labor expenses and lost production.

Consequently, in view of the time already lost and the lack of any prospect for quick improvement, we would like to return the equipment at your expenses in accordance with your guarantees.

We look forward to your instructions on how you would like this carried out.

Yours sincerely,
Kang Sun-tae
General Manager
Production Engineering Department

7월 20일자 이메일에서 알려드린 것처럼 SL-317B 세라믹 슬라이서를 7월 15일에 받았습니다.

그 동안 아시다시피 이 고가의 기기를 사용 가능하게 하기 위해서 여러 가지 시도를 했으나 성공하지 못했습니다. 당사의 기술진과 귀사의 기술자들의 최선의 노력에도 불구하고 슬라이서는 아직도 귀사의 기술 명세서에서 주장하고 있는 성능 수준에 훨씬 못 미치고 있습니다. 이것은 이미 당사로 하여금 인건비의 낭비와 생산 저하라는 커다란 부담을 안게 했습니다.

따라서 이미 소비된 시간 낭비와 조속한 개선의 전망이 없음에 비추어 보증 조항에 의거하여 귀사의 비용 부담으로 이 기기를 반품하겠습니다.

어떻게 실시하면 좋은지 지시를 기다리겠습니다.

**Outline**

1. 문제의 제품을 언급한다.
2. 지금까지의 문제점을 설명한다.
3. 반품을 원한다는 것을 알린다.
4. 반품 방법을 묻고 끝을 맺는다.

## ✉ Expressions

we took delivery of 「받았다」의 비즈니스 용어 has tried unsuccessfully 여러 가지 해 보았으나 성공하지 못했다 very expensive piece of equipment 고가의 기기 Despite the best effort 최선의 노력에도 불구하고 perform far below what you claim 주장하고 있는 성능보다 훨씬 뒤떨어지다 This has already cost 손해를 입고 있다 Consequently 따라서 (논리적으로 전개한다.) the time already lost 시간의 낭비 lack of any prospect for ~에 대한 전망이 없음 return 반품하다

### Tip

as you know는 대개 쓰지 않지만, 이 이메일에서는 의도적으로 사용하고 있다. 몇 번이고 반복한 것이기 때문에 다시 쓰지 않고 상기시키고자 할 때 as you know를 사용함으로써 이쪽의 불만을 나타낼 수 있기 때문이다.

>> 특별히 인정해 달라는 요구를 각하한다. 대리점에 대해서는 특히 감정의 응어리를 남기지 않게 거절할 필요가 있다. 논리적으로 설득하는 것은 물론이지만 다른 가능성을 제시하거나 대리점으로서의 상대방의 노력을 긍정적으로 평가하는 등의 문장을 삽입한다.

| Subject | Dismissal of the reappraisal request for special warranty |
|---|---|

The possibility of including wheel balancing problems under special warranty has been carefully studied, as requested in your email of February 4.

In this regard, the problems involved may seem to be coming from the factory. However, routine measures are taken in our plants to keep tire balance, out-of-roundness, and tire pressure within standards. The quality control systems involved are designed to insure that problems such as you describe do not occur.

Consequently, it seems unlikely that the problems are stemming from the factory. For this reason, it is not possible to cover them under the warranty, even at a special policy. However, the matter still deserves attention, and we recommend you report it to Mr. Kim of our Products Information Section, who will help you in this respect.

Thank you for bringing the matter to our attention. Please be assured your efforts to insure customer satisfaction are highly regarded here.

2월 4일자 이메일에서 요망하신 대로 바퀴의 밸런스 문제를 특별 보증에 포함시키는 것의 가능성에 관해서 신중히 검토했습니다.

이 건에 관해서 외견상 문제가 제조 단계에서 발생하는 것처럼 보일지도 모릅니다. 그러나 당사 공장에서는 타이어의 균형, 원주의 뒤틀림 및 공기의 압력을 일정한 규격 내에 넣도록 정기적인 조치가 취해지고 있습니다. 여기에 관련되는 품질 관리 시스템은 지적하신 것과 같은 문제가 일어나지 않도록 하는 것을 목적으로 하고 있습니다.

따라서 문제가 제조 단계에서 발생했다고 생각할 수가 없습니다. 때문에 이 문제를 특별 방책으로라도 보증에 포함시킬 수가 없습니다. 그러나 역시 주목을 요하는 문제이기 때문에 본사의 제품정보과 김 씨에게 이 건을 보고하시도록 권해 드립니다. 반드시 도움이 되리라고 생각됩니다.

이 문제에 관해서 저희 부서에 상담하신 것에 대해서 감사를 드립니다. 고객에게 만족을 주려는 귀사의 노력에 이곳 일동은 깊이 존경을 느끼고 있습니다.

**Outline**
1. 상대의 요구를 확인하고 검토한 사항을 알린다.
2. 이쪽 주장의 근거를 알린다.
3. 요구를 각하하지만 다른 가능성을 제시한다.
4. 상대에 대한 감사와 존경의 말로 끝을 맺는다.

 **Expressions**

The possibility of 가능성이라고 말하고 있으므로 승인의 전망이 없음을 알 수 있다. have been carefully studied 충분히 신중하게 검토했다 as requested in ~의 요청대로 (왜 이 메일을 쓰고 있는가를 나타낸다.) may seem to 상대방의 주장을 나타낸다.

 **Tip**

In this regard, However, Consequently, For this reason은 논리적 전개를 위한 신호.

# 145. 부품교환에 대한 응답

>> 부품 교환을 자비로 해야 했다는 불만에 대한 답신. 보증으로 보상할 수 있는 원칙을 알리고 나서 대리점으로 하여금 상황을 자세히 설명하도록 할 것을 약속한다. 중립적인 태도를 지키고 책임을 회피하고 있다는 인상을 주지 않도록 한다.

---

**Subject**    Regarding the Accessory Exchange

Let us begin by thanking you for taking the time to write to us.

It is not at all difficult to understand that you were disappointed at having to replace your clutch at your own expense after only 11,000 miles. It is certainly natural for you to feel this expense should have been covered by the warranty.

However, as you know, our warranty covers clutch failure only in the case of manufacturer's defect. Failure due to wear from operating conditions is not covered. It seems that the reasons for the failure of your clutch were not made completely clear to you.

Please rest assured that every dealer is of course fully responsible for the standard of service he provides and must justify all work carried out or costs incurred while a customer's vehicle is on his premises. In this regard, we feel sure Carke Motors thoroughly investigated the cause of failure. Consequently, we have forwarded a copy of your email to them and asked them to clearly explain the reasons for the warranty decision made.

We are confident they will explain everything to your satisfaction. Once again, thank you for your email.

다망하신데도 불구하고 이메일을 주셔서 감사합니다.

겨우 11,000마일 주행 후에 자비로 클러치를 교환해야 했던 것에 실망하셨으리라 짐작합니다. 그 비용이 보증에 포함되어야 한다고 느끼신 것도 당연하다고 생각합니다.

그러나 아시는 바와 같이 클러치 고장에 관한 보증은 제조자 측에 원인이 있는 경우에 한정되어 있습니다. 운전 마멸에 의한 고장에는 적용되지 않습니다. 아마 클러치 파손의 이유에 대해서 분명한 설명을 받지 못하신 것이 아닌가 생각됩니다.

어느 판매점도 서비스의 기준을 지킨다는 점에서는 당연히 전면적으로 책임이 있으며 보증 사항에 들어맞는 한은 그 수리와 비용 일체를 부담하게 되어 있습니다. 그러므로 카크 모터스사가 원인을 철저히 조사했으리라고 확신하고 있습니다. 따라서 카크 모터스사에 귀 이메일의 사본을 회송하여 이 보증 결정의 근거를 설명 드리도록 지시했습니다.

만족하시도록 설명을 드리리라 확신하고 있습니다. 이메일을 주신 데 대해서 재차 감사를 드립니다.

## Outline
1. 이메일에 대한 사례를 한다.
2. 상대방 기분에 대한 이해를 나타낸다.
3. 이쪽의 견해를 알린다.
4. 상대방을 안심시킬 구체적인 조치를 취한다.
5. 재차 사례를 하면서 끝을 맺는다.

 Expressions

for taking the time 일부러 시간을 할애해 주어서 It is not at all difficult to understand 잘 알겠다 It is certainly natural for you to feel ~라고 느끼는 것도 당연하다 However 이해를 나타내고 나서 이쪽의 이론을 꺼낸다. only in the case of ~의 경우에만 (제한을 나타낸다.) is not covered ~은 포함되지 않는다

# Part 5_비즈니스 Ⅲ

# 146. 대리점으로 전문가 파견

〉〉 전문가의 출장 방문이 상대방을 위한 것이며 일정을 포함해서 아직 계획 단계라는 점을 알림으로써 일방적이고 강압적이라는 인상을 피한다.

| Subject | Dispatch of Specialist |
| --- | --- |

As part of our continuing effort to improve our worldwide parts supply service to our customers, we are now preparing to dispatch specialists to assist and refine parts management at our more important distributors. In line with this, Hong Gildong, a qualified member of our head office staff, is planning to visit your company from January 10 to 17.

Outlined below are concrete subjects to be covered during his stay:

Parts Inventory Control

Annual order planning

Monthly adjustment of annual plan

Review of Our Parts Ordering Procedures

Order follow-up information

Specifics on Your Market

Imitation parts

Import regulations and duty structure

Your usual full support and cooperation during his stay would be very much appreciated.

We look forward to an early reply regarding your disposition to this matter.

전세계 고객에 대한 부품 공급 업무의 계속적인 개선 노력의 일환으로서, 중요 판매 대리점에서의 부품 관리를 원조, 개선하기 위해 전문가를 파견할 준비를 진행 중입니다. 이에 따라 본사 직원들 중 담당자인 홍길동 씨가 1월 10일에서 17일까지의 예정으로 귀사를 방문할 준비를 하고 있습니다.

다음은 홍 씨가 체재 중 취급 예정인 구체적인 사항들입니다.
부품 재고 관리

연간 발주 계획

연간 계획의 월별 조정
부품 발주 절차의 재검토

주문의 추적 정보
시장의 특수 사정

모조 부품

수입 규제 및 관세 구조

홍 씨의 체재 동안 여느 때와 같은 전반적인 지원과 협력을 부탁하겠습니다.
이 건에 관해 귀사의 의향을 조속히 회답해 주실 것으로 기대합니다.

**Outline**
1. 전문가 파견의 목적과 기간 등을 알린다.
2. 구체적인 목적을 조목별로 쓴다.
3. 협력을 요청한다.
4. 답장을 요구한다.

# 147. 대리점 직원의 본사 초대

>> 초대라기보다는 소환이라는 느낌으로 산하의 회사나 업자에게 보내는 이메일이다. 우위의 입장에서 쓰이기는 했으나 상대방 형편에 대한 배려도 엿볼 수 있다. 일방적으로 부르는 것이 아니라 상호의 이익이 되는 일이므로 꼭 와주었으면 좋겠다는 것이 요점이다.

| Subject | Invitation to Head Office and Schedule |
| --- | --- |

Dear Mr. Walker:

It gives me great pleasure to invite you to our head office for discussions on pertinent matters. Your visit will permit us here to get your firsthand view of the present market situation in Rwanda while also affording you a chance to talk over the introduction of new products.

We hope you will be able to arrange to spend about one week, preferably from December 17. This would be the most convenient time for us.

We look forward to hearing from you in this regard at your earliest convenience.

Yours sincerely,
Byeong-su Park

당면 문제 의논을 위해 귀하를 저희 본사로 초대하게 된 것을 매우 기쁘게 생각합니다. 와주시면 르완다 시장의 현 상태에 관한 귀하의 직접적인 견해를 들을 수도 있고, 귀하에게 신제품의 도입에 관해 상담할 기회를 드릴 수도 있을 것입니다.

가급적이면 12월 17일부터 약 1주일을 보낼 준비를 하실 수 있기 바랍니다. 이 기간이 저희들에게 가장 바람직합니다.

이 건에 관해서 되도록 빠른 답장을 기다리겠습니다.

**Outline**
1. 소환의 목적을 전한다.
2. 원하는 일시와 기간을 알린다.
3. 답장을 요구한다.

## ✉ Expressions

It gives me great pleasure to 기꺼이 ~하겠다 ( '좋은 소식' 을 알릴 때의 서두) pertinent matters 당면 과제 permit us here to (당신의 방문) 덕분에 우리들은 ~할 수 있다 firsthand views 직접적인 견해 afford you a chance to ~할 기회를 제공한다 talk over ~에 관해서 의논하다 (위에 discussion이 있기 때문에 여기서 discuss를 사용하는 것을 피하고 있다.) We hope you will be able to arrange to ~할 준비를 할 수 있기 바란다 (명령적인 표현을 피하고 있다.) preferably 되도록이면 (if possible보다 세련된 표현이다.) This would be 이쪽의 형편을 말하고 있으므로 가정법을 써서 표현을 부드럽게 하고 있다. We look forward to hearing from you 답장을 기다리겠다 at your earliest convenience 되도록 빨리

 **Tip**

at your earliest convenience는 상대의 형편을 생각한 표현이다. as soon as possible쯤 되면 「하여간 빨리」와 같은 뉘앙스로 보다 긴박감이 있다.

>> 방문을 승낙하면서 기쁘게 맞이하는 내용. 이메일 안에 있는 것처럼 추상적인 의의를 거론하는 것만으로도 우호적인 분위기가 나온다. 필요한 확인 정보와 환영의 기분을 온전히 전하는 일반적인 방문 수락의 이메일이다.

---

**Subject**  Looking forward to Mr. Halod's visit.

Gentlemen:

Thank you for your email of August 21 informing us of Mr. Halod's plans to visit us for about one week from October 13.

We will be most happy to welcome him at head office. The visit should provide an excellent chance for in-depth discussions on pertinent marketing matters with him.

It is felt that regular meetings between us of this sort will work to deepen mutual understanding and strengthen our entire operation.

We are very much looking forward to having him with us.

Yours sincerely,
Dong-ho Mun
General Manager

핼롯 씨가 10월 13일부터 1주일간 저희들을 방문할 계획임을 알리신 8월 21일자 이메일을 받았습니다.

그분을 저희 본사에 맞이하는 것은 더 없는 기쁨입니다. 마케팅 관계의 여러 문제에 관해서 철저한 토론이 가능한 절호의 기회가 될 것입니다.

이와 같은 회합을 정기적으로 갖는 것은 상호 이해를 깊게 하고 우리들의 사업 전체를 강화하는 데 유효하리라고 생각합니다.

그분을 맞이하게 되길 고대합니다.

**Outline**

1. 이메일을 받았음을 알린다.
2. 환영의 뜻과 방문의 의의를 말한다.
3. 우호적인 분위기를 전한다.
4. 즐겁게 기다리겠다는 말로 끝을 맺는다.

## ✉ Expressions

**informing us of plans to visit** '~이 방문할 예정'이라는 뜻의 informig으로 이메일의 내용을 나타낸다. **be most happy to welcome** ~을 대환영하다 **should** 꼭 ~일 것이다 (기대를 나타낸다.) **provide an excellent chance** 훌륭한 기회를 제공한다 **in-depth discussions** 철저한 토론 **pertinent** 관련한, 당면한 **It is felt** ~라고 생각되다 (We feel과 같은데 앞 문장이 we로 시작되었으므로 we가 계속되는 것을 피하고 있다.) **regular** 정기적인 **deepen mutual understanding** 상호 이해를 깊게 하다 **strengthen our entire operation** 우리들의 사업 전체를 강화하다 **look forward to** ~하는 것을 즐거움으로 기다리다 **have him with us** 그를 맞는다

 **Tip**

이메일의 상투어에 대해서 조금만 연구하면 성의를 표현할 수 있다. looking forward to seeing him이라고 하지 않고 looking forward to having him with us로 한 것이 그 좋은 예이다.

# 149. 공항 마중

>> 상대방에게서 도착 일시나 항공편 등 구체적인 내용이 당도하였으므로, 공항까지 사람을 내보내겠음을 전하는 이메일. 면식이 없는 사람끼리이므로 곧 상대를 인식할 수 있도록 준비할 필요가 있다. 출장에 관련한 준비의 마무리 이메일이기 때문에 정확한 정보를 빠짐없이 전한다.

---

**Subject**　Mr. Kim will pick you up at the airport.

Dear Mr. Kayama

With regard to your forthcoming visit, our Mr. Kim will be meeting you at Incheon on September 8 to assist you.

Your schedule indicates you will be flying on NW007 scheduled to arrive at 5:45 P.M. Seoul. To insure quick identification, Mr. Kim will be carrying a small LEMCO flag.

We look forward to seeing you soon.

Please be sure to inform us by e-mail should your schedule change in the interim.

Yours sincerely,
Gyeongsik Lee
Manager

귀하의 이번 방문에 관해서 당사의 김 군이 9월 8일에 귀하의 편의를 도모하기 위해서 인천으로 마중을 나갈 것입니다.

예정에는 오후 5시 45분 서울 도착의 NW007편을 이용하시는 것으로 되어 있습니다. 김 군은 바로 알 수 있도록 작은 LEMCO의 깃발을 가지고 있을 것입니다.

곧 뵙게 되기를 고대합니다.

그 동안 스케줄에 변경이 생기면 이메일로 알려주십시오.

**Outline**
1. 마중을 나가겠다는 것을 전한다.
2. 항공 일정을 확인하고, 마중 나가는 사람을 식별하는 방법을 말해준다.
3. 환영의 기분을 전한다.
4. 일정 변경 시 연락해줄 것을 요구한다.

 Expressions

With regard to ~의 건에 대해서 (널리 응용되는 상투어) forthcoming visit 이번의 (다가오는) 방문 our Mr. 당사의~ to assist you 편의를 도모하기 위하여 our schedule indicates 스케줄로는 (confirm이라는 단어를 쓰지 않고 확인하고 있는 점이 세련된 인상을 준다.) To insure quick identification 바로 알 수 있도록 We look forward to 상투어 Please be sure to inform us 알려주십시오 should your schedule change = if your schedule changes in the interim 그 동안

**Hot Tip**

자기 회사 사원을 가리킬 경우에도 Mr.를 붙인다. 아무것도 안 붙이면 거친 인상을 주게 된다.

Chapter 2 숙박과 관련된 이메일

## 150. 호텔 예약 1

>> 몇 번이나 이용한 일이 있는 호텔에 예약을 의뢰하는 이메일이다. 과거에 좋은 서비스를 받아서 만족한 것처럼 이번에도 잘 부탁한다는 내용이다.

---

**Subject**    Need to make a reservation for 5 nights.

Dear Mr. Heimer:

Thank you for the fine arrangements that were made for me last August. My associates and I thoroughly enjoyed our stay at your hotel.

I plan to visit Hawaii again this August. I will arrive on the morning of August 7 and hope that a room can be available from noon. I will leave on the morning of August 12. I would very much appreciate it if you could arrange for a ground level ocean front room.

Thank you again for everything you have done to make my previous stays memorable.

Sincerely yours.<br>
Choi Chul-su<br>
Managing Director

작년 8월에 베풀어주신 빈틈없는 보살핌에 감사를 드립니다. 저도, 제 동료도 귀 호텔에서의 체류를 충분히 즐겼습니다.

금년 8월에 다시 하와이에 갈 예정입니다. 8월 7일 아침에 도착하기 때문에 그날 정오부터 방을 사용할 수 있기를 바랍니다. 8월 12일 아침에 출발 예정입니다. 1층 바다 쪽의 방이 준비가 될 수 있으면 매우 고맙겠습니다.

먼저 체류를 추억에 남도록 해주신 모든 것에 대해서 재차 감사를 드립니다.

**Outline**
1. 지금까지의 서비스에 대해 만족하고 있음을 알린다.
2. 체류기간과 원하는 호실 등을 말하고 예약한다.
3. 다시 한 번 서비스에 대한 사례를 하며 끝을 맺는다.

## ✉ Expressions

fine arrangements 훌륭한 준비 thoroughly enjoyed 완전히 만족했다 I plan to ~할 예정이다 I will arrive on/I will leave on 오전인지 오후인지를 명기하고 체류 기간을 알린다. hope that 요망을 전하는 어구 can be available from noon 낮부터 쓸 수 있다 I would appreciate it if you could ~해주면 고맙겠다 (부탁을 할 때의 표현) arrange for ~을 준비하다 Thank you again 맺으면서 사례를 할 때의 상투어 everything you have done 지금까지 해준 모든 것 (전적으로 만족하고 있음을 알리고 이번에도 잘 부탁한다는 기분을 담는다.) make ~ memorable ~을 추억에 남는 것으로 하다 (과거에 대한 사례를 하는 가운데 자기가 고객임을 알린다.)

 **Hot Tip**

희망하는 방의 종류를 말할 때는 single room이라든지 double room이라고 하는 것이 일반적이지만 본문에서는 ground level ocean front라고만 밝혔다. 이것은 이 호텔에서 특별히 정하고 있는 방의 등급이 있어 그 이상은 말할 필요가 없기 때문이다.

>> 과거에 이용했던 호텔에 자기와 지인의 방 예약을 의뢰하는 이메일. 전회의 이메일과 마찬가지로 과거의 체류 사실을 알리면서 의뢰한다. 외국과의 예약이기 때문에 절차가 한 번에 끝나도록 정보를 완전하게 전해서 시간의 단축을 도모한다.

---

**Subject**　　Two separate reservations need to be made

Allow me to begin by thanking you for the fine arrangements you have made for us over the years. I can never seem to stay long enough at the Kahala.

This year I will again be stopping off in Hawii on the way to the mainland. Please arrange for either a ground-level beachfront room, as I had last year, or an ocean-view room with a lanai. I will be arriving on July 1 and plan to leave on July 5.

Aside from this, three friends, who are wives of close business associates here in Korea, will be arriving on July 9 and will be staying through July 13. They would very much like to sleep in the same room. I would appreciate any solution you can come up with that would resolve this problem.

Thank you again for all you have done to make my previous stays memorable. I look forward to hearing from you soon.

여러 해 동안 저희들을 위해서 베풀어주신 보살핌에 우선 감사를 드립니다. 카할라 호텔에 체류할 때마다 떠나기가 섭섭한 느낌이 듭니다.

금년에도 미국 본토로 가는 도중에 하와이에 들르고자 합니다. 작년에 숙박했을 때처럼 1층의 바다로 면한 방이나 베란다가 붙은 바다가 보이는 방으로 준비해주십시오. 7월 1일에 도착하여 7월 5일에 출발할 예정입니다.

이와는 별도로 세 친구 — 친한 한국인 동료의 부인들 — 가 7월 9일에 도착하여 7월 13일까지 체류할 것입니다. 이 세 사람은 꼭 한방에서 자고 싶답니다. 귀하께서 이 문제의 해결책을 강구해 주시면 고맙겠습니다.

재차 먼저번의 체류를 추억에 남도록 해주신 모든 것에 대해서 감사를 드립니다. 답장을 기다리겠습니다.

## Outline

1. 지금까지의 서비스에 대해 만족하고 있음을 알린다.
2. 자신의 체류기간과 원하는 호실 등을 말하고 예약을 한다.
3. 지인들의 방을 추가로 예약한다.
4. 다시 한 번 서비스에 대한 사례를 하며 끝을 맺는다.

 Expressions

over the years 오랫동안의 이용객이라는 뉘앙스이다. This year I will again 금년에도 다시 ~할 것이다 (This와 again에 역점이 있다.) either X or Y 방의 종류에 여유를 준 표현 as I had last year 작년과 마찬가지로  will be arriving on ~ and plan to leave 체류 기간을 알린다. Aside from this 두번째 용건으로 옮기다

 Tip

용건이 둘 이상 있을 때는 용건마다 단락을 달리해서 알기 쉽게 한다.

# 152. 호텔 예약 의뢰

>> 출장에 앞서 항공편도 결정되었으므로 출장지의 관련 회사에 호텔 예약을 의뢰하는 이메일이다. 직함을 명기한 구성 멤버, 체재 예정 장소와 기일, 항공편, 출발 및 도착지, 시간 등 필요한 정보를 빠짐없이 담은 사무적인 이메일이다.

| Subject | Reservation and Schedule |

Gentlemen:

Our delegation consisting of Gang Dong-sun, Contact Director, North America; David Dong, General Manager, Marketing; and Shin Chun-sik, Deputy Manager, Accounting; will be staying in Detroit from October 9 to 13.

Their flight schedule is as follows:

Flight : UA22

Departure : Seoul 10/9, 3:00 P.M.

Arrival : Detroit 10/9, 4:00 P.M.

We would appreciate your arranging hotel accommodations for three singles for four nights in line with this schedule.

Please confirm through e-mail.

Yours sincerely,
Im Tae-gwon
Assistant Manager

북미 담당 이사 강동순, 마케팅 본부장 데이빗 동, 경리 부장 대리 신춘식을 멤버로
하는 저희 대표단은 10월 9일부터 13일까지 디트로이트에서 체재할 예정입니다.

비행 예정은 다음과 같습니다.

비행기편명 : UA 22

출 발 : 서울 10월 9일, 오후 3시

도 착 : 디트로이트 10월 9일, 오후 4시

이 예정에 따라서 호텔에 1인용 방 3개를 4박으로 예약해주시기 바랍니다.

이메일로 확인해주시기 바랍니다.

**Outline**
1. 방문 인원, 장소, 기간 등을 알린다.
2. 비행편의 출발 도착 시각을 명기한다.
3. 호텔 예약을 의뢰한다.
4. 확인을 요구한다.

 **Expressions**

delegation consisting of ~으로 이루어지는 대표단 (방문의 구성원) will be staying in
(장소) ~에 체재할 예정이다 from (도착일) to (출발일) 체류 기간 Their flight schedule is
as follows 항공 일정은 다음과 같다 (비행기에 관한 것뿐이 아니라 좀더 자세한 여정을 넣고 싶을
때는 itinerary를 사용한다.)

 **Tip**

날짜의 10/9는 미국식이면 10월 9일, 영국식이면 9월 10일을 나타낸다. 나라에 따라 해석이 다른 경우가 있
기 때문에 혼동하기 쉬울 때는 월명을 쓸 것. 이 이메일의 경우는 먼저 October 9이라고 표시되어 있으므
로 문제는 없다.

# 153. 예약 접수와 예약금 요구

>> 전임자 앞으로 도착한 예약 신청에 대한 답장. 책임질 수 있는 것과 없는 것을 구체적으로 알리고 도착 후에 불만이 없도록 하는 것이 중요하다. 서비스업이므로 송금 요구는 정중해야 한다. 이 이메일에서는 「예약 플랜」을 보내서 부드럽게 예약 규정을 알리고 있다.

| Subject | Requested Reservation secured and Deposit information |
|---|---|

Thank you for your email of June 14 addressed to Mr. Kim Jun-su. Mr. Kim is no longer associated with the New Songni and it is therefore my pleasure to assist you in arranging accommodations for your forthcoming stay from August 1 to August 8.

We have reserved a double Mt. Songni view room at ₩100,000 daily plus 10% tax, and I have noted your request for a higher-level room. Unfortunately, we are unable to guarantee this prior to arrival due to unforeseen circumstances which may develop, but you may be sure that we will try to fulfill your special request if it is at all possible.

May I ask that you kindly provide your credit card number to reconfirm this reservation request. For your information and reference, I am also enclosing our 5-Point Executive Reservation Plan.

We look forward to having you with us.

김준수 씨께 보내신 6월 14일자 이메일에 감사를 드립니다. 김 씨가 '뉴 속리'를 사직함에 따라 오는 8월 1일부터 8월 8일까지 귀하의 체류를 위한 준비를 제가 맡게 된 것을 기쁘게 생각합니다.

속리산이 보이는 2인용 방을 1박 100,000원에 10%의 세금을 가산하여 예약했습니다. 또 귀하가 위층의 방을 희망하신다는 것도 알고 있습니다만 유감스럽게도 이 건에 관해서는 뜻밖의 사정이 발생할지도 모르기 때문에 도착하시기 전에는 보증할 수가 없습니다. 그러나 귀하의 특별 요청이 이루어질 수 있도록 가능한 한 노력을 하겠으니 안심하시기 바랍니다.

죄송합니다만 예약 신청의 재확인을 위해서 신용카드 번호를 알려주시기 바랍니다. 참고로 당 호텔의 5개항의 「예약 사무 계획서」를 첨부합니다.
오실 날을 고대하겠습니다.

**Outline**
1. 예약 신청에 대한 사례를 하고 담당이 바뀌었음을 알린다.
2. 예약 신청에 대한 이쪽의 대응을 구체적으로 알린다.
3. 예약 플랜을 첨부하고 예약금을 위해 신용카드 번호를 요구한다.
4. 방문을 기다리겠다는 말로 끝을 맺는다.

 Expressions

no longer associated with 「사임하다」의 완곡한 표현 it is my pleasure to 기꺼이 ~ 해주다 (서비스업다운 표현) We have 지금까지 한 것을 나타내며 우선 책임진 내용을 알린다.

 Tip

퇴직한 사람에 관해서 언급할 때는 ~is no longer associated with us가 감정이 들어가지 않는 사무적인 표현으로 알맞다.

323

# 154. 예약 완료 알림

>> 호텔이나 레스토랑으로부터의 이메일은 어디까지나 손님에 대한 서비스를 중히 여기고 있음을 느끼게 하여야 한다. 손님으로부터의 특별한 지시가 없는 경우에는 상대방에게 도움이 되도록 배려하는 서비스 정신이 중요하다.

---

**Subject**    Your reservation is complete.

Dear Mr. Heijn:

Thank you for your e-mail of June 8 and providing your credit card number.

I am now very happy to advise that we are holding on a confirmed basis one of our fine river-side rooms for you from August 9 until August 12. The daily rate for this room is ₩100,000 plus 10% tax on the executive plan.

All of us are looking forward to welcoming you and if I can be of any further assistance to you in the meantime, please do not hesitate to let me know.

Sincerely yours,
Shin Gi-yeong
Rooms Division Manager

6월 8일자 이메일 및 신용카드 번호를 알려주셔서 감사합니다.

이에 강 쪽의 훌륭한 방을 8월 9일부터 8월 12일까지 확실히 예약했음을 기쁘게 보고합니다. 이 방의 1박 요금은 할인 요금제에 의하여 100,000원에 10%의 세금이 가산됩니다.

우리 모두 귀하를 맞이할 날을 고대하고 있습니다. 그 사이에 제가 달리 도울 수 있는 일이 있으면 주저마시고 알려주십시오.

**Outline**
1. 카드번호를 받았음을 알린다.
2. 예약이 완료되었음을 알린다.
3. 상대방을 환영한다는 말로 끝을 맺는다.

✉ **Expressions**

providing your 카드 번호를 잘 받았습니다 be applied to your account 방 값의 일부로 충당되다 hold on a confirmed basis (박무) 확실히 예약하다 the daily rate 일박 유금 executive plan 호텔 제공 할인 프로그램을 적용한 것을 알림으로써 성의를 나타내고 있다. Please do not hesitate to let me know 주저 없이 알려주시오 All of us 임직원 모두가 환영한다는 뜻을 전하며 따뜻한 서비스 정신이 나타나 있는 표현

325

>> 호텔 예약을 부탁받고 상대방의 희망에 부응하도록 모든 노력을 다했으나, 마침 그때가 국경일인 동시에 큰 회의가 개최되는 관계상 어느 호텔에도 방을 잡을 수가 없다. 그래서 예정을 1주일 뒤로 연기할 것을 권하는 이메일이다.

---

**Subject**     Changes to the schedule seem inevitable.

Every effort has been made to secure reservations for your party at the New Star Hotel from May 1 through 7 as requested in your email of March 10.

However, due to a large international conference being held in Seoul at that time and the fact the period coincides with several national holidays the hotel informed us that, as of the moment, no suitable room arrangement can be worked out. In checking with all other first class hotels in the Seoul area we received a similar answer.

Therefore, we suggest you consider delaying your projected trip by a week or so. The New Star has indicated they would be happy to accommodate you any time after May 8.

Please let us know how you would like us to proceed.

3월 10일자 이메일에서 요구하신 대로 귀 일행을 위해서 5월 1일부터 7일까지 뉴 스타 호텔에 예약을 하려고 모든 노력을 다했습니다.

그러나 그 기간에는 서울에서 큰 국제 회의가 개최되는 데다가 국경일이 겹치기 때문에 호텔 측에서는 현 단계로서는 적당한 방의 준비를 할 수 없다고 알려 왔습 니다. 서울 지역의 다른 일류 호텔에 모두 알아보았지만 대답은 비슷했습니다.

따라서 예정을 1주일쯤 연기하시도록 제안합니다. 뉴스타는 5월 8일 이후에는 언 제나 기쁘게 편의를 도모하겠다고 말하고 있습니다.

어떻게 진행시키면 좋은지 알려주십시오.

**Outline**

1. 의뢰 사항을 확인한다.
2. 결과를 보고하고 예약을 하기 위한 그간의 노력을 알린다.
3. 일정 변경을 권한다.
4. 지시를 바란다.

 **Expressions**

**Every effort has been made** 모든 노력을 다했다 (Every와 완료형으로 계속 여러가지로 노력했음을 강조하고 있다.) **secure reservation** 예약을 확보하다 **for your party** 귀 일행을 위하여 **as requested** 희망에 부응하도록 노력하였음을 나타낸다. **However** 상대방에게 형편이 나쁘다는 말을 꺼낼 때의 서두 **due to** 이유를 나타낸다. **at that time** 그 기간에 **the period coincides with several national holidays** 이 기간은 국경일과 일치한다 **as of the moment** 지금 단계에서는 **suitable room arrangement** 적당한 방의 준비 **no ~ can be worked out** 잘 해결이 안 되다 **we suggest** 제안하는 말 **delay ~ by a week or so** ~을 1주일 정도 연기하다 **any time after** ~이후는 언제나

 **Tip**

형편이 좋지 않은 이야기는 직접 꺼내지 말고 주변 사정부터 이야기를 진행시킨다.

## 156. 출장 후 사례 1

>> 출장지에서 어떤 형태로든 신세를 졌으면 인사장을 보내야 한다. 회사에서의 출장이었기 때문에 개인적인 사례보다는 사례를 겸해서 금후의 거래관계의 발전을 도모할 것. 다음 예는 수많은 인사장을 써야 할 사람에게 알맞은 내용이다.

---

| Subject | Thank you for your hospitality. |

Dear Mr. Shultz:

I am writing to thank you for the hospitality you extended on my recent visit to your country. The delightful and memorable lunch at your headquarters brought to mind again the close relationship between our two companies.

I look forward to developing that relationship to the mutual benefit to our organizations.

Your sincerely.
Chul-su Kim
Department manager

최근의 귀국 방문 시에 베풀어주신 환대에 감사를 드리고자 펜을 듭니다. 귀 본사에서의 즐겁고 기억에 남는 점심은 양 회사 사이의 긴밀한 관계를 새삼 생각나게 했습니다.

이 우호 관계가 양 회사의 공동 이익으로 발전할 것으로 기대합니다.

## Outline

1. 신세진 것에 대한 감사의 마음을 전한다.
2. 인상에 남은 구체적인 사건을 쓴다.
3. 양측의 관계가 발전하기를 빌고 끝낸다.

## Expressions

I am writing to 이메일의 목적을 나타낸다. thank you for 사례를 할 때의 상투어이다. hospitality you extended 베풀어준 환대 (격식 있는 표현이다.) The delightful and memorable lunch 즐겁고 기억에 남는 점심 bring to mind 생각나게 하다 (again에 의해서 강조되어 있다.) close relationship between ~간의 긴밀한 관계 I look forward to 상호의 이익을 바란다 our organizations 양사(兩社) (our는 상대방과 자기를 가리킨다.)

## Hot Tip

영문을 쓸 경우, 같은 말을 되풀이 사용하는 것은 바람직하지 못하다. 예컨대 '회사'라면 company나 your headquarters(본사·본부) 등으로 바꾸어 표현할 수 있다.

>> 출장지에서 파티에 초대되고 선물을 받았을 때의 사례 이메일이다. 이 이메일의 목적은 사업과 인간관계를 돈독하게 하는데 있기 때문에 짧으면서도 따뜻하고 경쾌한 느낌이 들도록 한다.

---

**Subject** | I am deeply grateful.

Dear Mr. Dolf:

Very, very belatedly I am writing to thank you again for the beautiful vase you gave me at the cocktail party last month. Thank you for inviting Mr. Park as well. We both enjoyed the occasion thoroughly.

We all hope to see you the next time you are in Seoul. Meanwhile, from your friends at DAE best wishes and warmest regards.

Yours sincerely.
Chang-ho Lee
Senior Executive

매우 늦었습니다만 지난 달의 칵테일 파티에서 주신 훌륭한 꽃병에 대해서 다시 한 번 사례를 하려고 펜을 들었습니다. 또한 박 군까지 초대해주신 데 대해서 감사를 드립니다. 둘 다 매우 즐겁게 지냈습니다.

다음 번에 서울에서 뵙기를 우리 모두 기대하고 있습니다. 그 동안 DAE(당사) 일동은 마음으로부터 우러나오는 인사를 전합니다.

> **Outline**
> 1. 초대와 선물에 대한 사례를 한다.
> 2. 재회를 기약하면서 끝을 맺는다.

## Expressions

Very, very belatedly 매우 늦었습니다만 I am writing to ~하려고 펜을 들었습니다 We enjoyed the occasion thoroughly 충분히 즐겼습니다 (짧지만 효과적인 문장으로 초대해준 데 대한 사례를 한다.) We all hope ~ from your friends at DAE '사원 일동' 이라는 발상이 있고, 회사 대 회사의 교제를 바탕에 깔고 있다. best wishes and warmest regards 행복을 빌며 안부 전해주시오 (친밀감을 담은 인사이다.)

 **Tip**

We는 회사, I는 개인이라는 관점에서 we를 주어로 하면 종종 냉랭하고 서먹서먹한 인상을 주는 수도 있으나, 이 이메일에서는 「사원 일동」이라는 사원까지를 포함한 교제를 의미하고 있기 때문에 따뜻한 느낌을 주는 표현으로 되어 있다.

>> 오찬회에서의 대화가 참고가 되었음을 알리고 금후 더욱 더의 협력을 바란다는 이메일이다. 출장 중의 환대에 대한 사례를 겸해서 지금까지의 거래 관계 전반에 걸쳐서 사례를 하고 나아가 금후도 계속 협력을 바란다는 내용이다.

| Subject | Thank you for your warm suppport. |
| --- | --- |

 I thank you for your kind invitation to the luncheon party on October 1 which Mr. Park and I enjoyed very much.

From your explanation of the situation, I am confident that our business activities in Texas will further expand in the near future. In this context, I hope that our business relationship will also expand to our mutual benefit.

Taking this opportunity I wish to again convey my personal thanks for your kind patronage. With the help of such capable people as Mr. Tanger and Mr. Milner, I am sure that our business activities in Texas will enjoy further growth and diversification.

 I look forward to seeing you again.

지난 10월 1일에 친절하게도 저와 박 군을 오찬회에 초대해주셔서 고마웠습니다.

귀하의 상황 설명을 듣고 텍사스에서의 비즈니스 활동이 가까운 장래에 한층 더 확대되리라는 자신을 갖게 되었습니다. 이 같은 상황에서 우리들의 거래관계도 상호 유익하게 확대되기를 바랍니다.

이 기회에 따뜻한 성원에 대해 다시 한 번 사례를 하겠습니다. 탠저 씨와 밀너 씨와 같은 유능한 분들의 지원을 받아 텍사스에서의 당사의 사업 활동은 한층 더 발전, 다양화할 것으로 믿습니다.

다시 뵐 날을 고대합니다.

**Outline**
1. 오찬회에 대한 사례로 시작한다.
2. 상대방과의 대화 중 인상에 남는 것과 차후의 기대를 적는다.
3. 거래상의 협력에 대해 사례한다.
4. 재회를 바라면서 끝을 맺는다.

 **Expressions**

I thank you for 사례할 때의 서두 your kind invitation 상대방의 초대를 가리키는 상투어 From your explanation 귀하의 설명에서 (상대방의 이야기가 유익했음을 전한다.) will further expand 한층 더 확대될 것이다 I hope 금후의 희망을 적는다. our business relationship ~ our mutual benefit 여기서 our는 상대방과 자기 회사를 포함한 것. 한편, 앞에서 나온 our business activities는 자기 회사만을 의미 Taking this opportunity 이 기회에 patronage 후원 such capable people as ~와 같은 유능한 분들

**Hot Tip**

「재차 사례하고 싶습니다」의 뜻으로 I wish to repeat my thanks라고 하는 것은 바람직하지 못하다. repeat라는 단어는 단순한 반복을 의미하기 때문에 감사의 마음이 담겨져 있지 않은 것처럼 느껴지기 때문이다.

# 159. 공동사업에 관한 협의 후 사례

>> 공동 사업을 추진 중인 회사를 방문한 뒤에 내는, 과장에서 사장 수준까지 널리 쓸 수 있는 이메일이다. 협의의 성과를 언급하고 금후의 기대를 말하는 것이 요점이 된다. 덧붙여서 지금 까지의 전반적인 협조에 사례하고 금후의 계속적인 협조를 기대한다는 것으로 끝맺는다.

---

**Subject**   Thank you for your cooperation.

Dear Mr. Whitman:

I appreciate your kindness in sparing your valuable time for me during my recent visit to Waco.

It was indeed a rewarding and enjoyable meeting. I hope our cooperation in developing countries, particularly Myanmar, will bring about the desired results.

Taking this opportunity, I would again like to thank you for what you have done for our organization and hope that you will continue to favor us with your generous support.

I look forward to seeing you again soon.

Very sincerely yours,
Byeog-ho Gang
President

웨이코 방문 때 귀중한 시간을 할애해 주셔서 감사합니다.

참으로 보람이 있고 즐거운 협의였습니다. 개발도상국, 특히 미얀마에서의 공동 사업이 기대하던 성과를 가져오길 바라고 있습니다.

이 기회에 지금까지의 협력에 감사하며 금후에도 계속해서 관대한 성원을 바라마지 않습니다.

다시 뵐 날을 고대합니다.

**Outline**
1. 시간을 할애해준 데 대한 사례를 한다.
2. 협의에 대해 언급하고 금후의 기대를 말한다.
3. 협조에 대해 사례를 한다.
4. 재회를 기약하면서 끝을 맺는다.

 **Expressions**

I appreciate your kindness in 사례부터 시작한다. sparing your valuable time 귀중한 시간을 할애한다 rewarding 보람이 있는 I hope 금후의 희망을 말한다. bring about 가져오다 the desired results 기대하던 성과 · 성공 (대신에 successful results(훌륭한 성과)를 써도 괜찮지만 그 경우는 미래의 일이므로 the는 붙이지 않는다.) Taking this opportunity 이 기회에 I would again like to thank you 다시 한번 사례하고 싶다 what you have done 지금까지의 협력 hope you will continue to 계속 ~해주도록 부탁한다 favor 지지하다, ~에게 호의를 보이다 I look forward to 상투어

**Hot Tip**

주어에 we를 쓰는 것은 인간미가 없으며 때로는 차가운 인상을 주기도 한다. I는 개인적인 인상을 주며 지위가 높은 사람이나 상대방과 인간 관계를 쌓아가고 싶은 기분을 나타내고 싶을 때 사용하면 효과적이다.

335

# 160. 새 대리점 후보와 협의 후 사례

>> 지금까지 독점 대리점을 두었던 시장에 대리점을 증설하려고 협의한 후의 사례 이메일이다. 이메일중의 Drexel은 지금까지의 독점 대리점, Mr. Bandurki는 새 대리점 후보를 가리킨다.

---

**Subject** | Thank you.

Dear Mr. Bandurki:

Thank you for the time you spent with my associates and me during my visit to Johannesburg. Despite our long and valued relationship with Drexel, I fully agree we both need to be creative in finding new areas and ways to do business as our respective markets change. In the future, I think emphasis on capital goods and other types of trading activity will open new opportunities to continue the growth of our relationship.

Again, thank you for the hospitality. I look forward to meeting you soon.

With best regards.

요하네스버그 방문시 동료와 저에게 시간을 할애해주셔서 고마웠습니다. 드렉셀 사와의 오래고 소중한 관계에도 불구하고 각각의 시장이 변함에 따라 쌍방이 거래의 새로운 분야나 방법을 창조적으로 개발해야 한다는 것에 저도 전적으로 동감입니다. 금후는 자본재 등의 거래에 중점을 둠으로써 우리들의 관계가 성장을 계속하기 위한 새로운 기회가 열릴 것이라고 생각합니다.

환대해주신 데 대해서 재차 감사합니다. 곧 뵙게 되길 고대합니다.

**Outline**

1. 시간을 내준 데 대한 사례를 한다.
2. 협의 내용을 언급하고 이쪽의 견해를 피력한다.
3. 환대해준 데 대해 재차 사례하고 재회를 기약하며 끝을 맺는다.

 **Expressions**

**Thank your for** 사례로 시작한다. **the time your spent with** 할애해준 시간 **Despite** ~에도 불구하고 (while이나 even though에 비해서 딱딱한 표현) **I fully agree** 전적으로 동감이다 (이 일에 대해서 적극적인 자세를 갖고 있음이 나타나 있다.) **find new areas and ways to do business** 거래의 새 분야와 방법을 개발하다 **respective markets** 각각의 시장 (respective는 복수명사를 취한다.) **open new opportunities** 새로운 기회를 열다 **continue the growth of our relationship** 우리의 관계가 계속 발전하다 **Again, thank you for** 끝마무리에 사용하는 사례의 상투어이다. **look forward to** 재회를 바라는 상투어이다.

>> 경제 관계 회의에 참석한 뒤의 사례를 겸한 연락 이메일이다. 상대방의 배려에 감사할 뿐 아니라 출장의 주목적이었던 회의에서 얻은 것과 금후의 전망을 말하여 적극적인 자세를 나타낸다.

| Subject | Thank you and Expectation for Expansion of Relationship. |
|---|---|

Thank you again for the lovely bouquet which you so thoughtfully had delivered to my room during my stay in Houston.

Participating in the 11th Korea-Texas Association Conference served to make me aware of the changing economic patterns of Texas and the huge potential your fine state offers. I am confident our activities in Texas will further expand in the near future. At the same time, I sincerely hope to see our relationship expand as well.

I look forward to meeting you again soon, possibly in Seoul.

휴스턴 체류 중에는 친절하게도 방에까지 아름다운 꽃다발을 전해주신 데 대해서 한번 더 감사를 드립니다.

11차 한국·텍사스 연합 회의에 참가하여 텍사스의 경제 동향 및 귀주(州)가 제공하는 커다란 가능성을 알 수가 있었습니다. 텍사스에서의 우리의 사업이 가까운 장래에 더욱 확대되리라고 확신합니다. 동시에 우리의 관계도 발전하기를 진심으로 바랍니다.

곧 서울에서 다시 뵙게 되길 고대합니다.

**Outline**
1. 상대방의 배려에 대한 사례를 한다.
2. 회의에 참석한 성과와 차후의 기대를 말한다.
3. 재회를 바라고 끝낸다.

## ✉ Expressions

Thank you again for 사례로 시작 so thoughtfully 친절하게도 during my stay in ~에 체재 중에 Participating in (회의) served to (회의)에 참가하여 ~라는 성과를 얻었다 huge potential your fine ~ offers 그쪽의 ~이 갖는 커다란 가능성 (이후의 거래에 관한 적극적인 자세가 나타나 있다.) I am confident that ~라고 생각하다 At the same time 동시에 I hope to see ~이길 바라다 I look forward to 상투어

 **Tip**

지위가 높은 사람끼리의 교제에서는 기업적인 것보다는 개인적인 교제가 요구된다. 그래서 이 이메일은 ① Thank you again의 표현 ② 구체적으로 인상에 남은 것을 전한다. ③ 주어에 we가 아니라 I를 사용한다 (we는 회사의 입장에서 쓰는 것이 된다.)는 점에서 개인적인 분위기를 내려고 하고 있다.

# 162. 자택 초대에 대한 사례

>> 대접해준 상황에 알맞게 지나치게 과장하거나 소홀한 내용이 되지 않도록 유의한다.

**Subject** Thank you very much for your incredible hospitality.

Mr. Kim and I thoroughly enjoyed our visit to Canada. Our trip was very much enhanced by your kind arrangements and hospitality and the obvious warmth of our reception at PHILKO. Thank you so much for arranging the lunch with Mr. Holst and Mr. Gompers.

It was also a great honor to visit your home and meet your lovely wife Gretchen and, of course, to hear her play the piano so skillfully.

My wife was naturally eager to hear about my visit and to learn about you and Gretchen and your family. She was delighted with the handsome tapestry you presented me with and joins me in thanking you. It is now proudly displayed in our house as a constant reminder of our dear friends in Canada.

And, also be sure to thank Gretchen for cooking that wonderful meal and for making us feel so welcome.

I take pleasure in attaching the photographs taken with my very simple camera.

I look forward to our next meeting and hope it is soon.

캐나다 방문은 김 씨와 저에게 아주 즐거운 것이었습니다. 우리의 여행은 귀하의 친절과 후한 대접 그리고 PHILKO(귀사)에서의 참으로 따뜻한 환영회 덕택에 한 층 좋았습니다. 홀스트 씨, 곰퍼스 씨와의 오찬회를 열어주신 데 대해 감사하고 있습니다.

귀댁을 방문하고 아름다운 귀하의 부인 그레첸 씨를 뵙고, 또 그녀의 훌륭한 피아노 연주를 들은 것도 큰 영광이었습니다.

제 처도 당연히 귀댁 방문시의 이야기를 듣고 싶어했고, 귀하와 부인 그리고 가족에 대해서 알고 싶어했습니다. 처는 선물로 받은 멋진 태피스트리에 기뻐하였고 함께 감사하고 있습니다. 캐나다의 친애하는 친구를 언제나 생각나게 하는 물건으로서 저희 집에 자랑스럽게 걸려 있습니다.

그리고 맛있는 음식과 대접에 대해서 마음으로부터의 감사를 부인에게 전해주십시오.

간소한 사진기로 찍은 사진이지만 첨부합니다.

재회를 고대하며 곧 이루어지길 기원합니다.

**Outline**
1. 출장 중 대접해준 데 대한 사례를 한다.
2. 자택 초대에 대해 사례를 하고 귀국 후의 가족들의 반응을 알린다.
3. 구체적으로 기쁨을 전한다.
4. 상대방 가족에게 사례를 한다.
5. 사진을 첨부하여 이쪽의 성의를 보인다.
6. 재회를 바라며 끝을 맺는다.

**Hot Tip**

선물에 대해서는 먼저 즉석에서 사의를 표하고, 후에 이메일로 한 번 더 감사의 뜻을 전한다. 본문 중의 It is now proudly는 최상급의 감사.

341

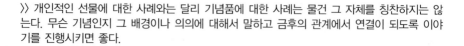

# 163. 기념품에 대한 사례

>> 개인적인 선물에 대한 사례와는 달리 기념품에 대한 사례는 물건 그 자체를 칭찬하지는 않는다. 무슨 기념인지 그 배경이나 의의에 대해서 말하고 금후의 관계에서 연결이 되도록 이야기를 진행시키면 좋다.

---

**Subject**    Thank you.

Dear Mr. Kindzerski:

This is to thank you again for the attractive desk-top clock which you presented to me at the dinner commemorating the signing of the cross-licensing agreement between our companies at the Marriot Hotel.

The clock will serve as a daily reminder of your hospitality during our stay, as well as of the broader relationship the agreement facilitated between our groups. Thank you for making our trip so memorable.

I look forward to the chance to reciprocate on the occasion of your next visit to Seoul.

Yours sincerely,
Jung-gu Jang
Director

매리엇 호텔에서 개최된 상호특허 사용 계약 협력 기념만찬회에서 선사받은 매력적인 탁상시계에 대해서 재차 감사를 드립니다.

매일 이 시계를 볼 때마다 체재 중의 환대와 계약에 의해서 넓어진 우리들의 관계를 상기할 것입니다. 이번 출장을 잊기 어려운 것으로 해주신 데 대해서 감사합니다.

다음에 서울에 오셨을 때 답례할 수 있기를 고대합니다.

## Outline
1. 기념품에 대한 사례를 한다.
2. 기념품의 의의에 대해 언급한다.
3. 답례를 희망하면서 끝을 맺는다.

## Expressions

This is to 이메일의 목적을 가리킨다. thank you again for부터 시작한다. (again은 구두(口頭)로 이미 사례를 하였기 때문에 나온 것임.) attractive desk-top clock 받은 물건에 대해서 얼마간의 형용을 덧붙이면 기쁨의 느낌이 전해진다. which you presented me at 언제, 어디서 얻었는지를 구체적으로 말한다. will serve as a reminder of (선물을) 보면 ~을 상기할 것이다 (선물에 대한 사례에 자주 쓰이는 표현) X as well as Y 둘의 의의를 말한다. broader relationship the agreement facilitated 협정에 의해서 넓어진 관계 thank you for ~ memorable 역시 선물에 대한 사례로 자주 쓰임. I look forward to 상투어 the chance to reciprocate 답례할 기회 (신세진 데 대해서 답례를 하고 싶다는 뜻)

 Tip

상대방으로부터 받은 선물에 대해서 기쁨의 마음을 전하기 위해서 물건 앞에 형용사를 붙인다. 본문 중에는 attractive desk-top clock이 있는데, 그밖에 beautiful vase, fine engraved watch, handsome tapestry 등의 예가 있으므로 참고할 것.

# Chapter 4 면담과 관련된 이메일

## 164. 거래 상대에게 면담 요청

>> 다른 용건으로 상대국에 가게 된 김에 만나서 상호 협력 관계를 돈독히 하자는 이메일이다. 거래 관계가 단속적인 상대에게 보내는 이메일이므로 인사의 말이 서두에 들어간다. 지나친 겸양이 없는 대등한 입장에서 낸 이메일이다.

| Subject | Looking forward to meeting you. |

Having heard that there has been a change in the administration of Regents, I would like to offer my best wishes.

As it happens, I will be in the United States for two weeks at the end of July and beginning of August. If possible I would like to meet with you or your representative while I am in the States to discuss various matters which I consider of importance concerning future cooperation with your company.

As my schedule is quite tight, I would be very grateful if you or your representative could meet with me in Florida any time between July 28 and 31. I will be there with a business associate who will also act as my interpreter.

Contact in Florida between July 28 and 31 can be made through:

(omission)

I look forward to an early reply regarding your disposition to this matter.

리젠츠(귀사)에서 최근 경영진이 바뀌었다는 소식을 들었습니다. 축하를 드립니다.

마침 제가 7월 말에서 8월 초에 걸쳐서 2주일간 미국에 갈 예정입니다. 가능하면이 방문 중에 귀하나 귀하의 대리인을 만나서 금후 귀사와의 협력 관계상 중요하다고 생각되는 여러 문제에 대해 논의하고 싶습니다.

저의 예정이 꽉 차 있기 때문에 7월 28일에서 31일 사이의 어느 때건 귀하나 귀하의 대리인을 플로리다에서 만날 수 있으면 매우 기쁘겠습니다. 플로리다에는 사업관계의 동료와 같이 갈 예정인데, 그 동료가 통역도 해 줄 것입니다.

7월 28~31일 사이의 플로리다에서의 연락처는 다음과 같습니다.

(생 략)

이 건에 관한 의향을 조속히 알려주시기 바랍니다.

**Outline**

1. 관례적인 인사를 한다.
2. 상대국에 가게 된 배경을 전하고 면담을 신청한다.
3. 희망 일시나 장소, 연락처 등을 상세히 전한다.
4. 답장을 요구한다.

 **Expressions**

a change in the administration 경영진의 교체 (완곡한 표현) I would like to offer my best wishes 축하합니다 As it happens 공교롭게도, 마침 will be in ~에 갈 예정이다 If possible 가능하면 (정중히 신청하고 있다.) would like to ~하고 싶다 meet with ~와만나다, 면담하다 your representative 당신의 대리 (신청에 탄력성을 주고 있다.) various matters which I consider of importance 중요하다고 생각되는 여러 가지 일 of importance (= important concerning) ~에 관해서 future cooperation with your company 귀사와의 금후의 협력 관계 my schedule is quite tight 예정이 꽉 차 있다 I would be very grateful if ~해주면 매우 고맙겠다 (정중한 의뢰 표현)

>> 모처럼 상대방이 내한하는데 환영회에는 출석을 못한다. 진행 중인 이야기도 있고 해서 체재 기간 중 형편이 좋을 때 점심에 초대하겠다는 이메일이다. 친한 사업 상대이기 때문에 불참의 사과나 면담의 신청이 단도직입적인 표현으로 되어 있다.

| Subject | Would like to invite you for lunch on the 5th |
|---|---|

I have heard from Andrew MacAliff that you will be coming to Seoul. I am sorry that I cannot meet you on June 9. Unfortunately, I have to attend a dinner at which some government dignitaries will also be present.

I am very much anxious to see you. It would be very nice if you could check out what is happening with regard to the conversations I have had with Mr. Day about a potential link up with JESTO on agri-chemicals including pesticides and fungicides.

I will, of course, liaise with your secretary. However, it would give me a great deal of pleasure to invite you for lunch on Sunday the 5th to have a general chat about business matters. In the meantime, I will talk to JESTO to see if they could join us.

서울에 오신다는 것을 앤드류 맥컬리프로부터 들었습니다. 유감이지만 6월 9일은 귀하를 뵐 수가 없습니다. 공교롭게도 정부 고관도 몇몇 참석하는 만찬회에 출석해야 합니다.

꼭 만나보고 싶습니다. 살충제나 살균제를 포함한 농약에 관해서 JESTO사와 협력한다는 안건에 관해서 요전에 데이 씨와 이야기를 했습니다만, 그 건이 어떻게 되었는지를 확인해 주시면 고맙겠습니다.

물론 비서와 연락을 취하겠으나 여러 가지 사업에 관한 대화를 갖기 위해서 5일 일요일에 점심에 초대할 수 있으면 매우 기쁘겠습니다. 우선 JESTO 쪽에도 참가할 수 있는지 연락을 취해 보겠습니다.

## Outline
1. 환영회에 불참함을 알린다.
2. 만나서 대화하고 싶다는 바람을 전한다.
3. 면담을 신청한다.

## ✉ Expressions

**have heard from** ~로부터 들었습니다 **I am sorry that** 단도직입적인 사과 **Unfortunately** 탐탁치 못한 말을 꺼낼 때 쓰인다 **government dignitaries** 정부 고관 **be very anxious to** 꼭 ~하고 싶다 **check out** 확인하다 **what is happening with regard to** ~에 관해서 어떻게 되고 있는지 **conversations I have had** 현재완료형인 것은 '바로 요전에 이야기했다' 라는 기분의 표시 **potential link up** 협력의 가능성 (아직 성립되지 않은 이야기이기 때문에 potential을 붙인다.) **liaise with** ~와 연락을 취하다 **have a general chat on** ~에 대해서 잡담을 나누다 (사업 이야기지만 친한 분위기를 나타낸 것이다.)

 **Tip**

현안인 이야기는 결정된 것이 아니므로 potential이나 possible을 붙인다. 일반적으로 말해서 potential을 붙이는 것은 이야기를 진행시키고 싶을 때이다. 상대의 제안에 대해서 possible을 붙이는 것은 거절하고 싶을 때가 많다.

# 166. 면담 일정 변경 요청

>> 해외로부터 방문 통지를 받았으나 그 날은 형편이 좋지 않다. 그러나 중요한 안건이 있으므로 꼭 만나서 의논을 하고 싶은 경우에 일정 변경을 요청하는 이메일이다. 아무리 해도 빠질 수 없는 용건이 있음을 납득시키고 일정 변경에 대해 미안하게 생각하는 기분을 전한다.

| Subject | Requesting a Change of Meeting Schedule. |
|---|---|

I was glad to hear that you will be here in Seoul from April 17 to 21.

Unfortunately, I will be out of town attending to urgent business on April 17, the day you proposed. There is a strong possibility that the same matter will keep me tied up on the next day as well.

However, I would very much like to get to see you during this trip since there are several important matters to discuss. Though I realize how difficult it is to adjust schedules on short notice, I would appreciate it if you cold somehow arrange to meet me on the afternoon of either the nineteenth or the twentieth.

Please let me know if this is possible.

4월 17일부터 21일까지 서울에 체류하신다는 말을 듣고 기뻤습니다.

공교롭게도 귀하가 제안하신 4월 17일엔 제가 중요한 용건으로 출장을 가게 됩니다. 또 그 다음 날도 같은 건으로 묶여 있을 가능성이 아주 큽니다.

그러나 이번 출장 중에 꼭 만나서 몇 가지 중요한 안건에 관해서 의논하고 싶습니다. 급히 일정을 조정하는 것이 어렵다는 것을 알고는 있습니다만, 19일 오후나 20일 오후에 만날 수 있도록 어떻게 일정을 조정해주셨으면 감사하겠습니다.

이것이 가능한지 알려주시기 바랍니다.

## Outline

1. 방문 통지에 대해 기쁘게 생각한다는 뜻을 전한다.
2. 상대방이 희망하는 날짜는 형편이 나쁨을 알린다.
3. 일정의 변경을 요청한다.
4. 답장을 요구한다.

## Expressions

was glad to hear ~이라고 듣고 기쁘게 생각했다 Unfortunately 공교롭게(도) out of town (멀리) 외출하여 attending to 처리하다 urgent business 중요한 용건 the day you proposed 제안하신 날 keep me tied up (바빠서) 몸을 꼼짝도 못하다 (구어 표현으로 부드러운 맛을 내고 있다.) get to see you get to로 어떻게든 만나고 싶다는 뉘앙스 Though I realize ~라는 것을 알고 있지만 adjust schedules 일정을 조정하다 (완곡한 표현) on short notice 급히 on the afternoon of ~일의 오후 (저녁때면 on the evening of가 된다.) Please let me know ~ possible 간결하고 단도직입적인 표현

 Tip

형편이 나쁜 것을 거듭해서 말할 때 also가 아니라 as well을 써서 덧붙인다.

# 167. 면담에 대리인을 내보낼 것을 알리는 이메일

≫ 내한하는 사람한테서 면담 요청이 있었는데 공교롭게도 상대방이 희망하는 날은 출장으로 부재 중이다. 이제 와서 상대방에게 일정 변경을 요구하기도 어려워서 대리인과 대화가 가능하도록 미리 조처해 놓겠으니 그와 만나기를 바란다는 것을 알리는 이메일이다.

| Subject | A Representative will stand in for me. |

It was good to hear that you will be here in Seoul from June 10 to 15.

Unfortunately, I have a long-standing commitment to be in Taiwan from June 8 to 14 with some possibility that my stay will be extended. Consequently, I will not be able to meet you on June 13, the day you proposed.

I fully understand how difficult it would be to adjust schedules at this date. I have therefore arranged for Mr. Gyeong-hui Shin, our senior managing director, to meet with you on the thirteenth. He will be ready to engage in discussions with you and take the necessary action.

Meanwhile, I do hope we will have another chance to get together soon.

6월 10일부터 15일까지 서울에 체류하신다는 말을 듣고 기뻤습니다.

공교롭게도 저는 오래 전부터의 약속으로 6월 8일부터 14일까지 대만에 체류해야 하며 체류가 연기될 가능성도 있습니다. 따라서 제안하신 6월 13일에는 만나 뵐 수가 없겠습니다.

이 시점에서 스케줄을 바꾼다는 것이 얼마나 어려운지 충분히 이해하고 있습니다. 그래서 13일에는 저희 회사 전무인 신경희 씨가 귀하를 만나 뵙도록 준비했습니다. 그는 귀하와 의논을 하고 필요한 대책을 취할 준비를 할 것입니다.

한편 저는 다음 기회에 곧 만나 뵐 수 있기를 바라겠습니다.

**Outline**
1. 방문 통지를 받은 것을 기쁘게 생각한다는 뜻을 전한다.
2. 상대방의 희망하는 날짜에는 형편이 좋지 않음을 알린다.
3. 대리인을 내세울 것을 전한다.
4. 사교적인 인사로 끝을 맺는다.

 Expressions

It was good to hear ~라고 들어서 기뻤다 Unfortunately 공교롭게(도) a long-standing commitment 오래 전부터의 약속 with some possibility that ~의 가능성이 있다 the day you proposed 당신이 제안하신 날 fully understand how difficult 얼마나 어려운지 충분히 알다 adjust schedules 예정을 조정하다 (adjust는 change의 완곡한 표현) at this date 현 시점에서 arranged for ~ to ~ ~이 …하도록 배려했다 be ready to 준비가 되어 있다 engage in discussions 의논을 하다 take the necessary action 필요한 대책을 취하다 another chance to get together soon 곧 또 만날 수 있는 기회

 Tip

기쁜 마음을 표현할 때 It was good 외에 It was nice나 I was pleased도 쓸 수 있다. I was overjoyed나 I was elated는 축하할 때 사용하는 것은 괜찮지만 거래 상대에게는 과장된 느낌을 줄 수 있다.

# Part 6_기타

# 168. 제품의 자세한 정보 요구

>> 제품에 관해 자세한 정보를 알았으면 하는 경우의 이메일이다. 구입 결정에 영향을 미침을 알리며 신속한 답장을 요구한다.

---

**Subject**    Request for More Product Information

Gentlemen:

Our testing division is now contemplating replacing its present resistance testers with your most advanced version. Our decision making would be much easier if you could answer the following questions:

1. How much is the accuracy of these testers affected by climate?

2. How much maintenance do they require?

3. How available is maintenance in our area?

4. What sort of replacement part service do you have?

A prompt reply would greatly facilitate a quick decision here.

Yours sincerely,
Shin Jin-seop
Deputy Manager
Product Engineering

당사 검사 부문에서는 현재의 저항 테스터를 귀사의 최신형으로 교체하려고 목하 고려 중입니다. 다음 질문에 대답해주시면 당사의 구입 결정이 매우 용이해지겠습니다.

1. 기후의 영향을 받았을 때 이 테스터의 정밀도는 어느 정도인가?

2. 어느 정도의 보수를 필요로 하는가?

3. 보수는 한국에서 쉽게 받을 수 있는가?

4. 어떠한 부품 교환 서비스가 있는가?

신속한 답을 주시면 당사의 결정이 매우 순조롭겠습니다.

## Outline

1. 구입을 고려하고 있다는 것과 자세한 정보를 원하고 있음을 알린다.
2. 알기 쉽게 항목별로 정리해서 구체적인 질문을 한다.
3. 조속한 답장을 요구하면서 끝을 맺는다.

 **Expressions**

**contemplating** 계획하는, ~하려고 생각하고 있는 (thinking about 또는 considering과 유사한 표현이다.) **replace X with Y** X를 Y로 대체하다 **Our decision making would be much easier if ~ question** 정보를 가르쳐주면 (구입의) 결정도 빨리 할 수 있다는 뜻 **be affected by** ~의 영향을 받다 **How much maintenance do they require?** 어느 정도의 보수를 필요로 하느냐? **What sort of replacement part service** 어떠한 부품 교환 서비스 **A prompt reply would** 빠른 응답에 의해서 발생되는 성과를 재차 암시하고 있다.

 **Tip**

「신속한」을 hasty로 해서는 안 된다. 「바삐 서두는, 성급(경솔)한」이라는 뜻이 되기 때문이다. quick 또는 speedy, 때에 따라서는 timely를 써야 한다.

# 169. 견본 우송 의뢰

>> 관심이 있기 때문에 검토용으로 우선 견본을 입수하고 싶은 경우에 발송하는 이메일이다. 금후 거래로 발전할 가능성을 고려하여 간단한 자사 소개와 의뢰품의 사용 목적을 설명한다.

---

**Subject**　Requesting a Sample Book of SLANGUAGE

Gentlemen:

Here at Bansok Press we publish various textbooks and readers for Korean high school and university students studying English, French and German. As such, we are always searching for new and interesting teaching materials.

In this connection, we would like to ask you to airmail us a sample copy of the following title for examination.

SLANGUAGE

If feasible, we would like to introduce the material for use in language education in Korea.

Please let us know the amount as soon as possible if payment is required in advance.

Your sincerely,
Kim Chil-gwang
Editor
English Language Texts

저희 반석 출판사에서는 영어, 프랑스어, 독일어를 공부하는 한국의 고교생, 대학생용의 여러 가지 교과서와 독본을 출판하고 있습니다. 그러한 사정으로 당사는 항상 새롭고 흥미 있는 교재를 찾고 있습니다.

이와 관련하여 다음 제목의 책을 검토할 수 있도록 견본 한 권을 항공편으로 보내주시기 바랍니다.

SLANGUAGE

적당할 경우 이 자료를 한국에서의 어학 교육에 받아들이려고 합니다.

대금이 선불이면 되도록 빨리 금액을 알려주십시오.

**Outline**

1. 자사의 영업 활동 상황을 소개하고 상대방과 관련 있는 분야에 대해 언급한다.
2. 견본 우송을 부탁하고 금후의 거래 가능성을 알린다.
3. 대금을 지불할 용의가 있음을 알리고 끝을 맺는다.

## Expressions

Here at (회사명) we 회사의 활동 내용을 나타낼 때의 상투어 various 여러가지의 (활동의 폭이 넓음을 나타낸다.) As such 그와 같은 기능에 있어서, 그러한 사정으로 search for ~을 찾다 In this connection 이에 관해서 (설명으로부터 의뢰로의 연결어.) We would like to ask you to 정중한 의뢰 표현 airmail 항공편으로 보내다 a sample copy of 견본으로서 ~을 한 권 (인쇄물이 아닌 경우는 a sample of로 충분하다.) for examination 검토를 위해서 If feasible 조건이 맞으면, 적당하면 for use in ~에 사용하기 위해서 Please let us know 알려주시오 the amount 금액

## Hot Tip

「찾다」라는 의미로는 look for, search for, seek가 있다. 이 중에서 search for는 「고생해서 찾다」라는 뉘앙스, seek는 약간 딱딱한 표현이다.

357

# 170. 견적 의사 타진

>> 직접 계획에 참가하도록 권하기보다는 관심이 있는지를 타진하고 있는 이메일이다. 우선 대략적인 것을 알리고 관심이 있으면 설계도·명세서 등을 보내겠다는 식이다. 또 상대에게 의뢰하고 있는 이유와 자사의 경력을 알림으로써 상대방으로 하여금 마음이 내키도록 하고 있다.

---

**Subject**     Would like a quotation from you

We are presently preparing a quotation on the referenced project, the specifications for which we list your firm as an approved manufacturer of 6G6 Architectural Woodwork. We would like to have a quotation from you if you are interested. Please inform us if you are and require the relevant specifications and drawings*.

We believe ourselves to be the most qualified bidder on this project. This is because we have already constructed the University of Petroleum and Minerals (designed by CRS, Houston) in Abu Dhabi, as well as Korea's New Crown Hotel in Seoul.

Your early reply addressed directly to the undersigned would be most appreciated.

Yours sincerely,
(omission)

* These documents are available directly from the A/E whose address is below, for a nominal fee. We could also dispatch them from Seoul at your request.(omission)

당사는 목하 표제 계획에 관한 견적을 작성 중입니다만 그 명세서에 6G6 건축 목조부의 인가 제조 회사로서 귀사가 실려 있습니다. 관심이 있으시면 견적을 내시기 바랍니다. 관심이 있으시고 관련이 있는 명세서와 설계도* 가 필요하시면 알려주시기 바랍니다.

당사는 이 계획에서 가장 자격 있는 입찰자라고 자부합니다. 이렇게 말하는 것은 당사가 이미 아부다비의 석유 광물 대학(휴스턴의 CRS 설계에 의한)이나 서울의 뉴크라운 호텔 등을 건설한 실적이 있기 때문입니다.

본인 앞으로 직접, 조속히 답장을 주시면 매우 고맙겠습니다. (생략)

* 이 자료들은 하기 A/E에서 실비로 직접 입수할 수 있습니다. 요청하시면 당사에서도 보내드릴 수 있습니다. (생략)

## Outline
1. 견적 의뢰의 취지를 알리고 타진한다.
2. 자사의 경력을 소개하여 자격이 있음을 알린다.
3. 답장을 기다린다는 걸어로 끝을 맺는다.
4. 각주를 단다.

## Expressions

**We are presently ~ ing** 현재 관계하고 있는 일에 대해서 진술한 때의 표현으로 상대의 견적이 왜 필요한지 설명한다. **quotation on** ~에 관한 견적 **referenced project** 표제의 계획 (위의 표제를 효과적으로 사용하여 본문을 간결하게 한다.)

## Hot Tip

문장의 흐름을 방해하는 정보는 *표로 해서 각주로 처리하는 것이 깔끔하다.

# 171. 외국서적의 번역권 신청

>> 소개 없이 직접 보내는 이메일이기 때문에 매력 있는 내용이 아니면 안 된다. 이 이메일은 번역하여 잘 팔리기 위해서는 어떻게 하면 좋은가를 우선 알리고, 그것을 실행할 수 있는 곳이 자사(自社)라는 논법으로 진행시키고 있다. 성공의 전망이 있다는 인상을 상대방에게 주는 것이 중요하다.

| Subject | Seeking the translation an ad marketing rights |
|---|---|

Dear Sir:

I have followed a series of articles dealing with U. S. business and have often had the feeling that the material would be marketable here in Korea. It would, of course, first have to be properly edited and translated into Korean. It would also require the backing of a reputable local publishing firm.

Our firm specializes in communications in the business/ technological area here in Korea. Consequently, we are interested in securing the translation and marketing rights for the series. We have already confirmed the interest of a large publishing house in a properly translated version.

An indication of your interest in such an arrangement would be very much appreciated.

Yours Sincerely,
Choi Gil-su
Publications Manager

「미국 비즈니스」를 취급한 시리즈 기사를 계속 읽으면서, 이 제재(題材)는 한국에서도 시장성이 있다고 자주 느끼고 있었습니다. 거기에는 물론 맨 먼저, 한국어로의 편집과 번역이 적절히 이루어져야 합니다. 또 한국의 훌륭한 출판사의 뒷받침도 필요합니다.

당사는 한국의 비즈니스·기술 분야에 있어서의 커뮤니케이션을 전문으로 하고 있습니다. 따라서 당사는 이 시리즈의 번역권과 판매권 획득에 관심이 있습니다. 당사는 이미 어느 대형 출판사의 적절한 한국어판에 대한 관심도 확인했습니다.

상기한 계획에 관심을 보여주시면 매우 고맙겠습니다.

## Outline

1. 무엇에 관심이 있는지를 알린다.
2. 자사를 소개하고 번역권을 신청한다.
3. 답장을 바란다는 말로 끝을 맺는다.

## ✉ Expressions

I have followed ~을 계속 읽었다 dealing with ~을 취급한 have often had the feeling that ~라고 자주 느꼈다 marketable 시장성이 있는 (sell well이나 salable보다 사무적인 말) It would first have to be 우선 ~이어야 한다 (뒤에 나오는 It would also require 「또 하나의 기본 조건도 있다」와 함께 팔리기 위한 조건을 제시하고 이에 자사 역할의 중요성을 암시한다.) properly 적절히, 알맞게 backing 뒷받침 reputable 평판이 좋은, 훌륭한 our firm specializes in 당사는 ~을 전문으로 한다 be interested in securing the ~ rights ~의 권리를 얻고 싶다 (get이나 have보다 secure는 세련된 말) we have already confirmed 이미 확인하였다 An indication of your interest ~ 이 쪽의 제안에 대한 상대방 의향을 묻는 상투어

###  Hot Tip

수신인이 Editor로 단수이므로 Dear Sir가 된다. Dear Sirs로 하면 잘못.

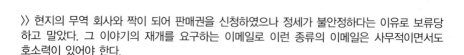

# 172. 판매권 신청의 재검토

>> 현지의 무역 회사와 짝이 되어 판매권을 신청하였으나 정세가 불안정하다는 이유로 보류당하고 말았다. 그 이야기의 재개를 요구하는 이메일로 이런 종류의 이메일은 사무적이면서도 호소력이 있어야 한다.

| Subject | INTEC distribution in Brazil |
|---|---|

I would like to refer to your email of May 2, 20-, in which our company together with the Brazilian Central Trade & Investment Co. was being considered for the distributorship of INTEC products in Brazil.

A great deal of time has passed since then and much has changed in the economic and political climate which was such an important factor in your consideration of our candidacy.

Please understand that the Brazilian Central Trade & Investment Co. no longer exists. However, we are still very interested in being the sole distributor for INTEC in Brazil.

In view of the above-mentioned changes, we ask you to reconsider our candidacy for the INTEC distributorship in Brazil, and to inform us if you are willing to resume negotiations that for various reasons were left in abeyance.

20- 년 5월 2일자 이메일을 참조하기 바랍니다. 그 이메일에서 당사는 브라질 중앙 무역 투자 회사와 합동으로 INTEC[귀사] 제품의 브라질에서의 판매권 신청자로서 검토되었습니다.

그 후로 많은 시간이 흘렀고 당사의 신청을 귀사가 검토하는 데 중요한 요소였던 경제 및 정치적 정세가 크게 변했습니다.

브라질 중앙 무역 투자 회사는 이미 존재하지 않음을 이해하시기 바랍니다. 그러나 당사는 브라질에서의 INTEC 독점 대리권에 관해서 아직도 대단한 관심을 가지고 있습니다.

상술한 변화에 비추어 당사는 브라질에서의 INTEC 대리점 후보로서 재고해주실 것과, 여러 가지 이유로 "보류"로 남아 있던 교섭을 재개할 의향이 있으시면 연락해주실 것을 요청합니다.

**Outline**

1. 언제, 누구와 무슨 교섭했는지 등을 기술하여 진행상황을 상기시킨다.
2. 보류의 원인이었던 상황의 변화가 일어났음을 알린다.
3. 이쪽도 상황이 변했으니 계속 관심을 가지고 있음을 알린다.
4. 재검토를 바라면서 끝을 맺는다.

 Expressions

I would like to refer to your email of ~일자 이메일을 참조하기 바란다 in which 무슨 교섭이 있었는지 내용에 언급한다. was being considered for 검토의 대상이 되어 있었다 since then 그후 much has changed 크게 변했다

 Hot Tip

be left in abeyance 상대방이 사용한 말을 그대로 인용하여 최후에 사용함으로써 효과를 얻으려는 예이다.

# 173. 견적 의뢰

>> 품목이나 수량 등을 알기 쉽게 나타내는 것은 물론이고 인도의 장소나 기일, 운송 방법에 대해서도 정보를 알려준다. 조목별로 알기 쉽게 쓰도록 유념하고 그렇게 해도 복잡해질 염려가 있을 때에는 별지에 써서 첨부하도록 한다.

| Subject | Requesting quotation on Styrofoam for Saudi Arabia |
|---|---|

STARLIGHT ROYAL PALACES PROJECTS, JEDDAH, SAUDI ARABIA-Styrofoam for Saudi Arabia

MAEIL is presently preparing a quotation on the construction of the referenced undertaking, designed by Loyd's International, New York, which requires:

- 18,000 square meters of 25mm thick 0.25K value extruded polystyrene board insulation : your styrofoam IB, Type 4.

- 22,000 square meter of 50mm thick styrofoam insulation RM.

We would appreciate your quotation on the supply of the above, C.I.F. Jeddah. To minimize transportation costs of this bulky material, we would prefer obtaining it from a licensed manufacturer or supplier with a plant or outlet in the Middle East, but are unaware of any. Please advise us, if possible, about such companies including addresses and e-mail addresses, so that we can make the necessary inquiries.

Attached are the specifications for your reference. Your quotation should be e-mailed or submitted to us through your Seoul office no later than July 5.

당사는 현재 뉴욕 로이즈 인터내셔널 설계에 의한 상기 사업의 견적서를 작성하고 있으며 동 건축에서는 하기 물품이 필요합니다.

• 두께 25mm, 0.25K가의 성형 폴리스티렌 보드 절연체. 18,000평방미터 : 귀사의 4형 IB 스티로폼.

• 두께 50mm의 RM 스티로폼 절연체. 22,000평방미터

이상의 품목에 관해서 CIF 제다항의 견적서를 얻을 수 있으면 고맙겠습니다. 부피가 큰 품목이므로 수송비를 최소화하기 위하여 중동에 공장 혹은 대리점을 가지고 있는 인가된 제조원 또는 공급자에게서 얻고 싶습니다만 저희들에게는 정보가 없습니다. 혹시 그런 회사가 있으면 저희가 필요한 조회를 할 수 있도록 주소, 이메일주소를 첨부해서 소개해주시기 바랍니다.

참고를 위해서 시방서를 첨부합니다. 견적서는 7월 5일까지 이메일 또는 귀사의 서울 영업소를 통해서 보내주십시오.

## Outline

1. 견적 의뢰서에 왜 의뢰를 하는지, 무엇에 대한 것인지를 명기한다.
2. 좀 더 세밀한 조건이나 요망을 덧붙인다.
3. 첨부한 자료에 언급하고 제 출처와 기한을 알리면서 끝을 맺는다.

 Hot Tip

「~까지」라는 기한을 나타내는 경우, by no later than보다는 by나 no later than처럼 간단히 쓰는 것이 좋다.

# Chapter 2 거래 조건에 대한 응답 및 거절

## 174. 거래 조건에 대한 응답

>> 가격·납품·지불 등의 거래 조건에 관한 문의에 대한 지극히 일반적인 답장이다. 복수의 질문에 대해서 대답할 경우에는 상대가 질문한 순서에 따라 대답하는 것이 알기 쉬워서 좋다. 그리고 나서 상대방에게 도움이 되는 정보를 덧붙임으로써 구매 의욕을 일으킨다.

| Subject | Requested Information on our automatic probers |

Gentlemen:

Thank you for your inquiry of June 8 regarding our line of fully automatic probers. The information you requested is as follows:

Prices

Model IFP-140A - $9,870.00 F.O.B. Pusan

Model IFP-900 - $8,900.00 F.O.B. Pusan

Delivery

Sixty(60) days from receipt of firm order

Payment

within 90 days of shipment

Please note that 10% volume discount is granted for orders of five or more units.

Attached is some additional technical information on the probers. Please do not hesitate to contact us if you require any further information.

당사의 전자동 프로버에 관한 6월 8일자 문의에 대한 감사를 드립니다. 귀하가 요구하신 정보는 다음과 같습니다.

• 가격
IFB-140A형 – 부산항 본선 인도 9,870.00달러
IFB-900형 – 부산항 본선 인도 8,990.00달러

• 납품
정식 수주 후 60일

• 지불
선적 후 90일 이내

5대 이상의 주문에 대해서는 10%의 할인이 인정됨을 유념하시기 바랍니다.

프로버에 관한 기술적인 추가 자료를 첨부했습니다. 좀더 정보가 필요하시면 주저마시고 연락하시기 바랍니다.

**Outline**
1. 거래 조건 문의에 대해서 사례하고 상호간의 사실 확인을 한다.
2. 문의에 대해서 대답을 한다.
3. 추가 정보를 알린다.
4. 자세한 자료를 첨부하면서 협력적인 자세로 끝을 맺는다.

 **Expressions**

Thank you for your inquiry of (날짜) regarding (내용) 문의 내용과 일시를 확인한다.
The information you requested is as follows 상투어

 **Tip**

조목별로 쓸 때 앞에 숫자 대신에 ·을 사용할 때도 있다. 우선 순위가 특별히 없는 경우나 조목별 문장 속에 숫자가 많을 때는 효과적이다.

# 175. 판매권 신청 재검토

》 보류로 되어 있던 협상 재개를 요구받고 보내는 답장이다. 적극적이긴 하지만 협상을 신중히 진행시키고 싶은 마음에서 필요한 정보를 요구하는 건실한 이메일이다. 즉, 여유 있게 자세를 취하고 나서 협상을 시작하려는 태도의 이메일이다.

| Subject | Questionnaire |

Dear Mr. Andratti:

Thank you for your email of June 6 suggesting that we resume negotiations on a possible distributorship for four products in Argentina, which have been suspended since early 20-.

We agree that the economic environment and other circumstances have improved significantly in the interim. The situation now would seem to be more conducive to considering expanding our business to your area.

As the first step in this direction, we would like to update the information we have on your operation. Attached is a questionnaire which would provide all the data required to get stated here.

We look forward to hearing from you soon.

20- 년 초부터 보류로 되어 있는 아르헨티나에서의 네 가지 제품에 대한 판매 대리점에 관한 협상을 재개하자는 6월 6일자 귀 이메일에 감사를 드립니다.

당사는 경제 정세 및 기타 상황이 그 사이 꽤 호전된 것에 동의합니다. 현 상황은 귀 지역에 당사 업무의 확장을 고려하는 데 보다 도움이 될 것 같습니다.

그러기 위한 첫 단계로서 당사는 귀사의 운용 상태에 관한 최신 정보를 알고 싶습니다. 첨부한 것은 협상을 재개함에 있어서 당사가 필요로 하는 모든 정보를 준비하려는 질문 사항입니다.

조속한 답장을 고대하겠습니다.

**Outline**
1. 상대방 이메일을 수령했음을 알리고 사례를 한다.
2. 협상 재개에 의욕적임과 그 이유를 알린다.
3. 검토에 필요한 자료를 요구한다.
4. 답장을 기다린다는 결어로 끝을 맺는다.

## Expressions

Thank you for your email of 일반적인 답장의 서두 suggest 어디까지나 「제안」이상의 것이 아님을 분명히 한다. resume negotiation on ~에 관한 협상을 재개하다 a possible distributorship 대리점이 될 가능성 (possible을 삽입함으로써 「아직 결정하지 않았다」는 것을 나타낸다.) have been suspended since ~이후 보류가 되어 있다 We agreed that 상대방 생각에 부응하고 있음을 나타낸다. have improved significantly 꽤 호전되었다 (remarkably보다는 억제한 표현) in the interim 그간

 **Hot Tip**

상대방에게 동의를 나타내고, 상대방의 이메일 내용을 인용하고 싶을 때 반드시 전부를 인용할 필요는 없다. 본문에 있는 the economic environment and other circumstances와 같이 부분만 인용하고 나머지는 생략하고 종합해서 말하면 된다.

# 176. 생산고 부족으로 문의 거절

>> 상대방의 신용 상태 불안정 등이 본래 이유이지만 사실대로 말하기 곤란할 때에 공식적으로 사용되는 이유 중 하나이다. 단, 상황이 호전될 가능성을 고려해서 「당분간은 응할 수 없으나 장래는…」 하는 식으로 금후에 희망을 거는 표현을 사용한다.

---

**Subject**　Accept our apology for now.

Thank you for your email inquiring into the possibility of handling our products in your market.

Your stability, expertise and stature in your market were duly noted here. Under normal circumstances we would be very anxious to proceed with discussions with you.

Unfortunately, our present production capacity is not even able to meet the supply commitments we have already made. This situation is not expected to improve in the foreseeable future. Consequently, we are not in a position to responsibly enter into any new distribution agreements at this time. We can only hope you will understand.

Rest assured we will be in touch with you as soon as our production permits.

Thank you again for your interest in our products.

귀 시장에서 당사 제품을 취급할 가능성에 대해서 문의하신 이메일에 감사를 드립니다.

귀사의 안정도, 전문도, 시장에서의 성장도는 여기서도 충분히 알고 있습니다. 정상적인 상황이라면 당사는 매우 기쁘게 의논을 진행시킬 것입니다.

그러나 불행하게도 당사의 현재 생산 능력은 이미 약속한 공급량조차 충족시키지 못하고 있습니다. 이 상황은 당분간 개선될 가망이 없습니다. 따라서 당사는 지금으로서는 책임을 지고 신규 판매 계약을 체결할 입장에 있지 못합니다. 귀사가 양해하시길 바랄 따름입니다.

생산고가 허락하는 대로 귀사에 연락하겠으니 안심하시기 바랍니다.

당사 제품에 대한 관심에 재차 감사를 드립니다.

**Outline**
1. 상대방 이메일의 수령 통지와 사례를 한다.
2. 형식적인 인사와 가정법으로 거절을 위한 포석을 깐다.
3. 거절과 그 이유를 밝힌다.
4. 차후에 희망을 건다.
5. 감사하다는 맺음말로 끝을 맺는다.

 Expressions

inquiring into the possibility of ~의 가능성을 물은 (거절할 의도이므로 possibility라고 했다.) your ~ were duly noted 귀하의 ~은 잘 알았다 (신용장 등을 첨부하고 있는 경우에 그것을 언급한다.) Under normal circumstances, we would be very anxious to 가정법으로 사전 준비

 Tip

commitment는 약속에 수반하는 의무나 책무를 강하게 느끼게 하는 단어이다. fulfill 외에 meet나 satisfy 등의 동사를 취한다.

# 177. 번역권 신청 거절

>> 이미 타사와 의논이 진행되고 있는 계획에 대해서 새로운 신청이 들어왔다. 타사와의 의논이 실패할 가능성을 고려해서 어떤 형식으로든 관계를 유지해 둔다. 사전 조사를 실시한 상대방의 태도에 언급하여 경의를 표하고 「이쪽도 같은 생각으로 있다」는 것을 나타내고 나서 거절한다.

| Subject | Translation Copyright |
| --- | --- |

Dear Mr. Hagerty:

Your email of March 27 regarding publication rights addressed to Mr. Shin Tae-jin has been forwarded to me for reply.

I agree with your preliminary view that our periodicals would be suitable for the U.S. market if properly adapted. I am most grateful to you for expressing interest in such a venture.

Unfortunately, the first option on the publication rights is already with another American publisher and during my visit to New York last month we reached a preliminary understanding that the option would be taken up and the company in question would be publishing an edition in the United States.

However, if for any reason this edition does not proceed, I will certainly get in touch with you.

신태진 씨에게 보내신 판권에 관한 3월 27일자 이메일이 제가 응답을 보내도록 회송되어 왔습니다.

적절히 번안이 되면 당사의 잡지가 미국 시장에서 적당할 것이란 귀하의 견해에 저도 동의합니다. 이와 같은 모험적인 사업에 관심을 표시하신 귀하에게 매우 감사하고 있습니다.

유감스럽게도 판권에 관한 우선권은 이미 다른 미국의 출판사가 얻었으며, 지난 달 제가 뉴욕에 체재하는 동안에 미국 내에서의 판권에 관해서 전술한 회사와의 사이에 임시 합의가 이루어졌습니다.

그러나 어떠한 이유로 이 출판 건이 진행되지 않게 되면 반드시 귀하에게 연락을 드리겠습니다.

**Outline**

1. 이메일을 받았음을 알린다.
2. 상대방의 요청에 대해서 찬성을 나타내고 감사의 뜻을 전한다.
3. 거절과 그 이유를 밝힌다.
4. 차후의 가능성에 대해 언급하고 끝을 맺는다.

 **Expressions**

regarding ~에 관한 addressed to ~앞으로 된 forwarded to me for reply 응답하도록 나에게 전달되다 agree with your view 귀하의 견해에 찬동하다 suitable for ~에 적절한 properly adapted 적절히 번안하다 grateful for expressing interest 관심을 보여줘서 감사하다 Unfortunately 유감이지만 first option 우선권 reach a preliminary understanding 임시 합의가 되다 take up an option 선택권을 차지하다

**Hot Tip**

거래를 제의한 상대방과 같은 나라의 타회사와 얘기가 진행 중일 경우에는 그 회사의 이름을 밝히지 않는 것이 예의이다. 본문에서는 another American publisher, the company in question 등의 표현을 사용하고 있다.

# 178. 판매권 신청 거절 1

>> 이미 독점 대리점이 있으며 현재 체제로 만족하고 있는 상황을 알려서 상대방에게 결론을 짐작케 하는 거절 방식. 장래 대리점을 늘리게 될 가능성을 고려해서 완전히 인연을 끊어 버리지 않도록 한다.

---

**Subject**     Product Distribution in U.S.

Thank you for your email of October 16 in which you offered to distribute our products in your country.

The general presentation you made of your qualifications was indeed impressive. Normally, we would be more than happy to pursue the subject with you.

Unfortunately, we already have a distributor in the U.S. who has exclusive rights to handle our entire product line. At present, we are very satisfied with the results of this arrangement.

However, we do hope you will permit us to take up this matter with you again should our situation change.

Thank you again for your interest in our products.

귀국에서 당사 제품을 취급하고 싶다고 요청하신 10월 16일자 이메일에 감사를 드립니다.

귀사의 자격에 대한 전반적인 소개는 참으로 인상적이었습니다. 통상의 경우라면 당사는 기꺼이 이야기를 귀사와 진행시킬 것입니다.

공교롭게도 당사는 이미 귀국에 당사의 전 제품을 취급하는 독점권을 가진 대리점을 두고 있습니다. 현재로서는 이 체제에 매우 만족하고 있습니다.

그러나 상황에 변화가 있으면 이 이야기를 재개하도록 허락하시기 바랍니다.

당사 제품에 관심을 보여주신 데 대해서 재차 감사를 드립니다.

**Outline**

1. 이메일을 받았음을 알리고 감사를 표한다.
2. 인사말과 가정법으로 거절을 위한 포석을 깐다.
3. 거절과 그 이유를 밝힌다.
4. 차후에 희망을 건다.
5. 재차 사례하고 끝맺는다.

 **Expressions**

**your email in which** ~라는 내용의 이메일 **offer to** ~라는 신청 **general presentation** 전반적인 소개 **qualification** 자격, 경력 **indeed impressive** 참으로 인상적인 **normally** 통상의 경우라면 **would be more than happy** 기꺼이 ~할 것이다 **pursue the subject** 이야기를 진행시키다 (반드시 계약한다고 약속하고 있지 않은 것에 유의) **Unfortunately** 거절을 시작한다. **already have** 이미 있다 **exclusive rights** 독점권 **entire product line** 전 제품 **very satisfied with this arrangement** 지금의 체제에 매우 만족하고 있다 (현 상황에서는 더이상 이야기를 진척시킬 여지가 없다는 것을 완곡하게 전한다.) **We do hope** do는 강조 **permit us** 겸손한 마음의 표현

 **Tip**

마지막의 재차 사례는 이와 같이 사무적인 거절 이메일에서는 생략해도 좋다.

# 179. 판매권 신청 거절 2

>> 판매권 취득의 신청을 상대국의 경제 정세가 불안정하다는 이유로 거절한다. 거절의 원인이 이쪽에 있는 것이 아니라 국가 정세에 있다는 논법. 불안 요소가 개선되는 대로 검토하겠다고 보류 의사를 전하는 동시에 장래에 가능성을 걸고 있다.

| Subject | Proposal for Product Sales in Nigeria |

Thank you for your email of October 3 in which you offered to assist in distribution of our products in Nigeria.

As you know your domestic market conditions are now too fluid to foresee the future direction of your economy. This is especially so given the increasingly protectionist orientation of your goverment's decision makers. This situation makes it difficult to undertake any new constructive action to strengthen our position in your market. Prudence now would seem to call for a wait-and-see posture.

However, please understand that our positive longterm aspirations with regard to the Nigerian market remain the same. Thus, should the situation come to warrant an expansion of our sales network in your country, we would like to contact you and pursue the possibility of your distributorship.

We look forward to a more favorable climate soon.

나이지리아에서의 당사 제품 판매에 협력을 제의하신 10월 3일자 이메일에 감사를 드립니다.

아시는 바와 같이 귀국의 시장 정세는 너무나 유동적이어서 귀국 경제의 장래를 예견할 수가 없습니다. 귀국의 정책 결정자들이 점점 보호주의적인 경향을 강화하고 있는 현상에서는 특히 그렇습니다. 이런 상황은 귀국 시장에서 저희들의 위치를 강화하기 위해서 어떤 새로운 적극적인 행동에 착수하기를 어렵게 만듭니다. 지금으로는 관망하는 태도를 취하는 것이 신중한 것처럼 보입니다.

그러나 나이지리아 시장에 관한 당사의 오랜 동안의 적극적인 열의는 변하지 않았다는 것을 부디 이해하시기 바랍니다. 그러므로 귀국에서 판매망 확장이 보증되는 상황이 되면 당사는 귀사에 연락하여 판매 대리점의 가능성을 검토하겠습니다.

정세가 곧 호전되길 고대하겠습니다.

**Outline**
1. 이메일을 받았음을 알리고 감사를 표한다.
2. 현재 단계로서는 거절하지 않을 수 없음을 알린다.
3. 이해를 구하고 차후에 기대를 갖게 한다.
4. 상황의 호전을 빌면서 끝을 맺는다.

 **Expressions**

Thank you for your email of 이메일수령의 확인과 사례를 나타내는 상투어 **offer to assist** 협력을 제의하다 **too fluid** 너무나 유동적 **foresee the future direction of** ~의 장래를 예견하다

 **Tip**

difficult는 문자 그대로 「어렵다, 곤란하다」라는 뜻이며 「할 수 없다」의 완곡한 표현은 아니다. 한국식의 완곡한 거절의 의미는 없기 때문에 「할 수 없다」라는 의미라면 impossible 「불가능하다」, almost impossible 「거의 불가능하다」를 사용한다.

# 180. 가격 인상 통보

>> 상대방의 동의를 강요하기보다는 원만하게 납득시키려는 내용이다. 상대방의 반론을 예상하면서 자기 주장을 펴나갈 것. 우선 상대방의 입장에 이해를 표시한 다음에 이쪽의 입장을 주장하되 많은 양보를 하였음을 알리고 납득시킨다.

| Subject | Notice of Export Price Advance |
|---|---|

Allow us to begin by thanking you for all you have done to secure a foothold for our products in your market. Your ability to maintain sales despite the negative factors affecting our business is highly regarded here.

We have also had our troubles. The biggest of these has been the sharp depreciation in the value of the U.S. dollar on which all our prices are based. Every effort has been made to absorb this drop in revenue through cost reduction measures. However, with the depreciation now reaching 20%, it has become impossible to unilaterally absorb these losses.

Consequently, we have decided to raise our export prices 10% across the board effective April 1.

We realize this will not make your situation easier. However, please consider the fact that we have been running in the red for three months now. Also, bear in mind that by asking for only 10% we are seeking to share and not shift the entire burden.

Your understanding and cooperation in this regard will be very much appreciated.

귀 시장에서 당사 제품을 위한 발판을 확보하기 위해 기울인 모든 노력에 감사를 드립니다. 우리 거래에 영향을 주는 부정적인 요소에도 불구하고 매상을 유지하는 귀사의 능력은 여기서도 높이 평가되고 있습니다.

당사도 여러가지 문제를 안고 있습니다. 그 중에서도 가장 큰 것은 저희들의 모든 가격의 기초가 되는 미(美)달러의 가치가 급격하게 하락한 것입니다. 비용 삭감을 통해서 수입 하락을 완화하려고 모든 노력을 했습니다. 그러나 하락폭이 20%에 도달한 지금 일방적으로 부담을 감당할 수가 없게 되었습니다. 따라서 당사는 4월 1일부터 수출 가격을 일률적으로 10% 인상하기로 결정했습니다.

당사는 이 조치가 귀사의 상황을 더 쉽게 하지 않는다는 것을 압니다. 그러나 당사가 3개월이나 계속 적자였다는 사실을 고려하시기 바랍니다. 또한 단지 10%의 인상 요구이므로 당사가 모든 부담을 억지로 떠맡기는 것이 아니라 분담하려고 노력하고 있음을 명심하기 바랍니다.

이 일에 관해서 귀사의 이해와 협력이 있으면 매우 고맙겠습니다.

**Outline**
1. 대리점으로서의 평소 노고에 감사한다.
2. 현재의 곤란한 상황을 설명하고 가격 인상을 통고한다.
3. 강압이 아니라 분담이라고 해명한다.
4. 이해와 협력을 구하고 끝을 맺는다.

 Expressions

Allow us to begin by 감사로 시작하는 서두 all you have done all과 have done으로 강조 secure a foothold 발판을 확보하다 despite the negative factors 부정적 요소에도 불구하고 be highly regarded 높이 평가되다

 Hot Tip

for three months now의 now는 길이를 강조하여 「이것으로 벌써 3개월이나」라는 뉘앙스

# 181. 가격 인상 통보 연기

>> 가격 인상 자체에 반대하는 것이 아니라 시기가 나쁜 것을 강조하고 연기를 요구하는, 말하자면 양해를 하면서 벌이는 교섭이다. 정면으로 부딪치는 것이 아니라 이익을 확보하려는 상대방 입장을 인정하고 나서 상호의 이익을 위해 연기가 불가피하다는 논법으로 나간다.

| Subject | Request for Extension |
|---|---|

Your request to raise the F.O.B. prices of recently introduced models by 11% effective January 31 to cover increasing cost pressure was indeed demotivating.

We fully understand and can sympathize with the need to raise prices at times to insure profits. However, you are strongly encouraged to recall that this time a great deal of money was spent on promotion and promotional materials to see that these products got off to a good start. These costs have yet to be recovered. There is also the problem of our retailers, who will be very unreceptive to a price increase so soon after introduction.

In view of this, we urge you to reconsider at least the timing and to delay the increase for six months.

Your positive consideration of our position as well will greatly facilitate mutually rewarding marketing efforts here.

"증가하는 비용 압박"을 감당하기 위해 최근에 발매된 모델의 본선 인도 가격을 1월 31일을 기해서 11% 인상한다는 귀사의 요망은 참으로 유감이었습니다.

당사는 이익 확보를 위해 때때로 가격 인상이 필요하다는 것을 충분히 이해하며 동감할 수 있습니다. 그러나 이번에는 이들 제품이 순조로운 출발을 하도록 판촉과 판촉자료에 거액의 자금이 소요되었음을 부디 상기하시기 바랍니다. 이 비용들은 아직 회수되지 않았습니다. 소매상의 문제도 있습니다. 그들은 판매 개시 후 이렇게 빠른 가격 인상에 대해 매우 반응이 좋지 않을 것입니다.

따라서 적어도 시기를 재고하여 6개월간 가격 인상을 연기하도록 귀사에 요구합니다.

당사의 입장도 긍정적으로 고려해주시면 상호에게 유익한 판매가 당지에서도 크게 촉진될 것입니다.

**Outline**
1. 가격 인상 통지를 받았음을 알린다.
2. 상대방의 입장에 이해를 표시하면서 반론을 편다.
3. 연기를 인정해달라는 요망을 말한다.
4. 상호 이익에 대해 언급하면서 끝을 맺는다.

**Expressions**

**Your request to raise** 통고가 아니라 'request'라는 단어를 써서 일방적인 가격 인상을 하지 못하도록 하고 있다. **recently introduced models** 최근 발매된 모델 **fully understand and can sympathize with** 우선 상대방 입장에 이해와 공감을 나타낸다. **at times** 때때로 **insure profits** 이익을 확보하다 **However** 반론을 제시한다.

**Tip**

unreceptive는 제3자(여기서는 소매점)에 관해서는 사용할 수 있으나, 자신에 관해서 사용하면 감정적인 느낌이 되므로 사용하지 않는다.

# 182. 가격 인상 연기 거절

>> 가격 인상을 연기해 달라는 답장에 대한 거절과 설득의 내용이다. 우선 상대방의 주장에 이해를 나타내고 이쪽의 논리를 전개한다. 상대방을 납득시키기 위해서는 구체적으로 이야기를 진행시켜야 한다.

**Subject**    Refusal of Extention Proposal

Your urgent request for delaying the three percent F.O.B. price increase effective from October shipment has been given every consideration. Admittedly, being able to maintain the current F.O.B. price to insure maximum market penetration would be to our mutual benefit.

However, maintaining the current price structure would leave us in the red. One of the main reasons for this is the fact that our new line of products has been substantially upgraded.

You are encouraged to recognize the qualitative advantage this has given you over competitors and the additional cost this has meant to us.

Your full understanding and quick approval of our offering price would be most appreciated.

10월 선적분부터 발효되는 본선 인도 가격 3% 인상을 연기해 달라는 귀사의 긴급 요청은 충분히 검토되었습니다. 지적하신 대로 최대한의 시장 진출을 보장하기 위해서 현행 본선 인도 가격을 유지할 수 있으면 쌍방의 이익이 될 것입니다.

그러나 현행 가격 구조를 유지하면 당사는 적자가 됩니다. 적자가 되는 주된 이유 중의 하나는 당사의 신제품 품질이 상당히 향상되었다는 사실입니다.

이 향상이 귀사에 준 품질 면에서의 이점과 당사에 과한 추가 원가를 인정해주시기 바랍니다.

당사가 제안한 가격에 대한 귀사의 이해와 조속한 승인이 있으면 매우 고맙겠습니다.

**Outline**

1. 상대방의 주장을 확인하고 이해를 나타낸다.
2. 이쪽의 입장을 알리고 근거를 제시한다.
3. 구체적이고 긍정적인 요소를 가미해서 설득한다.
4. 이해를 구하고 끝을 맺는다.

 **Expressions**

**your urgent request** 귀하의 요청 (urgent에 의해서 상대방의 필사적인 기분을 헤아리고 있음을 나타낸다.) **give every consideration** 충분히 검토하다 (every는 강조) **Admittedly** 틀림없이, 지적한 대로 (상대방의 입장을 인정한다.) **being able to ~ would** 가정법을 써서 인정하고 있는 점에 유의 **However** 반론에 들어간다. **leave us in the red** 적자가 된다 **One of the main reasons** 많은 이유가 있다는 것을 나타낸다. **substantially upgraded** 현저히 향상된 **recognize** 인정하다, 승인하다 **qualitative advantage** 질적인 이점 **additional cost** (거기에 수반하는) 추가 비용 (둘 다 구체적인 이유로 되어 있다.) **full understanding** 충분한 이해 **quick approval** 조속한 승인

 **Tip**

요청을 나타내는 어휘 중 request는 이쪽으로부터의 일방적인 부탁, urge는 상호를 위하고, encourage 는 상대방을 위해서 권하는 느낌으로 각각 입장이나 상황에 따라서 가려 쓴다.

# 183. 가격 변동 없음을 알림

>> 환율이 불안정하기 때문에 가격을 변동시키지 않을 것을 각 대리점에 알리고 있다. 그 목적과 이유를 충분히 설명해서 상대를 배려한 특별한 조치임을 납득시킴과 동시에 이 조치를 활용해서 매상을 신장시키도록 당부한다.

| Subject | Current price fixed till March. |
| --- | --- |

Gentlemen:

Although vehicle prices are usually revised in September and March to absorb increased production and labor costs, we have decided to keep all models at the current prices until March, 20-

This is to help you in effectively marketing the new models introduced in August, which unfortunately coincided with big fluctuations in foreign exchange rates. These fluctuations are now bringing disorder to the market and we foresee further deterioration in the market to a considerable extent.

Therefore, we felt this special pricing policy would be helpful in attracting customers during this period of foreign exchange instability.

Please make the most of this opportunity.

Sincerely yours,
Han Tae-ho
General Manager
East Asia Sales

차량 가격은 생산 및 노동 원가의 증가를 완화시키기 위해 통상 9월과 3월에 개정 됩니다만, 당사는 20-년 3월까지는 모든 모델에 대해서 현행 가격을 유지하기로 결정했습니다.

이것은 마침 환율의 커다란 변동과 시기가 일치한, 8월에 선보인 새 모델의 효과 적인 판매를 돕기 위해서입니다. 이 환율의 변동은 현재 시장에 악영향을 가져오 고 있으며, 당사는 시장이 앞으로 상당히 악화되리라고 예견하고 있습니다.

따라서 이 특별한 가격 정책이 환율이 불안정한 이 시기에 고객을 유치하는 데 도 움이 되리라고 생각했습니다.

이 기회를 최대한으로 이용하시기 바랍니다.

**Outline**
1. 가격을 그대로 둔다는 특례적 인 결정 사항을 알린다.
2. 목적과 이유를 설명한다.
3. 판매에 힘써 달라는 상대방 에 대한 희망을 말한다.
4. 격려의 말로 끝을 맺는다.

 **Expressions**

**to absorb increased cost** 비용 증가를 흡수하기 위해 **have decided to** 완료형은 충분 히 검토했다는 뉘앙스가 있다. **This is to help** ~을 위해서이다 **effectively market** ~을 효 과적으로 판매하다 **coincided with big fluctuations** (환율의) 대변동과 시기가 일치했다 **bring disorder to the market** 시장에 악영향을 미치다 **foresee further deterioration** 금후 더욱 악화할 것으로 예측한다 **to a considerable extent** 상당히, 제법 **we felt ~ would be helpful ~ during** 이 말의 이면에는 가격을 그대로 두는 것이 이 기간뿐 이라는 뉘앙스가 있다. **make the most of** ~을 최대한으로 이용하다

 **Tip**

although로 시작되는 종속절은 보통은 주절 뒤에 두지만 이 경우는 이제부터 알리는 정보를 상대방이 감사 히 여기기를 바라기 때문에 서론을 길게 하고 있다.

# 184. 강연료 재고 요청

>> 4사 합동 강연회에 대한 청구액이 너무 높아 이를 재조정하려는 내용. 상대방의 체면을 생각해서 정중하기는 하나 강한 어세로 쓰여졌다. 고위층이 결재한 예산액을 알리는 것은 금후 교섭의 여지가 없음을 나타낸다.

---

**Subject**　Request for Fee Adjustment.

Your separate bills for $502 each made out to Calmic, Calmic Diesel, Namsan Accessories and Hansung Radiator have been received.

Unfortunately, the total, i.e. $2,008, has turned out to be considerably more than we had budgeted for your seminar. Our original budget was based on information from Calmic America that you charge for the legal seminar at Calmic Americal last June 16 for one full day was $1,000. Also your email of July 14 to Mr. Song indicated charges would be proportionately shared among all your clients. Against this background, Mr. Kim approved a budget of $1,500.

Consequently, it would be very much appreciated if you could reflect upon our circumstances and adjust your request accordingly. Your revised request should be consolidated in one bill made out to Calmic Motor and sent to my attention.

Thank you in advance for your thoughtful consideration.

캘믹사, 캘믹 디젤사, 남산 부품사, 한성 라디에이터사 각사에 별도로 보내신 502 달러짜리 청구서 4통을 받았습니다.

유감스럽게도 합계 금액 2,008달러는 당사가 귀하의 세미나를 위해서 세워둔 예산보다 꽤 초과됐습니다. 당초 예산은 지난 6월 16일에 캘믹 아메리카사에서 실시한 법률 세미나에 대한 귀하의 강연료가 1일에 1,000달러였다는 정보를 기초로 했습니다. 또 송 씨에게 보낸 7월 14일자 귀 이메일에서 요금은 모든 의뢰인 사이에서 상대적으로 분배될 것이라고 지적했습니다. 이것을 배경으로 하여 김 씨(부사장)는, 1,500달러의 예산을 승인했습니다.

따라서 귀하가 당사의 사정을 숙고하여 청구액을 적절히 조정해주시면 매우 고맙겠습니다. 새 청구서는 캘믹 모터사에 보내는 1통으로 통합하시고 제 앞으로 보내주시기 바랍니다.

사려 깊은 배려를 해주실 것으로 믿고 먼저 감사를 드립니다.

**Outline**

1. 청구서를 받았음을 구체적인 금액을 넣어서 알린다.
2. 이쪽의 예산과 그 근거를 구체적으로 알린다.
3. 재고해달라는 요망을 알린다.
4. 협력을 구하면서 끝을 맺는다.

 **Expressions**

**each made out to** 각자에게 별도로 보내진 **have been received** 받았다 **Unfortunately** 마땅치 못한 점을 지적한다. **be considerably more than we had budgeted** 세워둔 예산보다 꽤 많다 **be based on information from** ~로부터의 정보에 기초를 두었다 (예산 근거를 제시한다.) **Against this background** 이것을 배경으로 하여

 **Tip**

상대방의 협력을 전제로 하여 먼저 사례를 하는 것은 이 이메일처럼 보내는 사람이 강한 입장에 있을 때 특히 유효하다.

# 185. 가격 인하 요청

≫ 경합하고 있는 회사들에 비해서 불리한 상황에 있음을 알려서 가격 인하를 요구하고 있다. 입수한 정보를 증거로 제출하여 실증적으로 요구한다. 부탁한다기보다는 강경한 태도로 설득 하면서 언제까지 어떻게 해주기 바란다는 것을 구체적으로 요구하고 있다.

| Subject | Request for Reduction of Freight Charge. |
|---|---|

Dear Dr. Bauer:

Subject : Freight charges

I am sure that you are aware of and concerned about the increased prices of BBW cars sold in our country. I had written to you earlier that our tag prices far exceed those of Benz. This is enabling our competitors to give higher discounts and is forcing us to sell under cost if we match their prices.

Along this line, we recently were able to obtain information on actual freight charges which I am enclosing. To our astonishment Benz's freight charges are shown to be far less than ours. Attached is a comparison of freight rates.

Kindly study this matter and amend our freight rates accordingly. We would like the new freight rates applied for all 20- models due to be shipped in June/July, 20-.

Your quick attention to this matter will be very much appreciated.

Sincerely yours,
Park Sun-dok
Vice President

제목 : 운임료

우리나라에 있어서의 BBW차 판매 가격 인상에 대해서는 귀하도 알고 있고 걱정하고 있으리라고 확신합니다. 저는 우리(BBW차)의 정가가 벤츠보다 훨씬 비싸다는 것을 전에도 귀하에게 쓴 적이 있었습니다. 이 사실은 저희 경쟁사들에게 보다 높은 할인을 가능케 하고 있으며, 저희가 거기에 대응하는 가격을 매긴다면 원가 이하로 판매해야 할 것입니다.

이와 관련하여 저희는 첨부한 실제 운임료에 대한 정보를 최근에 얻을 수 있었습니다. 놀랍게도 벤츠의 운임이 저희들보다 훨씬 싸다는 것을 알 수 있습니다. 운임 비교표를 첨부했습니다.

부디 이 건을 검토하시고 운임료를 적절히 개정해주시기 바랍니다. 새 운임은 20-년 6월, 7월에 선적될 모든 20-년 모델에 적용되기를 바랍니다.

이 건에 관한 조속한 조치가 있으면 매우 고맙겠습니다.

**Outline**
1. 현상을 설명하고 문제점을 알린다.
2. 입수한 정보를 근거로 첨부하여 그 원인을 분석한다.
3. 가격 인하를 바란다는 상대방에 대한 요망을 전달한다.
4. 신속한 대응을 바라면서 끝을 맺는다.

 Expressions

I am sure that you are aware of and concerned about ~을 알고 걱정하리라고 확신한다 increased price 가격 인상 had written ~ earlier 그 전부터 말해왔음을 강조 tag prices 정가 far exceed 훨씬 초과하다

 Tip

Surprise → astonishment → amazement의 순으로 놀람의 강도가 더해진다.

# 186. 가격 인하 승인

>> 상대방의 상황에 공감하여 요구의 반은 양보하지만 그 이상은 양보할 수 없다는 내용의 이메일. 납득할 만한 논거를 들어 일방적으로 부담을 짊어지는 것이 아니라 서로가 분담해서 협력하여 대응해 나가자는 자세로 나간다.

---

**Subject**  F.O.B Price Reduction Accepted

This has reference to your request for a review of our pricing structure as outlined in your email of June 15. In the email you mention a need for a straight 10% reduction across our full product range to match recent reductions carried out by your competitors which you documented.

In line with your request we are reducing our F.O.B. prices to you 5% retroactive to June shipment. This is the maximum that we can do for you at this time. Even this 5% reduction represents a considerable sacrifice in our profits, a sacrifice which we expect you to match.

Please understand that we are always willing to consider ways to assist you in making your operation more competitive. We also recognize that an import price reduction is one way. However, in analyzing the supporting data you provided, we noticed that at least part of our competitor's reductions were being accomplished by deleting accessories previously included in the package. This sort of creative pricing strategy is another approach you should promptly consider.

We look forward to receiving a full report on your new pricing strategy soon.

이 이메일은 6월 15일자 이메일에서 약술하신 당사의 가격 체계 재검토 의뢰에 관한 것입니다. 이메일에서 귀하는 경쟁 회사가 실시한 "최근의 가격 인하에 대항하기" 위해서는 당사의 전 제품에 걸쳐서 일률적으로 10%의 가격 인하가 필요하다고 문서를 첨부해서 언급했습니다.

요망에 따라 당사는 6월 선적분까지 소급하여 본선 인도 가격의 5%를 인하하겠습니다. 이것이 이번에 귀하를 위해서 할 수 있는 최대의 한도입니다. 이 5%의 인하조차도 당사의 수익에 상당한 희생, 즉 귀사가 당사와 동등하게 부담할 것으로 기대하는 희생을 의미합니다.

당사는 언제나 귀사의 기업 활동이 보다 경쟁력이 있도록 돕기 위해서 자발적으로 방법을 강구하고 있음을 양해하시기 바랍니다. 수입 가격의 인하가 한 방법임을 저희도 인정합니다. 그러나 귀하가 제출한 입증 자료를 분석한 결과 적어도 경쟁 회사의 가격 인하의 일부는 본래 완성품 속에 들어 있던 부속품을 삭제함으로써 실현되었다는 것을 알았습니다. 이와 같은 창조적 가격 전략은 귀하가 신속히 고려해야 할 또 하나의 해결 방법입니다.

귀하의 새 가격 전략에 관한 정식 보고서를 고대하겠습니다.

> **Outline**
> 1. 상대방의 요구를 확인한다.
> 2. 부분적으로 승낙한다는 것을 알려서 협력적인 자세를 나타낸다.
> 3. 판매 전략에 관한 제안을 한다.
> 4. 판매 전략의 계획 제출을 요구하고 끝을 맺는다.

 **Expressions**

**This has reference to** 무엇에 관한 이메일인지를 나타낸다.

 **Tip**

expect는 「당연한 것으로 기대하다」라는 뉘앙스로 보통은 사용할 때 주의를 요하지만 당연한 권리를 주장하는 데는 효과적이다.

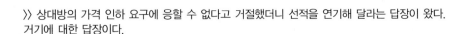

# 187. 가격 인하 거절 및 선적 연기

>> 상대방의 가격 인하 요구에 응할 수 없다고 거절했더니 선적을 연기해 달라는 답장이 왔다. 거기에 대한 답장이다.

| Subject | Request for Reconsideration |
| --- | --- |

As informed in our e-mail of April 1, we regret not being able to accommodate your request for lower prices to cope with the sharp won appreciation. However, please understand that we do realize what a difficult situation your are facing due to the instability in the foreign exchange markets.

Consequently, we are willing to accept your request to defer your May shipment until June to give you time to evaluate the impact of higher prices on demand. We do worry though that this may leave you with an inadequate inventory should demand hold steady despite price increases.

There is a good chance this will happen if you consider the recent actions taken by the U.S. government to stabilize the dollar. In fact, the dollar has already begun to recover. You must also remember that your main competitors are facing the same pressures, which should mean no one will enjoy a distinct advantage.

We suggest you reconsider your request to defer May shipment in this light. Please inform us either way at your earliest convenience.

4월 1일의 이메일로 알려드린 것처럼 원화의 급등에 대처하기 위한 귀사의 가격 인하 요구에 응하지 못해서 유감입니다. 그러나 귀사가 외국환 시장의 불안정으로 인하여 직면하고 있는 사정이 얼마나 어려운지 알고 있음을 이해하시기 바랍니다.

따라서 당사는 5월분 선적을 6월까지 연기해서 가격 인상이 수요에 미치는 영향을 검토할 시간을 달라는 귀사의 요구에 응해도 좋다고 생각합니다. 그러나 이 조치가 가격 인상에도 불구하고 수요에 변화가 없으면 재고 부족 상태를 초래하게 할지 몰라서 염려가 됩니다.

미국 정부가 달러화 안정을 위해서 취한 최근의 조치를 생각하면 재고 부족이 일어날 가능성은 높습니다. 사실 달러의 가치는 이미 회복되기 시작했습니다. 귀사의 주요 경쟁사들도 똑같은 곤란에 처해 있으며, 그것은 아무도 뚜렷하게 유리한 점이 없음을 의미한다는 것도 상기하시기 바랍니다.

이런 견지에서 당사는 귀사가 5월분 선적 연기에 대한 요구를 재고하시도록 제의합니다. 어느 쪽이든 가능한 즉시 알려주십시오.

**Outline**
1. 상대방의 입장에 이해를 보이면서 가격 인하는 불가능함을 알린다.
2. 선적을 연기해달라는 상대방의 요구에 응해도 괜찮음을 알린다.
3. 그로 인해 생기는 부정적인 면을 말하고 설득한다.
4. 재검토를 요구하면서 끝을 맺는다.

 **Expressions**

**As informed in** ~(으)로 알린 것처럼 (단호한 표현)

 **Tip**

be willing to는 「기꺼이」라기 보다는 「~해도 좋다」라는 기분. 「기꺼이 ~하다」는 more than willing to가 된다.

# 188. 가격 인하 거절 1

>> 가격 인하요구를 거절하는 것은 이쪽이 매우 강한 입장에 있는 경우거나 최초의 거래에서 분명한 원칙을 세우기 위해서이다. 이 이메일은 후자의 예로서 회사 방침을 이유로 분명히 거절하고 있다. 무게가 있으면서도 세심한 배려가 특징이다.

---

**Subject**  Low-end Pricing Policy

Gentlemen:

Thank you for your response to our quotation made in our email of November 17.

Your requirements regarding specifications, supply volume and delivery pose no problems on our side. In these respects we are ready to proceed at any time.

Please understand, however, that the prices we quoted are firm and consistent with our pricing for all markets. Thus, it will not be possible to accommodate your request for a special reduction.

We look forward to receiving your firm order soon and to doing business with you.

Yours sincerely,
Bae Dong-hwan
Deputy Manager

11월 17일자 당사 이메일에서 작성해드린 견적에 대해서 답장을 주셔서 감사합니다.

귀사의 요구 중 시방서, 공급량 및 납기에 관해서는 저희 쪽에도 아무런 문제도 초래하지 않습니다. 이런 점들에 있어서 당사는 언제라도 진행시킬 준비가 되어 있습니다.

그러나 당사가 견적한 가격은 고정된 것이며, 이 가격은 모든 시장에서 불변임을 양해하시기 바랍니다. 그러므로 귀하의 특별 가격 인하 요구에 편의를 도모해드릴 수가 없습니다.

곧 정식 주문을 받고 귀사와 거래가 이루어지길 고대합니다.

**Outline**
1. 견적에 대한 답장을 받은 것을 알리고 사례를 구체적으로 한다.
2. 상대방의 요구를 들어줄 수 없다는 것을 알린다.
3. 다른 방법으로 상대방의 요구를 들어줄 수 없다는 것을 알린다.
4. 긍정적인 자세로 끝을 맺는다.

 Expressions

Thank you for your response to 답장에 대한 사례의 상투어로서 전혀 불필요한 말이 없는 사무적인 문장이다. Your requirements regarding ~에 관한 요구는 (regarding으로 들어줄 수 있는 것과 없는 것을 구별하고 있다.) specifications 시방서 pose no problems on our side 우리 측에게도 아무런 문제도 초래하지 않는다 (발전적인 표현) In these respects 받아들일 수 있는 점 ready to ~ at any time 언제라도 ~할 용의가 있다 Please understand 이해를 구한다 however 문두가 아니라 문중에 가져옴으로써 어투를 부드럽게 하고 있다.

 Tip

「따라서」라는 의미를 나타내는 어구에 consequently, as a result, therefore, thus 등이 있다. 이 중 thus는 딱딱하지만 문장에 무게를 주고 싶을 때 유효한 말이다.

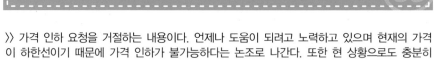

# 189. 가격 인하 거절 2

>> 가격 인하 요청을 거절하는 내용이다. 언제나 도움이 되려고 노력하고 있으며 현재의 가격이 하한선이기 때문에 가격 인하가 불가능하다는 논조로 나간다. 또한 현 상황으로도 충분히 경쟁력이 있음을 주장한다. 가격 인하는 거절을 해도 가능한 협력적인 자세를 나타낸다.

---

**Subject**  Price Adjustment Non-negotiable.

Gentlemen:

Thank you for your email of August 1, which includes a request for a more competitive price for our model JX-4701 headsets.

Please understand that we are always interested in supporting your sales efforts in every way we can. For this very reason our quotation this time reflects the furthest we could go in regard to price. Any reduction beyond this would make any business transaction pointless.

You are strongly encouraged to reflect on the outstanding quality of these products and the commanding position they enjoy in our highly competitive domestic market. There is every reason to believe that will do at least as well in your market.

We look forward to a quick reply and to the opportunity of doing business with you.

Yours sincerely,
Song Tae-sik
Assistant Manager

당사의 JX-4701형 헤드셋 가격을 보다 경쟁력이 있게 인하해 달라는 요구가 담긴 8월 1일자 이메일에 감사를 드립니다.

당사가 가능한 모든 방법으로 귀사의 판매 노력을 지원하는 데 항상 유념하고 있음을 양해하시기 바랍니다. 바로 이 이유 때문에 이번의 당사 견적서는 가격에 관해서는 저희가 가능한 최저액을 나타내고 있습니다. 이 이상의 가격 인하는 거래를 무의미하게 만들 것입니다.

이 제품들의 우수한 품질과 그것들이 경쟁이 심한 국내 시장에서 누리고 있는 우위에 관해서 숙고하실 것을 강력히 권해드립니다. 이들 제품이 귀국 시장에서도 적어도 같은 정도의 성적을 올릴 것이라고 믿을 만한 이유가 있습니다.

조속한 답장을 받고 귀사와 거래의 기회를 갖기를 고대하겠습니다.

## Outline

1. 상대방의 이메일을 수령했음을 알리고 사례한다.
2. 가격 인하를 요구하는 상대방에게 거절을 알린다.
3. 현재 가격으로도 경쟁력이 충분히 있음을 말한다.
4. 적극적인 자세로 끝을 맺는다.

 Expressions

Thank you for your 상투어 more competitive price 보다 경쟁력이 있는 가격 ('싼' 것이 중요한 것이 아니라 타제품에 비해 '경쟁력이 있는' 것이 중요하다.) Please understand 이해를 구한다 always / every 각각 interested와 way에 붙여서 적극적인 자세를 나타낸다. we can 가능한 범위에서 For this very reason 바로 이러한 이유 때문에 the furthest we could go 한계를 나타낸다 transaction 거래 You are strongly encouraged to ~할 것을 강력히 권한다 reflect on ~에 관해서 숙고하다

 Tip

「전면적」이라는 것을 강조하고 싶을때는 always나 every를 사용한다.

# 190. 가격 인하 거절 및 대용품 제안

>> 가격 인하는 불가능하다고 분명히 거절하면서 대신에 가격이 낮은 대용품을 권한다. 어느 쪽을 강력하게 권하기보다는 특징을 정확히 알려서 상대방의 판단에 맡기는 판매 방법이다.

---

**Subject** | Proposal of Alternative option.

Thank you for your counteroffer of November 1, in which you requested a more competitive price for our model XR-3 display.

Please understand that we fully realize the importance of providing you with quality products under conditions that will permit you to win a commanding share in your market. This is the spirit in which our original offer was made. Consequently, the offer is the best price we could give for that particular model.

However, we do appreciate your position and, therefore, would like to offer an alternative. Our suggestion is that you order our model XR-2 which we can make available to you at $295.00 F.O.B. Busan. Though not equal to the XR-3 in performance and adaptability, it should be more than adequate for most of your customers needs. Attached is additional information on this model.

We look forward to hearing from you soon as to which model you have decided to go with.

XR-3 모델 디스플레이에 좀더 경쟁력이 있는 가격을 요구하신 11월 1일자 수정 제안에 감사를 드립니다.

당사는 귀사가 시장에서 판매에 우위를 점할 수 있는 조건으로 양질의 제품을 제공하는 것의 중요성을 저희가 충분히 깨닫고 있음을 양해하시기 바랍니다. 우리의 최초의 제안은 이런 정신에서 이루어진 것입니다. 따라서 그 가격은 우리가 바로 그 모델에 매길 수 있는 최저 가격입니다.

그러나 귀사의 입장을 잘 알기 때문에 대용품을 권하고 싶습니다. 본선 인도 부산 가격 295달러로 귀사에 인도할 수 있는 XR-2형을 주문하시면 어떨까요. 성능과 적응성에서 XR-3 모델과 같지는 않습니다만 귀사의 고객 분들이 필요로 하는 대부분을 충족시키기에 충분한 것입니다. 이 모델에 관한 추가 정보를 첨부합니다.

어느 모델인지 결정되시는 대로 답장주시기를 고대하겠습니다.

**Outline**
1. 상대방의 이메일을 수령했음을 알리고 사례를 한다.
2. 가격 인하를 요망하는 상대에게 거절과 그 이유를 알린다.
3. 대용품을 권한다.
4. 상대방의 의향을 타진하면서 끝을 맺는다.

 **Expressions**

Thank you for 수정 제안에 대한 사례로부터 시작한다. Please understand 이쪽 상황에 대한 이해를 구한다. fully realize 충분히 이해하다 This is the spirit in which 이런 정신으로 (제시되다) that particular 특별히 그 ('다른 것이 아니다'라는 기분이 담겨져 다음에 다른 제품을 권하는 순서가 된다.) do appreciate your position 입장을 잘 알다 offer an alternative 대용품을 권하다

 **Hot Tip**

둘째 단락의 This is the spirit과 the offer is the best price가 현재형으로 되어 있는 것은 지금도 그 사실에 변함이 없음을 나타내며 사실상의 거절이 된다.

# 191. 지불 기일의 연기

>> 재고가 쌓여 있기 때문에 어음 기간을 연기해 달라고 요청하는 이메일이다. 곤란한 시기를 극복하기 위한 특별 조치로서 인정해 달라는 것, 그리고 극복할 전망은 서 있다는 것을 알린다. 언제까지 연기해 주기를 바라는지 구체적으로 표시하면 신뢰를 더한다.

| Subject | Request for Extension |
| --- | --- |

Gentlemen:

You are no doubt aware of the recent sharp declines in sales in our market due to the recession here. This decline has left us with huge inventories, the carrying cost of which is now putting an extremely heavy burden on our finances.

We are writing today to ask for your cooperation in dealing with this problem. Specifically, we request that you grant us an additional 60 days usance on all payments until inventories can be adjusted to normal levels. This will probably require another four to five months depending on sales in the interim.

Your usual prompt and positive consideration of this request would help a great deal at this time.

Yours sincerely,
Jin Gi-sik
Director of Finance

이곳의 불경기로 인하여 당 시장의 매상이 최근 급격히 저하한 것은 귀사도 익히 아시리라고 생각합니다. 이 매상 저하는 막대한 재고를 남겼으며, 그 유지비는 현재 당사의 재정에 중대한 부담을 주고 있습니다.

이 문제에 대처하는 데 있어서 협조를 부탁드리고자 합니다. 구체적으로 말씀드리면 재고가 정상 수준으로 조정될 수 있을 때까지 모든 지불에 관해서 60일의 추가 어음 기간을 인정해주실 것을 부탁합니다. 재고 조정에는 그 동안의 매상에 따릅니다만, 아마도 4, 5개월이 필요할 것입니다.

이 요청을 귀사가 평소와 같이 신속하고 긍정적으로 고려해주시면 이와 같은 시기에 큰 도움이 되겠습니다.

## Outline

1. 현 상황을 설명하고 문제점을 진술한다.
2. 상대방에 대한 요망을 구체적으로 알린다.
3. 신속하고 긍정적인 대답을 바라면서 끝을 맺는다.

## Expressions

**You are no doubt aware of** 잘 알고 있으리라고 생각한다 **have left us with** ~을 남기고 있다 **put an extremely heavy burden on** ~에 중대한 부담을 주고 있다 **We are writing today to** 용건을 꺼낸다 **ask for your cooperation** 협력을 부탁하다 **deal with this problem** 이 문제에 대처하다 **Specifically** 구체적으로 말하면 **we request that** ~을 부탁하다 **grant us an additional ~ days usance** ~일의 추가 어음 기간을 인정하다 (usance란 관례에 의한 외국환 어음 지급 유예 기간을 의미함.) **until** 기일을 결정하면 상대방이 안심한다. **be adjusted to normal levels** (재고) 조정을 해서 정상 수준으로 돌아가다

### Hot Tip

명확히 해야 할 곳과 애매하게 두고 싶은 곳을 전략적으로 구별지어 표현한다. 명확하고 구체적인 어구의 예는 Specifically, we request, 60 days, all payments 등을, 주관적이고 애매한 어구는 huge, extremely, normal levels, probably 등을 들 수 있다.

>> 상대방의 형편이 어려울 때 협력해서 곤란을 극복하려는 이메일. 협력적인 자세를 보이면서 경쟁 회사도 똑같이 곤경에 처해 있음을 알리고 분투를 기대한다.

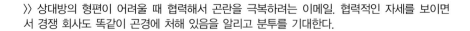

| Subject | Proposal for Extension Acknowledged |
| --- | --- |

We will be happy to cooperate by granting you an additional 30 days usance effective from July payment as you requested in your email of June 2. This special arrangement will remain in effect through December of this year.

We are fully aware of economic conditions in Singapore and understand the difficulties you are facing. To make the necessary adjustments in subsequent production and shipping arrangements here we need a revised sales forecast for the remainder of this year as soon as possible.

In the meantime, you are encouraged to remember that your competitors are suffering under the same circumstances. This could be a chance to really solidify your position in your market by making bold sales initiatives.

We have complete confidence in your ability to ride out this storm.

6월 2일자 이메일에서 요구하신 대로 7월 지불부터 추가로 30일간의 연기를 인정함으로써 귀사에 협력한 것을 기쁘게 생각합니다. 이 특별 조치는 금년 12월까지 효력을 유지할 것입니다.

당사는 싱가포르의 경제 상태와 귀사가 당면하고 있는 어려움들을 잘 알고 있습니다. 당사는 차후의 생산과 출하 계획에 필요한 조정을 가하기 위해서 가급적 속히 금년의 나머지 기간의 수정된 판매 계획서가 필요합니다.

그런데 귀하의 경쟁사도 같은 상황 하에서 고통을 받고 있다는 사실을 기억하시기 바랍니다. 이 역경이 과감한 판매 전략에 나섬으로써 시장에서의 귀사의 위치를 진정으로 확고히 하는 기회가 될 수도 있습니다.

당사는 이 곤경을 이겨나갈 귀사의 능력에 확신을 갖고 있습니다.

**Outline**
1. 연기를 승낙할 것을 알린다.
2. 상대방의 상황에 대해 이해와 협력적인 태도를 보이며, 그러기 위한 상대방에 대한 요구도 한다.
3. 격려의 말을 보낸다.
4. 자신감을 북돋아주는 걸어로 끝을 맺는다.

 **Expressions**

be happy to cooperate 기꺼이 협력한다 grant you an additional 30 days usance 다시 30일 연기할 것을 인정한다 as you requested 상대방의 요구대로 하고 있음을 나타낸다. This special arrangement 특별한 조치임을 확고히 한다.

 **Hot Tip**

기한이나 한계를 알리는 경우 only to나 limited to를 사용한 부정적인 느낌이 드는 표현을 피하고 through 등을 사용하면 부드러운 표현이 된다.

# 193. 지불 연기 거절

>> 계약에 의한 법적인 입장을 근거로 지불 연기 신청을 거절하는 이메일이다. 이는 한국적인 감각으로는 '냉정하게' 느껴질지 모르나 자기의 방침을 고수하는 당연한 주장인 것이다.

**Subject**  Refusal of Extension request

Gentlemen:

Your request for extension of payment for an additional 90 days as presented in your email of April 17 has been given every consideration here.

Unfortunately, our policy with regard to contractual agreements does not allow waiver of legal rights. You are, therefore, expected to continue to make payments within the limits stated in our agreement.

However, we do sympathize with the difficult position recent economic developments in your country have put you in. A study is now being made on other ways in which we can offer help to you within the scope of our agreement.

We know that, given time, you will be able to overcome your present problems.

Yours sincerely,
Shin Gi-jong
Manager
Export Sales

4월 17일자 이메일에서 제안하신 90일간의 지불 기한 연기에 대한 귀하의 요청은 이곳에서 신중히 검토되었습니다.

유감입니다만 계약에 관한 당사의 방침은 법적 관리의 포기를 허용하지 않습니다. 따라서 귀사는 계약서에 명시된 기한 내에 지불을 종전과 같이 계속해야 됩니다.

그러나 저희는 최근의 귀국의 경제 사정이 귀사를 어려운 입장에 처하게 한 것에 공감합니다. 계약의 범위 내에서 귀사를 도울 수 있는 다른 방법에 대해 현재 검토하고 있습니다.

얼마 안 있어 귀사가 현재의 곤란을 극복할 수 있으리라 믿습니다.

**Outline**

1. 상대방의 이메일을 받았음을 알리고 내용을 검토했음을 전한다.
2. 상대방의 요청에 대해서 거절과 그 이유를 진술한다.
3. 상대방에 대한 이해를 보인다.
4. 격려하면서 끝을 맺는다.

## Expressions

Your request for 의뢰한 내용을 구체적으로 쓴다. as presented in your email of 날짜를 분명히 한다. (정확히 읽고 검토한 것을 나타내기 위해서도 구체적으로 쓸 필요가 있다.) give every consideration 신중히 검토하다 Unfortunately 거절의 말을 꺼낸다 our policy 당사의 방침 contractual agreement 계약 waiver of legal rights 법적 권리의 포기 be continued to 지금까지와 마찬가지로 ~하다

 Tip

매번에 문단에 in your country, 뒷번째 문단의 you will ~ your present problems에서 볼 수 있는 것처럼 you를 많이 쓰면 상대방에 대한 이해를 나타내면서도 문제의 책임은 그쪽에 있다는 기분이 담겨져 있다.

# 194. 지불 방법 변경

>> 달러화로 지불하고 싶다는 요청에 대한 답장이다. 원화 기준 그대로 청구하고 싶다는 이쪽 의향을 남겨두고 조건부로 승낙을 한다. 부수 조건은 상호에게 이득임을 강조한다.

**Subject** CHANGE OF PAYMENT METHOD

As requested in your email of March 22, we would be happy to accept payment at sight in U.S. dollars.

In this regard, however, our spare parts prices are quoted in won and only a won price list is available. We would therefore suggest maintaining our invoicing in won while drawing drafts in U.S. dollars converted at the at-sight buying rate on the day of negotiation. The conversion rate, which may differ from day to day, will be shown on our invoice.

Thus, you would simply need to open an at-sight L/C in won, adding the following clause:Draft should be drawn in U.S. Dollars converted from the won amount on the invoice at the at-sight buying rate of exchange of won to U.S. Dollars quoted by the Bank of Seoul, Seoul, on the date of negotiation of the draft.

This approach would permit you to make payment in dollars while eliminating the need for adjustment of lists and so on our side.

3월 22일 이메일에서 요청하신 대로 미(美) 달러화에 의한 일람불을 승낙하게 된 것을 기쁘게 생각합니다.

그러나 이 건에 관해서는 당사의 예비 부속품의 가격이 원화로 매겨졌고, 가격표도 원화 표준 가격표밖에 없습니다. 따라서 당사로부터의 송장은 원화 표준대로 하고 귀사로부터의 어음은 유통일의 일람 구매 시세에 의한 미(美)달러화 기준인 것을 발행하는 방식으로 하면 어떨까요. 그날그날 달라지는 환산율은 송장에 표시하겠습니다.

따라서 귀사는 원화 기준 일람불 신용장을 개설하고 거기에 다음의 조항을 덧붙이기만 하면 됩니다: 어음은 그 유통일의 서울은행(서울)의 미달러에 대한 원화의 일람 구매 시세에 따라 송장에 기재되어 있는 원화 표준액을 미달러화로 환산해서 발행되어야 합니다.

이 방식이면 귀사도 달러로 지불할 수 있고, 당사 쪽도 가격표의 조정 등을 하는 수고를 덜게 됩니다.

> **Outline**
> 1. 상대방의 요망을 승낙하겠음을 알린다.
> 2. 부수 조건을 말한다.
> 3. 계약 조항에 첨가하는 형식을 지시한다.
> 4. 이점을 설명하고 끝을 맺는다.

 **Expressions**

**As requested in** ~로 요청하신 내로 **In this regard** 이 건에 관해서는 **however** 그러나 (문두에 놓아도 상관없다.) **We would therefore suggest** 제안이라는 형식으로 제시한다. **would simply need to** ~하는 것만이 필요하다 (상대방의 편의를 도모하고 있음을 나타낸다.)

>> 한번 부결된 사항에 대해서 재고를 바라는 이메일. 감정적으로 하지말고 사무적으로 이야기를 진행시켜 이론적으로 설득한다. 판단의 기준이 되는 근거를 제시한 후, 이쪽이 취한 조치를 알리고 나서 요구를 진술하는 진행 방식이다. 상대방도 위한 것임을 살짝 비치고 있다.

| Subject | Re-claim for denied reimbursement |
|---|---|

Refer to Invoice #1696 dated 11-30-08, Claim #7775 for $90.00. This claim was a reimbursement for transportation of a blood tester to our nearest repair facility.

Please note the unit belonged to the Paik General Hospital in Songtan. Also note it was under warranty. The unit was delivered on 4-2-08 and the repair order date was 11-5-08.

In our opinion, the extenuating circumstances of the remote area where this failure occurred would warrant special consideration concerning transportation to effect proper repair. On that premise we made an adjustment for added expenses to accomplish the repair. Therefore, you are respectfully encouraged to reconsider the decision to deny this claim and issue us a credit for $90.00.

A favorable resolution of this matter would very much facilitate future sales activities here.

2008년 11월 30일자 송장 No. 1696, 클레임 No. 7775, 청구액 90달러의 건. 이 클레임은 혈액 시험기를 당사에서 가까운 수리 공장으로 운송한 데 대한 보상을 요구하는 것이었습니다.

이 기계는 송탄 백병원 소유라는 점에 유의하시고 게다가 그것이 보증 기간 중이었음에도 주목하시기 바랍니다. 그 기계는 2008년 4월 2일에 납품되었고, 수리일은 2008년 11월 5일이었습니다.

당사의 견해로는 이 고장이 일어난 곳이 벽지라는 사실을 참작할 때 적절한 수리를 위한 운송비에 관해서 특별한 배려를 하는 것이 정당할 것입니다. 이와 같은 전제에서 당사는 수리 경비의 추가 지불을 했던 것입니다. 그러므로 부디 이 클레임의 부결을 재심하시고 90달러의 보상을 지급하시기 바랍니다.

이 건에 관한 호의적인 해결은 당지(地)에서의 앞으로의 판매 활동을 매우 용이하게 할 것입니다.

**Outline**
1. 클레임 번호, 날짜, 금액을 구체적으로 제시하여 문제의 건에 초점을 맞춘다.
2. 이쪽 주장의 근거가 되는 상세한 기초적인 사실을 알린다.
3. 의견을 진술한다.
4. 바람직한 답장을 기대하면서 끝을 맺는다.

 **Expressions**

**Refer to** 통상 업무용 이메일의 서두 **This claim was** 단도직입적인 설명 방법 **Please note** ~에 주목하기 바란다 **belong to** ~의 소유이다 **Also note** 주의를 끌게 하고 싶은 또 하나의 사실을 제시한다. **under warranty** 보증 기간 중 **In our opinion** 우리의 견해로서는 (my가 아니라 our를 써서 회사의 입장에서 진술한다.)

 **Tip**

a blood tester를 되풀이해서 사용하지 않고 두번째는 the unit, 세번째는 it을 사용한 것에 유의할 것.

# 196. 수송비 지불 인정

>> 인정하기는 하되 특례임을 확실하게 하고 고객도 중요하지만 이익이라는 관점에서 선을 그을 필요가 있음을 판매 대리점에게 설명한다. 설명은 뒤로 돌리고 우선 결론부터 알려 효과를 극대화한다.

---

**Subject** | Approval of your re-claim

Dear Mr. Wylie:

Your request for reconsideration of Claim No. 8311 has been accepted. A reimbursement of $75.00 for the additional expenses referred to in your email of April 2 will be made this month.

Normally, such expenses are not covered by warranty, even if they occur during the warranty period. However, considering that this is a special and very rare case, we agree that it should be regarded as an exception.

It is clear that it is important to take proper and prompt action on every warranty claim. At the same time, bear in mind that, from the standpoint of profit, operating within warranty guidelines is as important as customer satisfaction. Therefore, please continue to comment on our policies on warranty matters.

However, also remember that your cooperation is indispensable to the smooth operation of our warranty system.

Sincerely yours,
Choi Chang-ho, Manager
Warranty Claims

클레임 No. 8311을 재고해 달라는 귀 요구를 승낙했습니다. 4월 2일자 이메일에서 언급한 추가 비용 75달러의 상환은 이달 중에 이루어질 것입니다.

이와 같은 경비는 보증 기간 내에 발생한 것이라고 해도 통상 보증의 범위에서 벗어납니다. 그러나 이번 경우가 특수하고 매우 드문 것임을 고려하면 예외로 간주돼야 한다는 데 동의합니다.

모든 보증 클레임에 대해서 적절하고 신속하게 대처하는 것이 중요하다는 것은 명백합니다. 동시에 명심할 것은 이익이라는 관점에서 볼 때 보증 지침 내에서 운영하는 것이 고객을 만족시키는 것 못지 않게 중요하다는 것입니다. 따라서 보증 문제에 대한 당사의 방침에 관해서 금후에도 의견을 들려주시기 바랍니다.

그러나 귀사의 협력이 당사의 보증 시스템의 원활한 운용에 절대 필요한 것도 기억하시기 바랍니다.

**Outline**
1. 승낙한다는 것을 알린다.
2. 승낙하는 이유를 말한다.
3. 차후를 위해서 기본 방침을 알린다.

## Expressions

**Your request for ~ has been accepted** 승낙의 문장 **A reimbursement** 배상, 상환 (of로 금액, for로 무엇에 대한 비용인가를 나타낸다.) **Normally** 보통은 **are not covered by warranty** 보증의 범위 외이다. **considering that** ~라는 상황을 생각하면 **we agree** 상대방에 맞추고 있음을 나타낸다. **be regarded as an exception** 예외로 간주되다

 **Tip**

통상 업무의 이메일에서는 No. 대신에 #라는 기호를 흔히 쓴다. 양쪽을 함께 쓰는 것은 잘못이다.

## 197. 외상값 미불금 독촉

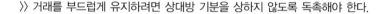

>> 거래를 부드럽게 유지하려면 상대방 기분을 상하지 않도록 독촉해야 한다.

---

| Subject | Past Due Notice |
|---------|-----------------|

According to our accounting department records, BLC has had an outstanding balance of £6,000 with us since April, 20-. We would very much appreciate your checking this out against your records.

Please do not hesitate to contact us if you require further information.

Thank you very much.

당사 경리부의 기록에 의하면 BLC(귀사)는 20-년 4월부터 6,000파운드가 미불로 되어 있습니다. 귀사의 기록과 대조하시기 바랍니다.

좀더 자세한 것을 아시려면 주저마시고 연락해주십시오.

잘 부탁드립니다.

**Outline**

1. 미불금이 있음을 알리고 처리를 요구한다.
2. 신속한 처리를 바라는 뜻에서 협력적인 의사 표시를 한다.
3. 잘 부탁한다는 말로 끝을 맺는다.

## Expressions

**According to our ~ records** 당사의 ~ 기록에 의하면 **have an outstanding balance of** ~파운드의 미불이 있다 (You owe us라든지 You haven't paid us라는 직접적인 표현은 피한다.) **since** ~이래 계속 (여기서는 from을 써도 괜찮다.) **would very much appreciate** ~해주면 고맙겠다 (공손한 표현) **check ~ out against your records** 그쪽의 기록과 대조해서 조사하다 **Please do not hesitate ~ further information** 협력을 신청하는 상투어

## Hot Tip

상대방에게 확인을 부탁할 때, please confirm → we would like you to check → we would very much appreciate your checking의 순으로 공손한 표현이 된다.

# 198. 매상 보고와 인세 지불 독촉

>> 계약 조항을 내세우면 감정적으로 되지 않고 강하게 독촉할 수 있다.

**Subject** Demand Notice for Sales Report and Royalties

We have not had a report on the sales and royalties earned on your edition of the above title since it was published in 20-.

Your contract calls for an accounting twice a year. Please send us a complete report on the sales and earning to date. Kindly include a check for the royalties due.

상기의 책이 귀사에서 20-년에 발행된 후 매상고와 그에 따르는 인세에 관해서 보고를 받은 바 없습니다.

계약상으로는 연간 2회의 회계 보고를 하도록 되어 있습니다. 현재까지의 매상고와 인세에 관한 상세한 보고서를 보내주시기 바랍니다. 인세에 대해서는 수표를 첨부하시기 바랍니다.

**Outline**
1. 보고와 지불이 없었음을 알린다.
2. 보고와 지불 요구를 한다.

 **Expressions**

**have not had a report on** ~에 관한 보고를 안 받았다 (현재완료형으로 과거의 어느 시점으로부터 현재까지의 상황·배경을 나타낸다.) **royalties earned on** ~에서 발생되는 인세 (전치사 on에 유의) **title** 여기서는 '책'을 의미함. **since** ~로부터 (상황이 시작된 시점을 나타냄.) **Your contract calls for** 계약은 ~를 요구한다 **an accounting** 회계보고 **twice a year** 1년에 2회 **to date** 현재까지 (업무 이메일에서 흔히 쓰는 표현) **Kindly** 부디 ~해주시오 (please의 중복을 피한다.) **the royalties due** 지불해야 할 인세 (due로 '당연히'라는 뉘앙스가 나온다.)

>> 오랜 거래가 있는 은행이 월례 보고서를 보내오지 않았다. 분명히 상대방의 실수지만 되도록 부드럽게 알린다. 평소의 호의에 대한 사례로 시작하여 문제를 꺼내고 끝에는 다시 우호적이고 부드러운 말투로 맺고 있는 이메일이다.

| Subject | Overdue Notice of Periodic Reports Submission |
|---|---|

Dear Mildred:

Allow me to begin by thanking you for all you have done over the years to keep my affairs in order. I hate to even think of how difficult things would be without you and john on my side over there.

Today, I'm writing with still another problem. After five years of receiving my monthly statements like clockwork, I failed to receive one for January. This particular statement is especially critical, because it reflects sizable transfers made in connection with my recent purchase in the Moorings.

Anything you could do to straighten out this problem would be very much appreciated.

우선 귀하가 제 사무를 위해 여러 해에 걸쳐서 협력해주신 모든 것에 대해서 감사를 드립니다. 그 곳에 귀하와 존 같은 제 편이 없다면 일에 얼마나 지장이 많을지 생각조차 하기 싫습니다.

오늘은 또 다른 문제가 있어서 펜을 들었습니다. 5년 동안 규칙적으로 보내주신 월례 보고서를 1월분은 받지 못했습니다. 1월의 보고서는 무어링스에서의 최근의 구입과 관련하여 꽤 큰 금액의 이동이 기입되어 있는 관계로 특히 중요합니다.

이 문제를 해결할 수 있도록 선처해주시면 매우 고맙겠습니다.

**Outline**
1. 평소의 협조에 대한 사례를 한다.
2. 문제에 접어들어서 조속한 처리를 바라는 의미에서 왜 그것이 중요한지 이유도 진술한다.
3. 선처를 바란다.

 **Expressions**

**Allow me to begin by thanking you** 우선 사례를 하게 해주시오 (정중한 서두) **for all you have done over the years** 여러 해에 걸쳐서 해주신 모든 것에 대해서 **I hate to even think** 생각하고 싶지도 않다 (구어적인 표현으로 친숙한 분위기를 풍기고 있다.) **without you** 당신이 없었으면 **on my side** 내 편으로 **Today, I'm writing** 글을 쓰는 용건 **still another problem** 또 다른 문제 **monthly statement** 월례 보고서 **like clockwork** 언제나 정확히, 규칙적으로 **fail to receive** 못 받았다 **especially critical** 특히 중요 (친숙한 어세 가운데서도 긴요한 문제는 분명히 짚고 넘어가고 있다.) **Anything you could do ~ appreciated** 상투어 **straighten out** 해결하다 (solve보다 구어적이며 과장된 느낌이 들지 않는다.)

 **Tip**

친숙함을 나타내는 데는 ① first name에 의한 호명 ② I'm 등 단축형의 사용 ③ 구어적 어구의 선택 등의 방법이 있다.

# 200. 중복 독촉에 대해 기지불 알림

>> 지불이 끝났는데도 상대방으로부터 독촉을 받았을 때는 지불이 끝난 것뿐 아니라 관련 정보를 자세히 알린다. 이 이메일은 필요한 정보를 정확히 전하면서 상대방에 대한 요구를 깔끔하게 전하는 업무 이메일의 좋은 예이다.

---

**Subject**  Notice of Paid-up Balance

Dear Ms. Barker:

Your inquiry regarding an $8,500.00 outstanding balance for our subscription to your report due in April, 20-, was immediately checked against our records.

Our records confirm that the $8,500.00 was indeed paid to your account #066011 of the Chemical Bank in New York by bank remittance on June 29, 20-. Along this line, we already returned your second invoice with these remarks a few weeks ago.

You are encouraged to direct further inquiries to the Chemical Bank who will confirm payment to you.

Your prompt action in this regard would be very much appreciated.

Sincerely yours,
Kim Taek-su, Manager
Export Department
North America

20-년 4월이 지불 기일인 정기 리포트 구독료 8,500달러가 미불이라는 귀하의 문의에 대해서 즉시 당사의 기록과 대조했습니다.

그 결과 20-년 6월 29일자로 뉴욕 케미컬 은행의 구좌 066011에 이미 송금되어 있는 사실이 확인되었습니다. 이에 관해서 2, 3주일 전에 같은 소견을 붙여서 귀사로부터의 두 번째 송장을 이미 돌려보냈습니다.

금후의 문의는 케미컬 은행에 하시기 바랍니다. 지불 확인을 얻을 수 있을 것입니다.

이 건에 관한 귀사의 조속한 조치가 있으면 매우 고맙겠습니다.

**Outline**
1. 독촉내용을 확인한다.
2. 이미 지불되었다는 조사결과를 알린다.
3. 금후는 은행에 직접 문의해 주기 바란다고 상대방에게 요구한다.
4. 신속한 조치를 요구한다.

 **Expressions**

Your inquiry regarding ~에 관한 문의 our subscription to your report 정기 리포트에 대한 구독료 due in ~이 지불 기일인 immediately 즉시 check against our records 이쪽 기록과 대조하다 confirm 확인하다 indeed 지불이 끝났음을 강조 pay to your account by bank remittance 계좌로 송금하다 Along this line 이에 관해서 You are encouraged to ~하기 바란다 (상대방을 위해서 권하는 품위 있는 표현) direct 보내다 further inquiries 이에 관한 금후의 문의 Your prompt action ~ appreciated 상대방에게 요구시 결어의 상투어

 **Tip**

어구의 되풀이를 통해 문장을 논리적으로 전개한다. 이 이메일에서는 our records를 계속 사용하는 것으로 1단락과 2단락이 이어져서 자연스러운 모양으로 논리가 전개되어 있다.